Von
Arno Holz
bis
Rainer Maria Rilke

Insel Verlag

Dritte Auflage 1996

Quellenhinweise am Schluß des Bandes
Druck: Wagner GmbH, Nördlingen
Printed in Germany

Von Arno Holz
bis Rainer Maria Rilke

INHALT

EDWIN BORMANN
KINDERSCENE

Morgen zum Geburtstagsfeste
Lädt sich Käthchen kleine Gäste:
Anni Hoffmann, Suse Beyer,
Minchen Walther, Doris Schreier,
Evchen Müller, Elsa Strauch –
»Kommt denn das Rebekkchen auch?« –
»Was, Rebekka Silberstein?!
Juden lad' ich niemals ein.
Gabst du in der Schul' nicht acht,
Daß sie Jesum todt gemacht?« –
»Unser Lehrer meint das, ja;
Doch es sagt mir die Mama
(Und die weiß doch vielerlei):
Silberstein's war'n nicht dabei!«

Schlichte Kinderseele du,
All mein Herz es lacht dir zu.
Besser wär's um sie bestellt,
Zöge siegreich durch die Welt
Deine Friedensmelodei:
»Silberstein's war'n nicht dabei!«

JÜRGEN STENZEL
SILBERSTEIN'S WAR'N NICHT DABEI!

Wer wollte wohl behaupten, dies sei ein gutes Gedicht? 1893 stand es in einer opulenten, großformatigen Berliner Sammlung von Stellungnahmen, gereimt oder in Prosa, gegen jene 1879 gegründete Bewegung des politischen Antisemitismus, die bereits lautstarke und handfeste Erfolge zeitigte. »Freiheit, Liebe, Menschlichkeit! Ein Manifest des Geistes von hervorragenden Zeitgenossen« hieß wohlmeinend der Goldschnittband, und der Zeitgenosse, der unser Gedicht beitrug, hieß Edwin Bormann, der von 1851 bis 1912 lebte. In Sachsen kannte man ihn als Lieferanten zahlloser gereimter Scherzartikel vornehmlich, die er in seinem Selbstverlag veröffentlichte. Außerdem hatte er sich in die damals umlaufende Theorie verbohrt, Shakespeares Werke stammten von Francis Bacon. Wiederentdeckt aber hat das Gedicht in Jerusalem der jüdische Dichter und bedeutende, wenn nicht derzeit bedeutendste Verfasser deutscher Aphorismen, Elazar Benyoëtz.
Wer also wollte behaupten, dies sei ein gutes Gedicht? Ein Kindergespräch darüber, ob »Rebekkchen« dazugehört, wo man doch in der Schule das Gegenteil lernt. Und dann sagt uns der Dichter noch laut und deutlich, wie schön und empfehlenswert er das Argument findet, das die Mama dem Kind da mitgegeben hat gegen die Lehre des Lehrers, daß die Juden »Jesum todt gemacht« hätten (hören wir das nicht jedes Jahr wieder in Bachs »Matthäuspassion«?). Und wie das klappert: dam ta dam ta dam ta dam ta! –

vierhebige Trochäen (vom fünften Vers an schon mit betonter Silbe endend), alle zu Paaren gereimt. Nun ja.

Ein wunderbares Gedicht gleichwohl, denn in seiner Holzwolle, ohne sie nicht zu haben, liegt das Juwel dieses einen Verses: »Silberstein's war'n nicht dabei!« Das Auf und Ab der Betonungen stampft den Vers ins Gedächtnis, das trochäische Klappern läßt ein zweites Muster durchhören: dam ta dam, »Silberstein«, »nicht dabei« (und dazwischen eine unbetonte Silbe). Die naive Simplizität von Satz und Metrum verbindet sich unauflöslich mit elementarer Einsicht. Schlicht ist sie, diese Einsicht, wahrhaftig, aber ist sie nicht menschlich wahr? Und ist sie nicht wahrhaft grundlegend? Ihre Wahrheit liegt indessen nicht in ihrem Inhalt allein, sondern in der naiv metrisierten, in Sprachmagie gesteigerten Einsicht, die die Begabung ihres Autors weit übersteigt.

Ganz und gar? Der inzwischen bestochene oder geschärfte Blick mag gelungene Vorbereitungen entdecken: zum Beispiel die Verkürzung des Versschemas in der fünften Zeile, Heikles ankündigend: »Rebekkchen auch?« Und dann den erkältenden Wechsel von Diminutiv »Rebekkchen« zum distanzierten »Rebekka«, mit dem Käthchens kategorisches Vorurteil zu den (zu allen) »Juden« übergeht (»niemals« einzuladen). Oder das unselbständig nachplappernde Echo des bigotten Lehrers im lateinischen Akkusativ »Jesum«, zusammengespannt mit dem kindlich einfältigen »todt gemacht«. Respekt also für den sächsischen Poeten. Umarmung aber für den Dichter des herrlichen Verses und für den Wiederentdecker der »Kinderscene«.

In seinem Aufsatz »Über Lessing« erwähnt Friedrich Schlegel »Nathans Geschichte vom Verlust der sieben

Söhne und von Rechas Adoption, die jedem, der welche hat, in die Eingeweide greift«. Drastisch gesagt. Doch eben das tut auch diese Zeile: »Silberstein's war'n nicht dabei!« Aber, wenn sie ins Eingeweide gegriffen hat, müßte sie dann auch in Herz und Kopf wandern, müßte für immer dort haften zum Schutz für alle Silbersteins dieser Erde, ob sie nun Rebekkchen heißen oder Chaim, Fatima oder Mohammed, Iwan oder John oder Hans.

PETER HILLE
SEEGESICHT

Die Küste ruht.
Hohles Tritonengetut.
Silberne Wunden der Flut.
Tobende Augen der Wut.
Krähende Pausbacks auf prustenden Rossen,
Plätschernde leuchtende purpurne Flossen,
Neckisch Bedräuen mit Zacken und Spießen,
Kräftig erfassendes Leiberumschließen.

Sieh eine Muschel fleischgelb und zart,
von Amorinen flüsternd bewahrt.
Hingegossen ruhende Linien,
Grüßender rauschen Palmen und Pinien.
Angeblühete rosige Brüste,
Lächelnde sonnengestreifte Küste.

Fürder kein Drauen mit Zacken und Spießen,
Lallend einnickendes Leiberumschließen,
Schlummernde Pausbacks auf ziehenden Rossen.
Grünhinflüsternde finstere Flossen.
Stierende Augen der Wut.
Erloschene Wunden der Flut,
Fernes Tritonengetut,
Die Küste ruht.

GERTRUD FUSSENEGGER
AUFRUHR DER ELEMENTE

Else Lasker-Schüler schrieb über den kurz zuvor verstorbenen Freund: »St. Peter Hille / war eine Welt ...« In unserem Gedicht trägt diese Welt meerische Züge. Der Großstadt-Vagabund, der Hille war, verliert (und findet) sich in der Vision dramatisch bewegter Natur.

Ich muß gestehen: Beim ersten Lesen fiel mir Böcklin ein; dann erinnerte ich mich an die Steilküste von Lanzarote, wo ich einmal Gelegenheit fand, der Brandung stundenlang ungestört zuzusehen. In meiner Erinnerung kamen mir Hilles Bilder mit einemmal sehr einleuchtend vor, ich mußte ihnen recht geben: der bestimmende Eindruck, den die Brandung hervorruft, ist »Wut«, elementare Wut, welche die »silbernen Wunden« des Gischts aufreißt, welche die »tobenden Augen« der Wirbel rund um die Riffe dreht und aus den tieferen Schichten etwas wie ein »hohles Tuten« tönen läßt.

Im Zug der Personifizierung der Elemente taucht Mythologisches wie von selbst auf: »Rosse« (des Poseidon?), »krähende Pausbacks« (übermütiges Gesinde der Schaumgeborenen?), Nereiden und Fischmänner. Hille vermeidet es zwar, seine antikischen Anspielungen namentlich aufzuführen und damit auf Bildungsgut einzugrenzen. Dafür läßt er uns ihr Getümmel sehen, wie es flüchtig auftaucht zwischen Wellen und Wasserschleiern, ein Getümmel zwischen Kampf und Zärtlichkeit, zwischen Balgerei und Umarmung.

In der nächsten Strophe wird die Szene intimer. Der Dichter ruft sich selbst zu betroffenem Innehalten: »Sieh eine Muschel fleischgelb und zart / von Amorinen flüsternd bewahrt ...« Ein Symbol höchst persönlicher Sehnsüchte, und schon öffnet sie auch – wie ein Schlüssel – einen neuen Ausblick, weg von Brandungswut und -getobe, auf die »hineingegossen ruhenden Linien« einer paradiesischen Bucht, deren »Palmen und Pinien« um so »grüßender« rauschen, als sich dort als Zielpunkt aller »Seegesichte« mit »angeblüheten rosigen Brüsten« Kindhaft-Weibliches zeigt, das den Küstenwanderer anlockt und zugleich festbannt.

Darum: »Fürder kein Dräuen mit Zacken und Spießen ...« Der Aufruhr der Elemente ist abgeflaut, »eingenickt«. Haben die Gezeiten gewechselt? Ist Ebbe der Flut gefolgt? Freilich bleibt des Unheimlichen noch immer genug: »Grünhinflüsternde finstere Flossen« und »Stierende Augen der Wut«. Die Gewalt der Dämonen ist aus der Welt Peter Hilles nicht wegzudenken. Von fernher mahnt sie immer mit »Tritonengetut«. Sie mag sich für einen Augenblick seliger Ermattung zurückgezogen haben: sicher ist es, daß sie zurückkehrt und den Heimatlosen einholt, immer wieder einholt, bis er, der oft obdachlos Vazierende, Kneipenbruder und Kaffeehaushocker, Ende April 1904 auf einem Berliner Vorortbahnhof mit einem Blutsturz zusammenbricht. Dann gilt auch für ihn: »Die Küste ruht.«

PETER HILLE
WALDSTIMME

Wie deine grüngoldenen Augen
funkeln,
Wald, du moosiger Träumer,
Wie so versonnen deine Gedanken
dunkeln,
Saftstrotzender Tagesversäumer,
Einsiedel, schwer von Leben!

Über der Wipfel Hin- und
Wiederschweben:
Wie's Atmen holt
und näher kommt
und braust,
Und weiter zieht
und stille wird
und saust!

Über der Wipfel Hin- und
Wiederschweben,
Hoch oben steht ein ernster Ton,

Dem lauschten tausend Jahre schon
Und werden tausend Jahre lauschen.
Und immer dieses starke,
donnerdunkle Rauschen.

HANS BENDER
WALD, DU MOOSIGER TRÄUMER

»Wer sind Sie? Was sind Sie? Wo sind Sie? Ein anonymer Prinz? Ein Geheimrat im Ministerium des Äußern? Ein stiller Stubengelehrter? Ein Lebemann? Ein Sportsmann? Ein Professor?« Die aufgeregten Fragen standen 1885 in einem Brief des jungen Detlev Freiherr von Liliencron. Er hatte eben das erste Heft einer Zeitschrift mit dem seltsamen Titel »Die Völkermuse – ein kritisches Schneidemühl« begeistert gelesen und wollte wissen, wer ihr Herausgeber war. Peter Hille hieß er, war 31 Jahre alt, hatte nach Aufenthalten in England und Holland und mehreren Städten in Deutschland einen Unterschlupf gefunden bei den Brüdern Heinrich und Julius Hart in Berlin. Was Liliencron erwarten oder vielleicht nur spöttisch ins Gegenteil verdrehen wollte, war er nicht.
Er war ein Bohemien, ein Literaturzigeuner, ein Vagabund, ein Asket, ein Träumer, ein Weiser, ein Heiliger. Die ihm begegneten, sahen ihn so. Corinth, Zille, Käthe Kollwitz haben ihn so porträtiert. Else Lasker-Schüler hat ihn als »Petrus« angehimmelt und mit Legenden umwoben. Die Kennzeichnungen wurden weitergereicht, bis in unsere Zeit. Sie stimmen – und stimmen nicht. Gewiß, er war ein unsteter, mittelloser, sonderbarer Mensch. Er legte keinen Wert auf Kleidung. Haupt- und Barthaar ließ er wachsen, wie es wollte. Er schlief in Elendsquartieren; manchmal unter freiem Himmel. So erfolgreich wie Ema-

nuel Geibel, Friedrich Wilhelm Weber oder Gerhart Hauptmann wollte er nicht sein.
Die Epoche, in die er hineingeboren worden war, gefiel ihm nicht. Die Prosperität, die Skat- und Bierwelt der Gründerjahre waren ihm zuwider. Er blieb lieber an der Peripherie. Zugleich war er ein polemischer Beobachter dessen, was rechts und links geschah. Er reflektierte über die »gesellschaftliche Therapeutik« der Literatur. Er war auf der Seite der Naturalisten und Sozialisten. Er bewunderte Ibsen, Zola, Turgenjew, Poe, Hart. Und war stolz: »Ich bin mir selber Gesetz.« Oder: »Ich bin, also ist Schönheit.«
Peter Hille schrieb Aphorismen, Gedichte, Essays, Dramen, Romane, ohne sie immer zu vollenden. Die Gesammelten Werke in sechs Bänden, deren Erscheinen angezeigt ist, werden nachweisen, was er geleistet hat; und wie unrecht es war, ihn fast ganz zu vergessen. Lediglich *ein* Gedicht hatte sich in den ersten fünf Jahrzehnten nach seinem Tod (1904) noch in Schullesebüchern und Lyrikanthologien behauptet: »Waldstimme«. Wie kühn und frei es in der Zeit seiner Entstehung gewirkt hat, ist ihm nicht anzusehen. Dahinter stand ein Theoretiker der Lyrik. Einer, der bewußt sich absetzen wollte von der Nachahmung verbrauchter Formen, Rhythmen und Gefühle.
Früher als Arno Holz hat Peter Hille »Dinglaute und Dinggedichte« propagiert. »Die graziöse Inkongruenz, die Einzigartigkeit der Dinge muß durch den Laut gegeben werden« war eine von vielen anderen Forderungen. Der Dichter, der den Wald ansprach, übernahm von ihm den Laut oder die Stimme. Der »Wipfel Hin- und Wiederschweben«, des Waldes »Atem«, »ernster Ton« und »Rauschen« verliehen dem Gedicht seine frei-rhythmische Sprechweise; auch seine damals ungewohnte Gra-

phik. Ein Grund auch, warum der Wald nicht angedichtet und seiner Huldigung keine falsche Empfindung hinzugefügt wurde.

Man weiß, Peter Hille liebte die Landschaft und die Wälder seiner ostwestfälischen Heimat. »Waldstimme« war jedoch nie und nimmer als Protestgedicht gemeint. Uns aber, die wissen, daß es den Wald, wie Peter Hille ihn ansprach (»du moosiger Träumer«, »saftstrotzender Tagesversäumer«), bald nicht mehr geben wird, trifft seine poetische Beschwörung deshalb noch viel mehr als vorher.

GERHART HAUPTMANN
TESTAMENT

Schauspieler sollen mich zu Grabe tragen,
nachdem der Vorhang endlich ist gefallen.
Dorfkinder mögen »Frösche« lassen knallen,
Dorfmusikanten sollen Pauken schlagen.

Erkläre mich Hanswurst den Leuten allen!
Er mag voran auf einem Eslein reiten:
»Er hatte gute, hatte schlechte Zeiten,
er wurde ausgezischt und hat gefallen.«

So mag der Possenreißer sich verbreiten!
Und sorgt dafür, daß mir die Leute lachen,
die feiertäglich meinen Sarg begleiten.

Kein Staatsvertreter möge Witze machen,
denn ihre Kunst war niemals auf der Höhe:
nichts da von Staats- und von gelehrten Sachen!

Die Leichenpredigt handle über Flöhe!

ULRICH LAUTERBACH
DIE LUST AN DER MASKERADE

Die Anordnungen des Dichters für die Aktivitäten nach seinem Verscheiden sahen anderes vor: Einkleidung in die Franziskanerkutte, als Grabbeigabe das zerlesene Handexemplar des »Neuen Testaments«, das ihn ein Leben lang begleitet hatte, und eine Prachtausgabe der Terzinendichtung »Der große Traum«. Diese Weisungen wurden erfüllt, und da das Abschiedszeremoniell nicht in Agnetendorf vonstatten gehen konnte, sondern nach Hiddensee verlegt werden mußte, gab man dem Toten zusätzlich ein Säckchen schlesischer Erde mit in den Sarg.
Daß die Leichenpredigt umrahmt war von gelehrten Reden der Staatsvertreter – bis hin zum politischen Chef der sowjetischen Militäradministration –, lag jenseits der Direktive des nach langer Reise zur Ruhe Gebrachten. Aber der feiertägliche Akt hätte doch wohl seine Billigung gefunden.
Ist also dieses Testament des Zweiundsiebzigjährigen – »Rapallo am 5. Februar 1935, morgens in der Sonne auf dem Balkon sitzend« – nur einer Laune entsprungen? Will dieses leicht kokette, Bescheidenheit signalisierende Gedicht als Absage an weihrauchschwingende Literaturpriester gewertet werden? Oder reagiert hier ein Enttäuschter sarkastisch auf das rundum zu beobachtende Mißverständnis seiner eigentlichen Intentionen?
Das eine wohl ebenso wie das andere. Aber die Entstehungszeit der kunstvoll verschränkten Strophen könnte

auch auf das gestörte Verhältnis zu den Regierenden – zu allen, nun aber nach einer zwielichtigen Anfangsphase endlich auch zu den zeitgenössischen – verweisen; sie könnte belegen, daß der Dichter sich endgültig seines mangelnden politischen Instinkts bewußt geworden war. Eine selbstkritische Reimerei vom Vortage spricht dafür: *Der politische Wind, / mein Kind, / ist niemals gelind! / Du bist eben, wie Kinder sind, / geschwind. / Trittst in den Wind: / und bist blind.* Der politische Kindskopf fühlt sich nur noch auf der Dorfkirmes zu Hause – so ließe sich das zweite Gedicht als grimmige Antwort auf das erste deuten.

Aber jenseits des aktuellen Bezugs erkennt man in diesem Testament auch den mimetischen, eulenspiegelhaften Grundzug der persönlichen und schöpferischen Existenz Hauptmanns, dessen bisher viel zuwenig gedacht worden ist. Trotz der vielgerühmten Lust an der List der Waschfrau Wolff, trotz der genüßlichen Entlarvung der Hassenreuther-Theatralik (»Die Ratten«), trotz der Verwandlungsgaudi mit den schlesischen Tippelbrüdern Schluck und Jau, trotz der Adaption des Narrenfabulierers Till als deutsche Symbolfigur.

Die Weltsicht des üppig produzierenden Autors von wechselnden Standorten aus, sein in der Prosa inhaltlich ebenso wie stilistisch zu beobachtendes Rollenverhalten, seine Neigung, sich als Medium oder Sprachrohr zu fühlen, ordnen ihn den zur inneren und äußeren Verwandlung drängenden darstellenden Künstlern zu. Hauptmanns Sprachmutationen von Werk zu Werk, seine Begabung, mit fremden Zungen reden zu können, stehen in deutlicher Entsprechung zu seinem Bedürfnis, sich zu kostümieren, vom »untadeligsten Rockschnitt« (Fontane) des Debütanten über den Gehrock des Dichterfürsten bis zur Franziskanerkutte. Sie verweisen auf die gleiche Anlage wie seine politischen Anpassungsposen bei gleichzeitiger Distanz zu Richtungen, Parteien, Bewegungen. Sie bestätigen seine Absage an den »Charakter«, die er schon vor der Jahrhundertwende ausführlich und temperamentvoll begründete.

Diese dem Schauspielerischen eigene Disposition zur Identitätsveränderung, diese Lust am Auftritt im Rampenlicht bei gleichzeitiger Tagesblindheit, diese Verwandtschaft mit Bühnenkünstlern und Narren mögen ihn an jenem Februarmorgen zur Niederschrift des Testaments bewogen haben.

Was er mit den Flöhen gemeint hat, von denen die Leichenpredigt handeln solle? Vielleicht seine Kritiker und ihre irritierenden, wenn auch nicht nachhaltig wirkenden Stiche. Im »Märchen« hat er sie sechs Jahre später »Irrlichter« genannt, die der schöpferischen Narretei, der Phantasie den Garaus zu machen suchten. Vielleicht aber wollte er auch nur einen Hinweis auf den Wert des hautnahen Juckreizes geben im Gegensatz zur Höhenluft der gelehrten Sachen. Er hat es uns freigestellt.

ARNO HOLZ
ER KLAGT / DASS DER FRÜHLING SO KORTZ BLÜHT

Ode Trochaica

Kleine Bluhmen wie auß Glaß
seh ich gar zu gerne /
durch das tunckel-grüne Graß
kukken sie wie Sterne.

Gelb und rosa / roht und blau /
schön sind auch die weissen;
Trittmadam und Himmelstau /
wie sie alle heissen.

Kom und gib mir mitten-drin
Küßgens ohnbemessen.
Morgen sind sie lengst dahin
und wir sälbst – vergessen!

GERHARD SCHULZ
KUNST UND NATUR

Alle Jahre wieder, wenn Strom und Bäche vom Eise befreit sind, regnet es Frühlingsgedichte in die Redaktionen. Den Schriftsteller Tonio Kröger hatte Thomas Mann klagen lassen, daß ihn der Frühling nervös mache und die »holde Trivialität der Erinnerungen und Empfindungen«, die er erwecke, ihn in Verwirrung setze. Zu gleicher Zeit, da Tonio Kröger und seine Freunde in die Cafés gingen, um sich Frühlingsstimmungen zu entziehen, erfand Arno Holz seinen Schäfer Dafnis. Die Novelle Thomas Manns und das »lyrische Portrait aus dem 17. Jahrhundert« erschienen im selben Jahre 1903. Antipoden? Denn Einfaches, ja hold Triviales wird bei Holz in der Tat empfunden.

Nun gibt es allerdings zwei Arten von Gedichten: solche, die unsere Erkenntnis von uns selbst um neue Dimensionen erweitern, und solche, die längst Erkanntes auf neue, überraschende Art zu Gehör und Gesicht bringen. Es ist offensichtlich, daß Holz' kleines Frühlingsgedicht eher jener zweiten Gruppe angehört und wohl sogar ein typisches Beispiel dafür ist. Daß das Leben schön sein kann, aber dennoch eben leider vergänglich ist, und daß das Bewußtsein der Vergänglichkeit wiederum den Genuß des Lebens zu steigern vermag, war als Weisheit um 1900 gewiß nicht mehr originell.

Trotzdem gefallen diese zwölf Verse; trotzdem sind sie auf ihre eigene Art schön und neu, und nicht nur ein Aufguß von längst Abgestandenem. Denn wie Tonio Kröger, so entflieht auch Arno Holz der Unmittelbarkeit des Frühlings – sein Refugium ist die Literaturgeschichte. Man darf sich nicht täuschen lassen: die Lieder des Schäfers Dafnis sind nicht parodistisches Spiel mit alter Poesie, sondern Gedichte eines Modernen, der wie der Mannsche Held durch die Simplizität seiner Erinnerungen und Empfindungen verwirrt ist und sie guten Gewissens nur vortragen kann, wenn er zugleich einen Schritt von ihnen zurücktreten darf. Das aber geschieht durch das altmodische Kostüm. Holz hat sich viel Mühe gegeben, es so echt als möglich zu schneidern: jedes ungewöhnliche Wort und jede orthographische Eskapade lassen sich, so hat er behauptet, aus den Quellen des Barock belegen. Das mag im einzelnen stimmen, im ganzen ist etwas anderes, Eigenes entstanden.

Einen Gegenstand fremd zu machen, um ihn dadurch auf neue Art bekannt und anziehend werden zu lassen, war nicht nur Ziel romantischer Poetik; so ist Literatur zu allen Zeiten verfahren, und auch Holz tut es in seinem Gedicht. Allerdings geschieht es nicht nur durch historische Distanzierung, sondern zugleich auch durch eine ganz entschiedene Konkretisierung. Der Frühling wird sozusagen gleichzeitig durch ein Verkleinerungs- und ein Vergrößerungsglas betrachtet. Blumennamen erscheinen, so präzis wie ausgefallen. Dergleichen wurde später bei manch tiefernstem Naturlyriker unsres Jahrhunderts willkommenes Auskunftsmittel in poetischen Nöten. Bei Holz bleibt das Botanische leicht. »Eines echten Boeten Leyer darff nicht nach Schweiß stincken«, heißt es von Dafnis, Kunst und Natur verschmelzen in eins, wie sich »Glaß« auf »Graß« reimt. Den musikalisch gewählten, aber exakten »Trittmadam« und »Himmelstau« folgt ein öffnendes, allgemeines, fast skeptisch überlegenes »Wie sie alle heißen ...«

Nein, das ist kein Barockgedicht und auch keine Parodie davon. Lebenslust und Lebensskepsis begegnen sich hier auf eine Weise, wie sie nur eine sehr viel spätere Zeit erfahren hat. Das *carpe diem* des Barock stützte sich auf die Überzeugung von der Möglichkeit zur Transzendenz. Davon ist bei Holz nicht mehr die Rede. Der Mensch dreht sich hier sozusagen um seine eigene Achse; die Vergänglichkeit ist absolut, wie auch die Blumen jedes Frühlings unbarmherzig verwelken müssen. Aber es ist bemerkenswert, daß solch kleine, ein wenig selbstironische Elegie über Blühen und Vergehen, Zusammenfinden und Vergessenwerden gerade nicht so rasch vergänglich ist. Darin ist die Kunst dann doch der Natur überlegen.

ARNO HOLZ
IM THIERGARTEN

Im Thiergarten, auf einer Bank, sitz ich und rauche;
und freue mich über die schöne Vormittagssonne.

Vor mir, glitzernd, der Kanal:
den Himmel spiegelnd, beide Ufer leise schaukelnd.

Über die Brücke, langsam Schritt, reitet ein Leutnant.

Unter ihm,
zwischen den dunklen, schwimmenden Kastanienkronen,
pfropfenzieherartig ins Wasser gedreht,
– den Kragen siegellackrot –
sein Spiegelbild.

Ein Kukuk
ruft.

REINHOLD GRIMM
SPIEGELUNGEN

Was Impressionismus in der Malerei ist, weiß jeder. Beim Impressionismus in der Dichtung scheinen selbst die Kenner manchmal zu zögern. Doch wenn irgend etwas, so vermitteln diese zwölf Zeilen von Arno Holz (ursprünglich ohne Überschrift, weil dessen »Phantasus«-Zyklus entstammend) eine geradezu klassisch zu nennende Vorstellung davon, was impressionistische Lyrik war und zu leisten vermochte. Und da sie obendrein, bezeichnenderweise, in einen jugendstilhaften Schnörkel auslaufen, so markieren sie zugleich aufs genaueste den literarhistorischen Ort ihres Dichters.

Denn hier, zwischen Impressionismus und Jugendstil, nicht etwa in den Gedichten des Naturalisten, die fast durchweg leiernd und epigonal bleiben, liegt in der Tat der geschichtliche Ort des Lyrikers Holz, soweit dieser zählt. Und die Momentaufnahme aus dem Berliner Tiergarten, trotz oder eigentlich wegen ihres bescheidenen Sujets und der behäbigen Beschaulichkeit, die sie atmet, ist sicher eine seiner gelungensten Leistungen. Angesiedelt in der konkreten Lokalität der preußisch-deutschen Hauptstadt um die Jahrhundertwende, wo offenbar nicht bloß die wohlhabenden Bürger, sondern auch die armen Poeten müßiggehen konnten, vom Drohnenleben der Offizierskaste zu schweigen, bietet dieses Gedicht ein kleines, ganz auf die subtile Wiedergabe des optischen Eindrucks abgestelltes Augenblicksbildchen, das beinah

nur aus Lichtern und Farben und deren zitternden Schwingungen besteht.
Zwei einleitende Zeilen geben die Situation; zwei abschließende setzen eine zierliche, gleichsam synästhetische Pointe; dazwischen entfaltet sich die lyrische Miniatur, die einerseits exakteste impressionistische Schilderung ist – unübertrefflich der Farbtupfen »siegellackrot« – und andererseits, damit verknüpft, verschlungenste Ornamentik im Sinne des Jugendstils. Denn was könnte jugendstilhafter sein als diese Verdoppelung durch Spiegelung, diese durchs leise schaukelnde Wellenspiel aufgelösten, gebrochenen, spiralig gewundenen Konturen, die »pfropfenzieherartig ins Wasser gedreht« sind, wie es abermals mit glücklichster Formulierung heißt? Ja, sogar die mechanische Anordnung der Verse um eine Mittelachse, von Holz als revolutionäre Neuerung proklamiert, ist hier mehr als doktrinäre Marotte: nämlich zusätzliches Ausdrucksmittel, das tatsächlich das im Gedicht Ausgesagte typographisch »verbildlicht«. Der lautmalende Schlußsatz aber, der Kuckucksruf, verdoppelt die Verdoppelung noch einmal, indem er sie, durch Assonanz unterstützt, nun zudem ins Akustische überführt und so dieses inhaltlich wie formal vollkommene, schwerelose Gebilde vollends abrundet.
Zugegeben, statt »schwerelos« könnte man, mit weniger feinsinniger Wendung, auch sagen, das von Holz Gebotene sei doch wirklich fast ohne Gewicht und Gehalt, sei selbstzufrieden, ja spießig und letztlich eine Banalität. Und zumindest jenes Bürgerlich-Pläsierliche, das Gottfried Benn – zu Unrecht, wie ich glaube – dem alten Fontane vorwarf, trifft auf den Lyriker Holz zweifellos in vieler Hinsicht zu. Vielleicht sollte man daher sein Gedicht

»Im Thiergarten« farbige Postkarte aus dem wilhelminischen Berlin, nicht lediglich als selbstgenügsame Spiegelung lesen, sondern auch als spiegelverkehrte Ergänzung zu anderen poetischen Grüßen, etwa dem »Park Monceau« Kurt Tucholskys aus dem Paris der zwanziger Jahre unseres Jahrhunderts. Mir jedenfalls scheint, daß gerade diese zwei Gedichte einander wechselseitig spiegeln. Und in beiden spiegelt sich außerdem, meine ich, was deutsche Dichter, ob auf einer Bank sitzend oder sonstwo und – wie, so dachten oder auch nicht dachten.

RICARDA HUCH
NICHT ALLE SCHMERZEN

Nicht alle Schmerzen sind heilbar, denn manche schleichen
Sich tiefer und tiefer ins Herz hinein,
Und während Tage und Jahre verstreichen,
Werden sie Stein.

Du sprichst und lachst, wie wenn nichts wäre,
Sie scheinen zerronnen wie Schaum.
Doch du spürst ihre lastende Schwere
Bis in den Traum.

Der Frühling kommt wieder mit Wärme und Helle,
Die Welt wird ein Blütenmeer.
Aber in meinem Herzen ist eine Stelle,
Da blüht nichts mehr.

WERNER FULD
GEGEN DAS VERGESSEN

Das Gedicht liest sich rasch. Es scheint alles schon bei der ersten Lektüre zu sagen, und was es sagt, ist für jeden sofort verständlich – und gleichzeitig sonderbar fremd. Denn Ricarda Huch widerspricht nachdrücklich den verbreiteten Maximen, daß die Zeit alle Wunden heile und das Leben weitergehe: Man muß schließlich auch vergessen können. Solcher Apologie des schlechten Gedächtnisses setzt das Gedicht eine Kontinuität der Trauer entgegen, die nicht durch die Zeit gestillt wird, sondern sich als Erfahrung verfestigt hat. Von ihr sprechen die drei Strophen mit einer Direktheit, die von keinem Trost mehr erreicht wird.

Es ist ein einfaches Gedicht. Der Schmerz zieht ins Innerste und läßt bis zur lakonischen Banalität abgebrannte Sätze hinter sich. Den Anlaß erfährt der Leser nicht. Doch der auch rhythmisch so betonte Antagonismus zwischen dem erstarrten Herzen und einer stets veränderlichen Welt deutet auf eine private Erschütterung, auf eine Verwunderung vielleicht, wie sie der unerwartete und unerklärte Verlust eines Menschen bedeutet, von dem man sich geliebt glaubte. Alltägliche Gewißheiten verlieren dadurch ihren Wert und werden ungültig. Nicht mehr beantwortete Fragen verdichten sich zu einem ungelebten Dialog, aber man kann nicht immer antwortlos ins Leere lieben; schließlich bleibt nur noch der bittere Monolog.

Als das Gedicht 1944 in der Sammlung »Herbstfeuer« erschien, war Ricarda Huch bereits achtzig Jahre alt. Zwei vehement gescheiterte Ehen lagen lange hinter ihr. Die Freundin und erste Biographin Marie Baum ordnete die nicht datierten Verse in die Lebensdokumente der späten zwanziger Jahre ein, wobei ungeklärt bleibt, ob sie mit dieser Festlegung die Niederschrift selbst oder einen damals erlittenen, erst später in diesem Gedicht angesprochenen Verlust meinte.

1927 war Ricarda Huchs erster Mann und Vater ihres einzigen Kindes, der italienische Arzt Ermanno Ceconi, gestorben, mit dem sie sich Jahre nach der Scheidung auf ein freundschaftliches Verhältnis einigen konnte. Bei seinem Tod war sie bei ihm. Da war auch schon längst ihr Jugendtraum, den Vetter Richard zu heiraten, durch seine Erfüllung zur Strafe geworden. Die Dokumente jener unglücklichen zweiten Ehe bleiben im Nachlaß noch auf Jahre der Veröffentlichung entzogen.

Möglicherweise ausgelöst durch den Verlust Ceconis, sind beide Erfahrungen des Scheiterns ihres privaten Glücks in dieses Gedicht eingegangen. Ricarda Huch hat Männer geliebt, die ihre Stärke nicht aushielten und ihre Treue nicht ertrugen. Sie konnte sich nicht raschen Herzens entlieben, also hielt sie noch dem Schmerz die Treue. Gegen das Schweigen zu lieben verhärtete, weil mit jedem vergehenden Tag so viele Möglichkeiten ungelebt bleiben. Dennoch sind auch diese unsentimentalen Strophen ein Liebesgedicht – gegen eine Zufriedenheit, die auf schlechtem Gedächtnis beruht, gegen das Vergessen und Vergessenwerden.

RICARDA HUCH
URALTER WORTE KUNDIG

Uralter Worte kundig kommt die Nacht;
Sie löst den Dingen Rüstung ab und Bande,
Sie wechselt die Gestalten und Gewande
Und hüllt den Streit in gleiche braune Tracht.

Da rührt das steinerne Gebirg sich sacht
Und schwillt wie Meer hinüber in die Lande.
Der Abgrund kriecht verlangend bis zum Rande
Und trinkt der Sterne hingebeugte Pracht.

Ich halte dich und bin von dir umschlossen,
Erschöpfte Wandrer wiederum zu Haus;
So fühl ich dich in Fleisch und Blut gegossen,

Von deinem Leib und Leben meins umkleidet.
Die Seele ruht von langer Sehnsucht aus,
Die eins vom andern nicht mehr unterscheidet.

ULLA HAHN
IN FLEISCH UND BLUT

In der Stunde zwischen Tag und Nacht geht die Zeit der Trennungen vorbei. Die Grenzen der Dinge zerfließen, die Gegensätze von Licht und Schatten versöhnen sich in der Dämmerung, selbst die Naturgesetze werden in ihr Gegenteil verkehrt. Das Gebirge gibt sein Wesen preis und vertraut sich dem Meer an, Abgrund und Rand verschwimmen ineinander, heben sich selber auf. Alles ist möglich. Weil alles menschlich ist.

Für den, der hier spricht, ist Natur nur als Widerpart seiner Innenwelt vorhanden. Nicht die Logik kommt zu Wort, sondern die Liebe. Genauer: die liebende Frau. Das Gedicht freilich läßt das Geschlecht der Sprecherin nicht erkennen. Im Gegenteil, wie in vielen Liebesgedichten Ricarda Huchs sind die traditionellen Rollen, die dem Mann die aktive Werbung, der Frau die passive Hingabe zuschreiben, auch hier vertauscht: »Ich halte dich...«, beginnt das erste der beiden Terzette, nicht »Du hältst mich«. Die Frau sieht sich als Subjekt, als Handelnde, sie ist der Kern, den der Mann umschließen darf, »umkleiden« – welch ein enthüllendes Wort!

Verräterischer noch ist die Grammatik. »So fühl ich dich in Fleisch und Blut gegossen«: ein Bild vollkommenen Einsseins? Nein. Selbst im Augenblick der Hingabe gibt Ricarda Huch sich nicht preis, macht sie sich nicht zum Objekt. Sie bleibt die reflektierende Herrin der Lage. Im ganzen Gedicht taucht der Mann nicht einmal als Subjekt

auf, nicht einmal faßt ein »wir« oder »uns« die beiden Liebenden zusammen. Die letzte Zeile mit ihrem »eins vom anderen« – auch hier wieder die ausdrückliche Trennung – ist nichts als eine flehentliche Behauptung.
Und die Naturbilder der beiden Quartette? Spiegeln sie wirklich die Innenwelt der Sprecherin? Prägen diese Verse nicht vielmehr der Natur das leidenschaftliche Verlangen der Dichterin nach Erlösung vom eigenen Ich auf? In der Tat findet in den Naturbildern jene Verschmelzung der Gegensätze statt, die in der Vereinigung der Liebenden nur behauptet wird. Die Frau geht nicht im Geliebten auf, ihr Ich verlöscht nicht, sondern entzündet, erhöht sich an ihm. Die Liebende gibt sich dem Geliebten nicht, sie ergreift von ihm Besitz. Der Widerspruch zwischen dem Wunsch der Frau nach Hingabe und der starken, ja stolzen Persönlichkeit der Dichterin ist nicht in versöhnlichen Bildern aufzulösen. Er mußte von Ricarda Huch gelebt werden.
Ich glaube nicht, daß sie dieses Gedicht so hat schreiben *wollen*. Sie wollte nur eines: ihren sehr viel älteren Geliebten, den Ehemann ihrer Schwester, von ihrer grenzen- und selbstlosen Liebe und Hingabe überzeugen. Aber sie hat das Gedicht so schreiben *müssen*. Die Liebende konnte sich zeitweise etwas vormachen – die Dichterin nicht.

RICARDA HUCH
WO HAST DU ALL DIE SCHÖNHEIT HERGENOMMEN

Wo hast du all die Schönheit hergenommen,
Du Liebesangesicht, du Wohlgestalt!
Um dich ist alle Welt zu kurz gekommen.
Weil du die Jugend hast, wird alles alt,
Weil du das Leben hast, muß alles sterben,
Weil du die Kraft hast, ist die Welt kein Hort,
Weil du vollkommen bist, ist sie ein Scherben,
Weil du der Himmel bist, gibts keinen dort!

ELISABETH BORCHERS
ERSCHAFFEN, WAS ES NICHT GIBT

Ricarda Huch wurde 1864 geboren. Im Jahre 1907 – sie war damals 43 Jahre alt – erschienen ihre »Neuen Gedichte«, die 1913 – unter dem Titel »Liebesgedichte« – als 22. Band der Insel-Bücherei neu aufgelegt wurden. Sechzig Gedichte; viel Gedichte für sehr viel Liebe. Der Band enthält, selbstredend, kein Nachwort, das dies und jenes der Nachwelt verraten könnte. Zum Beispiel, wie alt sie war, als sie dermaßen entbrannte, und über welche Zeit sich die Ekstase hinzog, und ob es immer nur *der eine* war, an den wir, allen Erfahrungen zum Trotz, bereit wären zu glauben. Die letztgenannte Neugier jedoch ist ohne Gewicht. Vielleicht hätten Recherchen Erfolg, doch am Ende wozu. Unser Gedicht gibt genug an die Hand.

Es ist das modernste von allen, von solcher Modernität, daß wir nichts einzuwenden hätten, käme es als ein heutiges, zur Feier der Liebe, in die Zeitung. Zu einer Zeit, als die Autorin noch mit Feuer sprühendem Atem arbeitete, um Liebe darzustellen, fällt in *diesem* Gedicht die Sprache sozusagen in sich zusammen, läßt von »Göttern« und »Dämonen« ab, um sich auf sich selbst zu besinnen, auf die Kraft der einfachen Kombination. Was richtet ein »Abgott«, ein »Olympier«, ein »Schoß des Glückes« aus gegen ein »Liebesangesicht«. Aufgeputztes Theaterzeug, das beim Anblick des Liebenangesichts beschämt hinter die Kulissen zurückweichen muß.

Ricarda Huch kann die Jüngste nicht mehr gewesen sein,

als sie das Gedicht schrieb. Ein junger Mensch ist für die Betrachtung von Jugend nicht geeignet. Um atemlose Leidenschaft geht es nicht. Hier wird mit der Erfahrung dessen gesehen, der nicht zum ersten Mal der Schönheit, der Jugend, der Kraft begegnet. Hier erfährt – aus der Distanz, dem Begreifen einer unmöglichen Erreichbarkeit – der Gegenstand des Staunens eine objektive Einschätzung. Von Steigerung zu Steigerung, bis zur allerletzten, und ohne die Stimme zu erheben, im Gegenteil, im immer von neuem sich bewußtwerdenden Staunen scheint die Stimme ruhiger zu werden. Wer begreift, was hier begriffen wird, dem ist jede Chance genommen, selbst die, verzweifelt zu sein.

Ungefährlich noch sind die beiden ersten Zeilen in ihrer zärtlich bewundernden Anfechtung. Der nächste Schritt wird kühner. Das Liebeangesicht wird über »alle Welt« gesetzt. Inmitten von Schönheiten setzt sich dies eine ab, oder es reißt die Schönheit in solchem Maße an sich, daß der Rest der Welt karg und kümmerlich zurückbleibt. Nicht nur die Schönheit, nun wird ihm auch die Jugend zugesprochen, ihm allein, und dem Rest der Welt abgesprochen. Nicht nur die Schönheit und Jugend, nein, nun auch noch das Leben; und der Rest muß sterben. Also versammelt sich dort, und nur dort allein, die Kraft; was bleibt, ist keine Wohnstatt mehr wert.

Weil sich alle Vollkommenheit auf das eine und einzige Wesen konzentriert, sich in ihm versammelt und verkörpert, geht die Welt zu Bruch (man bedenke nur: all die Kontinente und Berge, die Ozeane und Städte). Und schließlich der den Menschen unmögliche letzte Schritt, die letzte menschenmögliche Kühnheit: die Entäußerung alles Lebensspendenden (wie da sind Sonne, Mond und

Sterne, ganz zu schweigen von dem, was darüber ist): Weil du der Himmel bist, gibt's keinen dort!

Ein ungeheuerlicher Vorgang. Ein sich bis zum Zerreißen spannender Bogen, der nicht zerreißt. Was gilt der Reichtum aller Schönheit und Jugend, gemessen an der Erhöhung, die sich dort abspielt, wo erlebt wird; und keinesfalls in dem, der gemeint ist. Der, der gemeint ist, was mag er taugen. Die, die es sagt, hat erschaffen, was es nicht gibt.

FRANK WEDEKIND
DER TANTENMÖRDER

Ich hab' meine Tante geschlachtet,
Meine Tante war alt und schwach;
Ich hatte bei ihr übernachtet
Und grub in den Kisten-Kasten nach.

Da fand ich goldene Haufen,
Fand auch an Papieren gar viel
Und hörte die alte Tante schnaufen
Ohn Mitleid und Zartgefühl.

Was nutzt es, daß sie sich noch härme! –
Nacht war es rings um mich her –
Ich stieß ihr den Dolch in die Därme,
Die Tante schnaufte nicht mehr.

Das Geld war schwer zu tragen,
Viel schwerer die Tante noch.
Ich faßte sie bebend am Kragen
Und stieß sie ins tiefe Kellerloch. –

Ich hab' meine Tante geschlachtet,
Meine Tante war alt und schwach;
Ihr aber, o Richter, ihr trachtet
Meiner blühenden Jugend-Jugend nach.

WULF SEGEBRECHT
IN DER SACHE »TANTENMÖRDER«

Der Tantenmörder spricht in eigener Sache. Er wendet sich, wie sich am Ende herausstellt, an seine Richter, die ihn verurteilen wollen. Seine Rede vor Gericht beginnt mit einem uneingeschränkten Geständnis: Jawohl, er hat seine Tante getötet, er hat sie sogar »geschlachtet«, wie der Metzger ein Tier schlachtet. Der Tantenmörder scheut sich nicht, diesen Ausdruck auf seine eigene Tat anzuwenden. Er will sich gar nicht verteidigen, obwohl er als Angeklagter vor Gericht steht, er will seine Tat vielmehr rechtfertigen. Schließlich war die besagte Dame »alt und schwach«. Das muß genügen. Denn schon das spricht, meint er, gegen sie.

Es folgt die Beschreibung der Tatvorbereitung und des Tathergangs. Die Tante, erfahren wir, war nicht nur hinfällig, sondern auch reich, und auf ihre Wertpapiere und ihr Bargeld hatte es ihr Neffe abgesehen. Möglicherweise schon mit dem Vorsatz der Bereicherung und unter Ausnutzung des Vertrauensverhältnisses zwischen Verwandten hatte er sich in der Wohnung der Tante einquartiert und dort ihre »Kisten-Kasten« »ohn Mitleid und Zartgefühl« durchwühlt, wobei offenbleibt, ob diese Gefühlskälte nur von dem rücksichtslosen Neffen ausgeht oder nicht auch von seiner schweratmenden Tante, die, obwohl schon altersschwach, ihm von ihrem Besitz nichts mitgeteilt hatte.

Erst jetzt, angesichts der entdeckten Reichtümer, kommt

es zum Entschluß, die Tante zu ermorden: Nicht nur ihr Alter und ihre Schwäche, so argumentiert der Täter, machten ihr das Leben schon schwer genug; künftig würde sie auch noch den Verlust ihres Besitzes zu verkraften haben, sie müßte sich, würde er sie lediglich berauben, fortan nur noch »härmen«. Der Mord wird geradezu als Erlösung für sie gedeutet. Selbstbewußt und ohne Beschönigung seiner Tat kann er daher, pathetisch stabreimend, bekennen: »Ich stieß ihr den Dolch in die Därme.«

Zum »erfolgreichen« Abschluß des Raubmords gehört es, die Leiche zu beseitigen und die Beute zu sichern. Das erfordert, selbst für einen jugendlich-kraftvollen Täter, harte Arbeit. Bis an den Rand der Erschöpfung habe er sich dabei verausgabt, so legt er seinen Richtern dar, als wollte er sie fragen: Verdient denn diese Mühe nicht auch Anerkennung?

Dann aber – und das gibt seinem Wort für Wort wiederholten Geständnis die zusätzliche Pointe – wendet er sich an seine Richter. Er bittet sie in seinem Schlußwort nicht, wie das andere Angeklagte tun, um ein mildes Urteil. Er fleht nicht um Gnade, er greift sie an. Er wirft ihnen vor, sie trachteten ihm nach seiner »Jugend-Jugend«, nach seinem »blühenden« Leben. Die Strafverfolgung, die sie betreiben, wird als jugend- und lebensfeindlich diskreditiert. Statt zwischen den Interessen der maroden »Kisten-Kasten«-Besitzer und denen der vitalen »Jugend-Jugend«-Inhaber abzuwägen – eine Abwägung, die nur zugunsten der Jugend ausfallen dürfe –, mache sich die Rechtsprechung nach Auffassung dieses jugendlichen Raubmörders einseitig zum Instrument der Alten und Schwachen, wenn sie zugleich reich sind; die Justiz wird als Interessenvertreterin lebensunwerten Lebens attackiert.

Der ungeheuren Tat folgt damit ein ungeheuerlicher Vorwurf. Mit keiner Silbe enthält das Gedicht auch nur die Andeutung eines Widerrufs der Amoral, der es Sprache gibt. Der Raubmörder hat das erste und behält das letzte Wort, er wird nicht widerlegt. Das Gedicht entblößt schamlos die erschreckende sozialdarwinistische Kehrseite des Jugend-, Kraft- und Lebenskultes der Jahrhundertwende. Die Besucher des Kabaretts »Die elf Scharfrichter« in der Münchener Türkenstraße mögen sich verblüfft und ungläubig auf die Schenkel geschlagen haben, wenn Wedekind in den ersten Jahren unseres Jahrhunderts dieses (wie er selbst schrieb) »bedenklichste und gefährlichste« Paradestück aus seinem Brettl-Repertoire vortrug. Die Vorstadt-Bohemiens genossen die antibürgerliche Attitüde des parodistischen Bänkellieds, das so scheinheilig als Volkslied daherkam. Erst dreißig Jahre später sollte ihnen das Lachen in der Kehle steckenbleiben.

OTTO JULIUS BIERBAUM
ER ENTSAGT

Fahl zieht der Strom in letzter Abendhelle,
Bald wird es Nacht und alles Schweigen sein.
Nun kommt die Zeit, daß ich mein Glück bestelle,
Dies schwarze Ährenfeld, dies Dein und Mein.

Das ist viel stiller, als das tiefste Schweigen
Und ist viel schwärzer als die tiefste Nacht;
Die hohen Halme beugen sich und neigen
Ehrfürchtig ihrer schweren Ähren Pracht.

Denn du bist dort. In deinem weißen Kleide,
Von dem ein Leuchten wie von Sternen weht,
Und ein Gesang vom Rauschen deiner Seide,
Wenn leis dein Fuß durch diese Ähren geht.

HANS CHRISTOPH BUCH
LYRISCHER ABGESANG

Vor ein paar Jahren erstand ich in einem West-Berliner Trödelladen einen schon leicht stockfleckigen Lyrikband von Otto Julius Bierbaum mit dem barock ausladenden Titel: »Der neubestellte Irrgarten der Liebe / um etliche Gänge und Lauben vermehrt / verliebte / launenhafte / moralische und andere Lieder / Gedichte und Sprüche aus den Jahren 1885 bis 1905«. Was mich – außer den hübschen Jugendstilminiaturen von Heinrich Vogeler – zum Kauf dieses Buches bewogen hatte, war sein für Gedichtbände erstaunlicher Umfang von 437 Seiten und der, daran gemessen, erstaunlich niedrige Preis von nur einer Mark: das war sehr viel Lyrik für sehr wenig Geld. Trotzdem nahm ich den Band ohne allzu große Erwartungen zur Hand. Über seinen Verfasser wußte ich nur, daß er um die Jahrhundertwende als Dichter außerordentlich populär war – der »Irrgarten der Liebe« erreichte die für heutige Lyriker astronomische Auflagenhöhe von 85000 Exemplaren – und daß sein Hauptwerk, der Künstlerroman »Stilpe«, durch freimütige Schilderungen des erotischen Treibens der damaligen Kunst- und Literaturschickeria Anstoß und Aufsehen erregte.
Beim Durchblättern seines Buches stellte ich mir den Autor als wilhelminischen Philister vor, der sich als junger Bohémien mit Dienstmädchen und Kammerzofen ausgetobt hatte, um hinterher als langbärtiger Dichterfürst in der bayerischen oder preußischen Akademie zu enden –

ein Hindenburg der Poesie wie Arno Holz oder der alte Gerhart Hauptmann.

Als ich Bierbaums Gedichte dann las, schienen sich meine schlimmsten Vorurteile zu bestätigen: Das waren, ähnlich wie in der ungefähr gleichzeitig erschienenen Lyriksammlung »Daphnis« von Arno Holz, unerträglich platte »Sauf-, Freß- und Venuslieder«, in denen von den »Niederungen« des Geschlechtslebens bis zu den vermeintlichen Höhen von Religion und Philosophie alles gestreift und nichts ausgelotet wurde. Das einzige, was diesem Dichter über 437 Seiten hinweg nie abhanden kam, war sein sprichwörtlich gesunder Humor, die unverwüstlich gute Laune des saturierten Bildungsbürgers, der von seinem gut gepolsterten Schreibtischstuhl aus augenzwinkernd das törichte Treiben der Welt kommentierte, die für ihn so lange noch in Ordnung war, wie ihm seine Frau frühmorgens den Kaffee ans Bett brachte ...

Ich hätte Bierbaum auf sich beruhen lassen und sein Buch ungelesen in den Papierkorb geworfen, wenn mir nicht beim Durchblättern diese Verse unter die Augen gekommen wären, die auch bei wiederholtem Nachlesen nichts von ihrem Glanz verloren und für mancherlei lyrischen Leerlauf entschädigten: eine matt schimmernde Perle, zwischen stumpfen Kieseln versteckt.

Hier zeigt sich der unerschütterlich optimistische Bohémien endlich einmal *nicht* von seiner feuchtfröhlichen Seite, hier läßt er seinen Zweifeln und seiner Melancholie freien Lauf. In einem unkontrollierten Augenblick zwischen zwei Liebesabenteuern bricht sein perfekt organisiertes Abwehrsystem zusammen und gibt den Blick frei auf den wirklichen Menschen Bierbaum, der sich hinter den Jugendstilschnörkeln seiner Dichtermaske verbirgt:

ein virtuoser Verkleidungskünstler, der sich abwechselnd als Pierrot und Hanswurst, Rokokoschäfer und wilhelminischer Lebemann kostümiert, um die hinter der glänzenden Fassade lauernde Leere seiner Existenz zu übertünchen.

Das Gedicht schildert nicht nur das Ende einer Liebesbeziehung, es ist zugleich ein Abgesang auf eine zu Ende gehende Epoche, die hier noch einmal all ihren verblichenen poetischen Dekor aufbietet – im Bewußtsein seiner Vergänglichkeit. Mich erinnern diese Verse, in ihrem morbiden Glanz, an eines der berühmtesten Gemälde der Epoche, Böcklins »Toteninsel«, bis in die Details der Farbgebung hinein.

Ähnlich wie Böcklins Bild (das Bierbaum an anderer Stelle poetisch kommentiert hat) ist das Gedicht kontrapunktisch komponiert, es schwingt im Spannungsbogen zwischen zwei zentralen und gleichermaßen preziösen Metaphern: dem schwarzen Ährenfeld und dem weißen Seidenkleid in der Abenddämmerung. Nicht nur der klassizistisch bemühte Formwille der wilhelminischen Kunstperiode, der zuletzt nur noch Gipsabgüsse seiner klassischen Vorbilder zustande brachte, ist hier am Ende angekommen: das Gedicht wird zur Metapher für eine Endzeitstimmung, wie sie gerade heute, im Zeitalter der ökonomischen und ökologischen Krisen wieder aktuell ist.

Die drohende Explosion aller überkommenen Werte glimmt als Zündschnur im Dämmerlicht dieser trügerisch schillernden Verse, die mich dazu veranlaßt haben, meine Vorurteile über den Dichter Otto Julius Bierbaum zu revidieren: ich würde nicht zögern, dieses zu Unrecht viel zuwenig bekannte Gedicht in jede repräsentative Anthologie deutschsprachiger Lyrik aufzunehmen.

RICHARD BEER-HOFMANN
SCHLAFLIED FÜR MIRJAM

Schlaf, mein Kind – schlaf, es ist spät!
Sieh, wie die Sonne zur Ruhe dort geht,
Hinter den Bergen stirbt sie im Rot.
Du – du weißt nichts von Sonne und Tod,
Wendest die Augen zum Licht und zum Schein –
Schlaf, es sind soviel Sonnen noch dein,
Schlaf, mein Kind – mein Kind, schlaf ein!

Schlaf, mein Kind – der Abendwind weht.
Weiß man, woher er kommt, wohin er geht?
Dunkel, verborgen die Wege hier sind,
Dir und auch mir und uns allen, mein Kind!
Blinde – so gehn wir und gehen allein,
Keiner kann keinem Gefährte hier sein –
Schlaf, mein Kind – mein Kind, schlaf ein!

Schlaf, mein Kind, und horch nicht auf mich!
Sinn hat's für mich nur, und Schall ist's für dich.
Schall nur, wie Windeswehn, Wassergerinn,
Worte – vielleicht eines Lebens Gewinn!
Was ich gewonnen, gräbt mit mir man ein,
Keiner kann keinem ein Erbe hier sein –
Schlaf mein Kind – mein Kind, schlaf ein!

Schläfst du, Mirjam? Mirjam, mein Kind,
Ufer nur sind wir, und tief in uns rinnt
Blut von Gewesenen – zu Kommenden rollt's,
Blut unsrer Väter, voll Unruh und Stolz.
In uns sind alle. Wer fühlt sich allein?
Du bist ihr Leben – ihr Leben ist dein –
Mirjam, mein Leben, mein Kind – schlaf ein!

PETER HÄRTLING
DER TRIUMPH DER VIERTEN STROPHE

Über dieses Gedicht kann ich nicht schreiben, ohne nicht wenigstens flüchtig auf seinen Autor hinzuweisen. Denn er ist kaum mehr bekannt. Richard Beer-Hofmann, 1866 in Wien geboren, gehörte in den ersten drei Jahrzehnten dieses Jahrhunderts zu jenen Schriftstellern, die den Gestaltenreichtum und den Tonfall der vergehenden Donaumonarchie in ihrem Werk bewahrten. Mit Hofmannsthal und Schnitzler befreundet, veröffentlichte er, dem Zeitgenossen nachsagen, er sei ein Grandseigneur gewesen, eine Handvoll schmaler Werke: Erzählungen, zwei Bühnenstücke, Gedichte. Am bekanntesten wurden die Erzählung »Der Tod Georgs« (1900) und das Trauerspiel »Der Graf von Charolais« (1904). 1939 verließ er Wien, ging ins Exil. Er war Jude. Beinahe jede Zeile, die er schrieb, spricht davon. In dem Briefwechsel mit Hugo von Hofmannsthal wird diese eigentümlich reine Gestalt für wenige noch einmal sichtbar. 1945 starb Beer-Hofmann in New York.

1897 heiratete er Paula Lissy. Die erste Tochter, Mirjam, kommt zur Welt. Für sie schreibt der Vater, glücklich und angstvoll, eines seiner wenigen Gedichte. Er wird an Wiegenlieder gedacht haben, an ihren monotonen Singsang, an all den sentimentalen Schlummertrost, an »Schlafe, mein Prinzchen«, und so setzt er auch ein, nur trockener, leiser, direkter: »Schlaf, mein Kind – schlaf, es ist spät!« Und schon hier, in der ersten Zeile, schlägt er, wenn auch wunderbar doppeldeutig, sein Thema an. Man sieht den Vater neben dem Bettchen sitzen; das neugeborene Wesen kann ihn noch nicht verstehen; er redet in es hinein und über es hinweg. »... es ist spät«: Der Tag endet, aber nicht nur der Tag, auch das Leben, das eben begonnen hat; auch das Volk, dem es angehört. Beer-Hofmann hat unaufhörlich den Tod angesprochen, flehend und drohend, er ging mit ihm um, anders als Elias Canetti, der ihn schreibend zu überlisten versucht.

Die nächsten Zeilen kopieren fast arglos die Banalität vieler Schlaf- und Todeslieder. Das Rot der untergehenden Sonne. Das kindliche Unwissen. Das Versprechen hellster Zukunft. Als wolle der Vater Atem holen, als fürchte er sich vor der Last, die er mit dem Heranwachsenden wird teilen müssen.

Denn die beiden folgenden Binnenstrophen sind eine einzige Klage. Er fragt, als wisse er keine Antwort, obwohl er sie in der letzten Strophe gibt. Der Abendwind vorm Fenster wird zum Sinnbild ziellosen Wanderns. Da erscheint der ahasverische Individualist der Spätromantik. Es ist gleich, ob es bei Beer-Hofmann heißt: »Dunkel, verborgen die Wege hier sind, / Dir und auch mir und uns allen, mein Kind« oder bei Hesse: »Seltsam, im Nebel zu wandern! / Leben ist Einsamsein. / Kein Mensch kennt den andern, / Jeder ist allein.« Offenbar kann nichts die Menschen verbinden, verbünden. Kein Glaube und keine Hoffnung. Was bleibt, ist der stilisierte Hochmut der Einsamen.

In der ersten Zeile der dritten Strophe beginnt sich der Vater gegen das Übermaß von Schwarzseherei zu wehren. Nein, diese Last soll die Tochter nicht tragen müssen. Erschrocken und mit unvergleichlicher Zärtlichkeit sagt er: »Schlaf, mein Kind, und horch nicht auf mich!«

Er nimmt die düstere Beschwörung zurück, bezieht sie nur noch auf sich: »Sinn hat's für mich nur.« Die Bedrohung, der Verlust, die Einsicht in die Vergeblichkeit sind allein Worte gewesen, mehr nicht. Aber von Worten lebt er. Reichen sie weit? Reichen sie in das Leben des schlummernden Säuglings hinein? Schroff verneint er es. Seine Worte werden mit ihm enden. So wird die vorletzte Zeile der dritten Strophe zum krassen Echo der vorletzten Zeile der zweiten Strophe: »Keiner kann keinem Gefährte hier sein« – »Keiner kann keinem ein Erbe hier sein«.

Das Gedicht schafft sich selbst seinen Morgen, widerspricht sich triumphal selber. Jetzt wünscht sich der Vater, daß das Kind ihn höre. Er redet es nicht mehr in den Schlaf, sondern er fragt: »Schläfst du, Mirjam?« Dieses eine Mal wache, fordert die Zeile, und versteh, was du nicht verstehen kannst. Eine andre Stimme wird laut, die eines Rabbis, der sich murmelnd wiegt. Mirjam ist doch nicht allein, zur Einsamkeit verdammt. Sie ist Glied ihres Volkes; der Juden. »In uns sind alle ...« Nachdem diese Formel, die ihr Leben einschließt, ausgesprochen ist, darf das Kind endlich schlafen: »Mirjam, mein Leben, mein Kind – schlaf ein!«

Was mich an diesem Gedicht ergreift, ist seine Wärme. Wer es liest, hört es, hört noch immer, nach achtzig Jahren, den Atem dessen, der es sprach. Sein Pathos ist seltsam unanfechtbar.

Er mußte sich vor Wörtern wie Blut und Volk nicht scheuen. Sie waren uralt und hatten Gettos gesprengt. Daß später andere diese Begriffe zu schauderhaftem Gesetz erheben und in dessen Namen morden würden, konnte er nicht wissen. Hat er es geahnt, ist das die Angst,

gegen die er ansang? Er und die Kinder, für die er das Gedicht schrieb, haben es noch erfahren.
Dieses Lied kommt von weit her und ist dennoch ganz nah.

MAX DAUTHENDEY
DRINNEN IM STRAUSS

Der Abendhimmel leuchtet wie ein Blumenstrauß,
Wie rosige Wicken und rosa Klee sehen die Wolken aus.
Den Strauß umschließen die grünen Bäume und Wiesen,
Und leicht schwebt über der goldenen Helle
Des Mondes Sichel wie eine silberne Libelle.
Die Menschen aber gehen versunken tief drinnen im Strauß,
Wie die Käfer trunken und finden nicht mehr heraus.

LUDWIG HARIG
HEILIGE TRUNKENHEIT

Nach diesem Gedicht habe ich lange gesucht. Ich habe es zum erstenmal in einem pädagogischen Lehrbuch der Literatur gelesen, kurz nach dem Krieg. In diesem Buch war von Eindruckskunst und Ausdruckskunst die Rede: Dauthendeys Gedicht stand als Beispiel für Motive und Formenreichtum der Eindruckskunst. Dieses einzige Mal habe ich mich von der Literaturwissenschaft zur Lektüre eines Gedichts verführen lassen; ich erinnere mich sogar an eine Rüge des Verfassers. Das Gedicht enthalte zu viele Wie-Vergleiche, sagt er, vier insgesamt. Mich haben sie nie gestört: In meiner Phantasie erwuchs mir aus diesen Bildvergleichen ein Abendhimmel, der sich unter den Wörtern des Dichters in einen üppigen Blumenstrauß verwandelt; ich folgte den Wörtern nach, sie hatten Charme und Zauberkraft, mich in die seltsam leichte und schwebende Atmosphäre jener Bilderwelt zu versetzen.

Ein Stimmungsbild, ein poetisches Abendporträt: Sanftes Wolkenrosa, helles Baum- und Wiesengrün explodieren in blendendem Gold und Silber des letzten Sonnen- und ersten Mondlichts. Es ist kein Stilleben, das mich bezaubert, eher das Gegenbild einer *nature morte*. Denn in der Abendidylle entpuppt sich der Mensch zu einem Käfer, fast zu einer Kafkafigur, die in Verzückung geraten ist und taumelnd ihre verlorengegangene Identität sucht. Über Georg von der Vrings Gedichtstrophe »Der Mohn hat rote Wände, / Er lodert riesengroß, / Ein Krater im Gelände«, schrieb Günter Eich: »Es wird eine Mohnblume gezeichnet, und man spürt Hiroshima.« Das Rote ist bei Dauthendey ein sanftes Rosa, geheimnisvolle Mohnblumen sind hier freundliche Wicken; dort, wo die Mohnblume das Gefühl der Weltangst beschwört, ruft ein Wolkenstrauß aus Wicken und Klee die Empfindung der Weltverlorenheit hervor. Es ist ein gegenwärtiges Gefühl, es kann jedermann in jeder Abendstunde befallen, und der Dichter, der es heraufruft, ist kein illusionärer Beschwörer von gestern. Eich sagt, der »zeitferne Dichter« sei ein Widerspruch in sich, »wo die Bezüge zur Zeit nicht mehr sichtbar sind, beginnt nicht die Idylle«.

Max Dauthendey, in Würzburg geboren, auf Java gestorben, war zeitlebens unterwegs, ein Geistesverwandter Jack Londons, ein Seelenbruder Gauguins. Er feierte reisend sein Weltfest in ekstatischen Gedichten. Was bei Hölderlin die heilige Nüchternheit, ist bei Dauthendey der heilige Rausch: Doch es ist ein keuscher, gar nicht düsterer Rausch, kein Panskoller, keine zarathustrische Hitze, es ist die leichte Trunkenheit des Selbstvergessens, aus der es nur schwer eine Ernüchterung gibt. Einmal bin ich mit wildfremden Menschen unter einem solchen dauthendeyschen Abendhimmel dahinflaniert. Es war auf den Ramblas von Barcelona, ich spazierte, in Gedanken versunken, unter den Bäumen der breiten Allee, plötzlich, am Blumenmarkt, überkam mich ein heftiges Gefühl des Entrücktseins. Ich roch den Duft der Blumen, und ohne nach den anderen Menschen zu schauen, kam es mir vor, als irrte ich ziellos umher mitten zwischen den Passanten, die gleichfalls hin und her, in Bögen und Kreisen, in Kurven und Spiralen über das Pflaster liefen und sich in wechselndem Spiel näher kamen und wieder entfernten. Damals fiel mir das Gedicht von Dauthendey ein, doch ich brachte die Verse nicht mehr zusammen, außer dem letzten, den ich von da an nie mehr vergessen habe.

STEFAN GEORGE

An baches ranft
Die einzigen frühen
Die hasel blühen.
Ein vogel pfeift
in kühler au.
Ein leuchten streift
erwärmt uns sanft
und zuckt und bleicht.
Das feld ist brach
der baum noch grau.
Blumen streut vielleicht
der lenz uns nach.

EUGEN GOMRINGER
BLUMEN FOLGEN UNSEREM ABGANG

Wer am Lande wohnt oder als Spaziergänger hin und wieder Landschaft besichtigt, dem ist die äußere Szene dieses Liedes vertraut. Ein Bach schlängelt sich durch eine Vorfrühlingslandschaft. Er schlängelt sich, denn das Wort »Ranft« deutet auf ein abrissiges Ufer, dem gegenüber sich das flache Innenufer der Bachkrümmung befindet. Am abrissigen Ufer blühen Hasel. Das sieht man. Ein hübsches, sparsames Bild in drei Zeilen. Erst die Hasel blühen, die einzigen, ausgezeichneten. Das Wort »einzigen« ist das stärkste der drei Eingangszeilen. Das Übermaß einer Silbe sei ihm erlaubt. Man betont die erste und läßt die beiden auslautenden fast zu einer »einzigen« Silbe werden. Jetzt tritt ein Hörvorgang hinzu: Ein Vogel pfeift in kühler Au. Ein Vogel allein, das fällt immer auf. Bis zur fünften Zeile haben Auge, Ohr und Fühlung Wahrnehmungen zu verzeichnen, die Frühzeit, Einsamkeit und Kühle suggerieren. Das kann erst das halbe Gedicht sein. Auch sind noch Reime zu erwarten, nachdem zwei sich reimende Wörter bereits auf solche klanglichen Abschließungen hingedeutet haben.
Die nächsten drei Zeilen gehören trotz größter Gegensätzlichkeit ihrer Aussage zusammen. Zuerst: Ein Leuchten streift. Als äußerliches Leuchten, als Strahl, der über die Landschaft gleitet, kann dies eine konkrete Seh-Wahrnehmung sein. Dieses Leuchten erwärmt jedoch »uns«, und zwar »sanft«. Es ist anzunehmen, daß das streifende

Leuchten »uns« gilt, der Figur in der einsamen Landschaft. Mit dem »uns« wird einesteils die dialogische Tendenz Stefan Georges erfüllt, andererseits zeigen einige der schönsten deutschen Lieder – etwa das fünfte Schilflied von Nikolaus Lenau – einen ähnlichen Aufbau. Überdies wird dieses »uns« im Zusammenhang zu sehen sein, der im ganzen Buch »Der siebente Ring« waltet.

Das Leuchten meint es gut mit uns – aber es ist von erschreckend kurzer Dauer. Die sanfte Bewegung, die es in das Bild der spröden Landschaft bringt, nimmt ein dramatisches Ende. Direkt durch ein »und« verbunden folgen das Zucken und Bleichen. Was aber machen wir, nachdem uns das Leuchten zuckend und bleichend verlassen hat? Wir stehen ärmer da als zuvor. Wir sehen uns wieder um in der äußeren Szene und stellen fest: Das Feld ist brach. Der Baum noch grau. Der Schluß liegt nahe, daß, nachdem uns das Leuchten innerlich angesprochen, aufgewühlt hat, diese beiden Zeilen eine symbolische Mitbedeutung besitzen, daß sie Projektionen festhalten. Sie sind ein äußerliches Bild des inneren Zustandes der Figur in dieser Landschaft. Zwar heißt es immerhin vom Baum, er sei »noch« grau. Damit könnte auch Hoffnung angetönt sein.

Die beiden letzten Zeilen dieses Liedes bilden wohl einen der unvergeßlichsten deutschen Verse: Blumen streut vielleicht der Lenz uns nach. Überraschend wird der ganze Gedicht-Rhythmus auf den Kopf gestellt. Eine große Gebärde wird ausgesprochen. Blumen folgen vielleicht unserem Abgang. Daß der Lenz uns vielleicht Blumen »nachstreut«, habe ich immer als Jugendstilgebärde gesehen. Auch Böcklin schwebt mir als Vorbild vor. Ich sehe eine seiner ungelenken Damen beim Blumenstreuen auf »gestirnter Wiese«. Lange bevor Nostalgie eine Welle wurde, habe ich mir diese echte, doppelte Nostalgie erlaubt. Vielleicht aber war es auch das Wort »Ranft«, an dem ich hängen blieb. Der »Ranft« wirkt auch klanglich so stark nach, daß sich das Reimwort »sanft« erst in der siebenten Zeile einzustellen braucht.

Man kann dieses einfache Lied, in dem wenig, aber viel geschieht und das uns ungewiß, aber in Hoheit entläßt, auch klanglich bewahren. Ein scharfes »z« geht durch von »einzigen« über »zuckt« zu »lenz«. Man bewahrt das fröhliche Reimpaar »frühen – blühen«, aber auch die »b-r«- und »g-r«-Kombination dort, wo das Lied t-rostlos wird: brach – grau. Auch Bau und Konstruktion machen das Lied zu einem Kunstwerk.

STEFAN GEORGE
DAS WORT

Wunder von ferne oder traum
Bracht ich an meines landes saum

Und harrte bis die graue norn
Den namen fand in ihrem born –

Drauf konnt ichs greifen dicht und stark
Nun blüht und glänzt es durch die mark ...

Einst langt ich an nach guter fahrt
Mit einem kleinod reich und zart

Sie suchte lang und gab mir kund:
»So schläft hier nichts auf tiefem grund«

Worauf es meiner hand entrann
Und nie mein land den schatz gewann ...

So lernt ich traurig den verzicht:
Kein ding sei wo das wort gebricht.

WOLFGANG HILDESHEIMER
DIE GRENZEN DES SAGBAREN

Meine Verehrung Stefan Georges hält sich in ganz bestimmten Grenzen. Doch innerhalb dieser Grenzen bewundere ich ihn, was heute – schon wieder oder immer noch? – Verteidigung gegen Anwürfe bedeutet, sachliche oder nicht. Er hat aus seinem Leben ein exemplarisches Dichterleben gemacht, par excellence, unbedingt und einzigartig. Er hat sich nach einem selbstentworfenen – genauer: nach einem allmählich sich herauskristallisierenden – Modell streng stilisiert und ihm entsprechend sein Leben im Pathos verbracht. Diese Zucht, diese formale – und formelle – Disziplin des Ausdrucks, die der Demonstration einer vollkommenen und meist schmerzlichen Einheit zwischen Dichter und Mensch galt, ließ keinerlei Verhalten zu, das dieser Stilisierung nicht entsprochen hätte, so daß für das Lachen kein Raum blieb.
Die Frage, wie ich ein solch durch und durch artifizielles Verhaltensmuster bewundern kann, würde ich mit dem Geständnis beantworten, daß ich jede Lebenshaltung bewundere, die sich zu einem solchen Grad auf ästhetischen Kategorien aufbaut, daß sie eine Konsequenz und eine Selektivität zeitigt wie bei George. Ich würde allerdings betonen, daß Bewundern und Zum-Vorbild-Wählen zweierlei sind. Ich bewundere zum Beispiel auch den Beau Brummel, den perfektesten aller Dandies, der niemals aus seiner Rolle fiel, was nicht bedeutet, daß er »mein Typ« gewesen wäre. Ohne Zweifel war er ein Nichtsnutz.

Bezeichnenderweise übrigens bewunderte auch George den Dandy.

Aber anders als beim Dandy wird Stefan Georges Verhalten zumindest teilweise durch sein Werk gerechtfertigt, in dem zwar eine exzentrische Esoterik und eine – man möchte sagen: gezüchtete – Preziosität obwalten, anhand derer es dem Dichter jedoch gelingt, weite Räume und Landschaften, Gärten und Parks, Orte von verführerischer, wenn auch morbider Schönheit heraufzubeschwören, geheimnisvolle Vergangenheiten und erregende Versprechen. Er sät Mythen, deren Objekt freilich immer er selbst bleibt; niemals aber singt er sein Selbstmitleid wie Rilke, sondern er verharrt in einer Art gebieterischer Emphase, deren Gestus ihm abzunehmen nicht jedermanns Sache ist.

Die Gedichte, die meine rezeptive Phantasie am meisten anregen, befinden sich in dem Zyklus »das jahr der seele«, der 1897 herauskam, als der Dichter noch keine dreißig Jahre alt war. Das Gedicht »Das Wort« aber entstammt dem viel späteren Zyklus »das neue reich«. Es ist ein eigentümlich ambivalentes Gedicht, denn es geht um die Frage, die weder emotional noch meditativ beantwortet werden kann, sondern, wenn überhaupt, nur gedanklich spekulativ, obgleich es nur zwei mögliche Antworten gibt.

George stellt die Frage anhand einer Märchenkonstellation, die zwar eine Antwort nicht ersetzt, ihr aber als Parabel einen fremden und seltsamen Reiz verleiht. In der letzten Zeile wird das letzte Wort darüber apodiktisch gesprochen. »Kein ding sei wo das wort gebricht«. Diese Erkenntnis ist in ihrem Gehalt nicht neu, nur ist sie in der Manier einer Verkündigung noch nicht ausgesprochen worden, die allerdings die Begründung, *warum* es so ist, nicht ersetzt. Der Dichter meint jedenfalls, daß ihm hier das letzte Wort gebühre.

Seltsamerweise ist es eine Norn, also eine aus der Schar namenloser Schicksalsgöttinnen, der der Wortsammler das namenlose reiche und zarte Kleinod zur Namengebung überantwortet. Sie sucht in ihrem Wortschatz und findet das Entsprechende nicht, worauf es der Hand des Dichters sofort entrinnt. Es wird also nicht, wie die anderen Funde, durch die Mark blühen oder glänzen, da ihm das Glück der Benennung nicht zuteil wird, in offensichtlichem Gegensatz zu den lange eingeordneten Wörtern, die sich, dicht und stark, greifen lassen: »Wunder von ferne oder traum.«

Anscheinend macht der Finder diese schmerzliche Erfahrung zum ersten Mal. In diesem Gedicht geht es also um das Unsagbare, wobei offenbleibt, ob dies nur das Konkrete oder auch das ins konkrete Bild gebrachte Abstrakte ist. Was mich an diesen Versen immer beschäftigt hat, ist denn auch die Frage: Hat der Dichter von diesem reichen und zarten Kleinod eine bestimmte Vorstellung gehabt, und ist es überhaupt möglich, das Nichtexistierende, das Selbsterfundene, sei es Ding, Gefühl oder Gedanke, als etwas potentiell Genanntes vor sich zu sehen? Ich denke nicht.

Reich und zart, diese Adjektiva wollen denn auch nicht so recht zueinander passen. Wäre ich die Norn gewesen, so hätte ich den Born nach Wörtern für Vögel abgesucht und wäre auf den brasilianischen Kolibri gestoßen. Aber das hätte ja auch dem Finder einfallen können. Jedenfalls stimmt der Verlust ihn traurig, er ist auf das Unsagbare gestoßen, wo er es nicht vermutet hat. Hier hat einer versagt, der sein Land, sein Reich, großzügig mit Worten beschenkt zu haben glaubt. Einer, der sich groß sah und über den das letzte Wort noch nicht gesprochen ist.

STEFAN GEORGE
DER HERR DER INSEL

Die fischer überliefern dass im süden
Auf einer insel reich an zimmt und öl
Und edlen steinen die im sande glitzern
Ein vogel war der wenn am boden fussend
Mit seinem schnabel hoher stämme krone
Zerpflücken konnte · wenn er seine flügel
Gefärbt wie mit dem saft der Tyrer-schnecke
Zu schwerem niedrem flug erhoben: habe
Er einer dunklen wolke gleichgesehn.
Des tages sei er im gehölz verschwunden ·
Des abends aber an den strand gekommen ·
Im kühlen windeshauch von salz und tang
Die süsse stimme hebend dass delfine
Die freunde des gesanges näher schwammen
Im meer voll goldner federn goldner funken.
So habe er seit urbeginn gelebt ·
Gescheiterte nur hätten ihn erblickt ·
Denn als zum erstenmal die weissen segel
Der menschen sich mit günstigem geleit
Dem eiland zugedreht sei er zum hügel
Die ganze teure stätte zu beschaun gestiegen ·
Verbreitet habe er die grossen schwingen
Verscheidend in gedämpften schmerzeslauten.

WOLFGANG LEPPMANN
L'ART POUR LA VIE

Es gibt leicht zugängliche Gedichte, die wie gewisse mathematische Probleme ohne weiteres und restlos »aufgehen«, und schwierige, zu denen auch der Eingeweihte noch einen Kommentar benötigt. Das vorliegende verdankt seinen Reiz nicht zuletzt dem Umstand, daß es, zumindest vordergründig, zu den leichtesten Gedichten eines als schwierig geltenden Lyrikers gehört.

Denn was hier geschildert wird, ist eindeutig: ein riesiger, in den Tropen beheimateter Vogel stirbt bei – an – der Ankunft der Menschen, die seine Insel entdeckt haben. Weder Titel noch Sprache, weder Syntax noch Metrum, ja nicht einmal Georges eigenwillige Kleinschreibung und Zeichensetzung verbauen uns den sofortigen Zugang zu diesen Zeilen. Auch die gelehrten Anklänge tun dies nicht; es ist nützlich, aber nicht notwendig zu wissen, daß man im Altertum den Purpur, Symbol der Macht und Würde, aus dem Saft einer Schnecke gewann und daß Delphine als musikalisch galten, weil der Sage nach ein solcher dem Dichter Arion, dessen Gesang er gehört hatte, das Leben rettete (eine jener Einsichten, bei denen der Mythos die Wissenschaft weit hinter sich läßt: erst in unseren Tagen haben die Forscher den Nachweis erbracht, daß Delphine tatsächlich Töne unterscheiden und sich über große Entfernungen hinweg auf akustischem Wege verständigen können).

Das ist Bildungsballast, der kaum ins Gewicht fällt gegenüber so augenscheinlichen Schönheiten wie »windeshauch von salz und tang« und »meer voll goldner federn goldner funken« oder der subtilen Steigerung von »insel« und »flügel« zu »eiland« und »schwingen« oder gar der meisterhaften ersten Zeilen, in der »die fischer« (traditionelle Märchenerzähler) ins Epische, »überliefern« in die ferne Vergangenheit und »süden« ins Malerisch-Exotische verweisen: mit nur sechs Worten ist der prosaische Alltag ausgelöscht.

Ein wahres Bravourstück ist schließlich das mit »dass« einsetzende Ostinato des eigentlichen Berichts. Wie sonst nur noch Kleist in seinen besten Stunden hat George aus der Not, dem Zwang zum Konjunktiv bei indirekter Rede, eine Tugend gemacht. Trotz dreimal wiederholtem »habe« und zweimaligem »sei« wirkt diese Aussageweise hier, im wohl längsten aller im Konjunktiv geschriebenen deutschen Gedichte, nicht pedantisch, sondern erhöht im Gegenteil die epische Spannung.

George hat sich gehütet, das Tier zum Phönix oder (nach dem bekannten, von ihm verdeutschten Gedicht von Baudelaire) zum Albatros zu machen. Trägt der Herr der Insel nicht vielmehr den Gattungsnamen »Vogel«, gerade weil er stellvertretend für alle Natur leidet, die wir verschandelt, und alle Kreatur, die wir zu Tode gebracht haben?

Das Gedicht wird meist mit Georges hieratischem Bild vom Künstler in Verbindung gebracht. Er war aber nicht nur Ästhet, er war auch Prophet. Und so will es uns scheinen, daß diese Zeilen nicht von der Selbstbeweihräucherung eines Poeten handeln (der sich und sein Lied kaum als »zu schwerem niedrem flug erhoben« geschildert hätte), sondern von der Gefährdung der Erde durch den Menschen.

Das Gedicht verkörpert somit kein wirklichkeitsfremdes »L'Art pour l'art«, sondern ein im höchsten Maße aktuelles »L'Art pour la vie«: Lyrik im Dienst eines Lebens, das heute ungleich gefährdeter ist als zur Zeit der Jahrhundertwende. So gefährdet, daß mitsamt den Vögeln längst auch die Delphine, ja die Menschen selber von der Ausrottung durch Menschenhand bedroht sind.

STEFAN GEORGE
DER WIDERCHRIST

›Dort kommt er vom berge · dort steht er im hain!
Wir sahen es selber · er wandelt in wein
Das wasser und spricht mit den toten.‹

O könntet ihr hören mein lachen bei nacht:
Nun schlug meine stunde · nun füllt sich das garn ·
Nun strömen die fische zum hamen.

Die weisen die toren – toll wälzt sich das volk ·
Entwurzelt die bäume · zerklittert das korn ·
Macht bahn für den zug des Erstandnen.

Kein werk ist des himmels das ich euch nicht tu.
Ein haarbreit nur fehlt · und ihr merkt nicht den trug
Mit euren geschlagenen sinnen.

Ich schaff euch für alles was selten und schwer
Das Leichte · ein ding das wie gold ist aus lehm ·
Wie duft ist und saft ist und würze –

Und was sich der grosse profet nicht getraut:
Die kunst ohne roden und säen und baun
Zu saugen gespeicherte kräfte.

Der Fürst des Geziefers verbreitet sein reich ·
Kein schatz der ihm mangelt · Kein glück das ihm weicht ...
Zu grund mit dem rest der empörer!

Ihr jauchzet · entzückt von dem teuflischen schein ·
Verprasset was blieb von dem früheren seim
Und fühlt erst die not vor dem ende.

Dann hängt ihr die zunge am trocknenden Trog ·
Irrt ratlos wie vieh durch den brennenden hof ...
Und schrecklich erschallt die posaune.

GERHARD SCHULZ
EIN NEUER WELTZUSAMMENBRUCH

Claus von Stauffenberg, einer der Jüngsten und Letzten aus dem Kreis um Stefan George, soll sich besonders durch dieses Gedicht in seinem Widerstand gegen Hitler haben bestärken lassen. Bezüge liegen auf der Hand. Die Macht des Verführers beruht auf dem Triumph des Wahns über die Wahrheit, und die Verführten bringt sie dorthin, wo aller Wahn letztlich hinleitet: zur Ernüchterung und der Nötigung zur Verantwortung vor den Tatsachen. Wie kein zweites mir bekanntes Gedicht lassen sich diese 1907 zuerst gedruckten Verse als Prophetie jener Selbstzerstörung lesen, in die sich die Deutschen 1933, im Jahr von Georges Tod, hineinbegaben. Ein erster Entwurf des Gedichtes trägt den Titel »Nova Apocalypsis« – Offenbarung eines neuen Weltzusammenbruches.

George hat sich stets gegen die Aufnahme seiner Gedichte in Anthologien gewehrt. Aber dürfte der »Widerchrist« allein in dem Zusammenhang des auf eine Mythenstiftung ausgehenden Georgeschen Gedichtbuches »Der siebente Ring« gelesen werden, so entzöge man es allen jenen, die sich von Sprachkunstwerken bewegen lassen, ohne doch auf die Gesamtphilosophie eines Dichters zu subskribieren.

Was George in den Bildern dieses Gedichtes entwickelt, ist ein Verhaltens- und Wirkungsmuster für falsche Propheten, das sich sehr viel genereller aus der Geschichte ableiten läßt und nicht zuletzt aus jenem großen Geschichts-

und Geschichtenbuch, das hier zu Georges spezieller Quelle geworden ist: aus der Bibel. Aus ihr stammt die Vorstellung eines Widerchrist überhaupt, des Baal-Sebub oder Fliegengottes, den Goethes Mephisto als Herrn der Ratten und der Mäuse, der Fliegen, Frösche, Wanzen, Läuse apostrophierte und den George den Fürsten des Geziefers nennt. Aus der Bibel stammt das Bild des vom Berge herabsteigenden Propheten mit der Aura und Autorität eines von Gott Begnadeten. Biblisch sind Wein- und Erweckungswunder, biblisch die Posaunen des Jüngsten Gerichts und biblisch selbst der Hamen, das Fangnetz für Fische. Seit langem ist die Bibel ein Spracharsenal für gute und schlechte Prophetien, und das Bibelzitat ist ein beliebtes Stilmittel, das erhellen, aber auch manche Rede über Argumente hinwegtransportieren kann. Im Gebrauch des Widerchrist und seines Dichters werden die beiden Verwendungsmöglichkeiten offenbar.

Im reichen Klang seiner Vokale, im gemessenen Schritt der assonierenden Terzinen, in der bedacht archaisierenden Sprache und in den üppigen Metaphern ist Georges Gedicht als Kunstwerk zugleich ein Kunststück und Balanceakt von Ernst und Ironie. Kaum merklich wechseln die Sprecher. Aus dem am Anfang zitierten naiven Staunen des Volkes wächst seine Verblendung hervor, markiert durch jene zwei Losungen, die den Fortschritt der Verführung sichtbar machen: freie Bahn zuerst für den Erstandenen durch die Menge der noch Ungläubigen und danach Tod dem »rest der empörer«, die sich dem Zug nicht angeschlossen haben. Im Vordergrund des Gedichtes freilich steht der Hohn des Verführers selbst, das Bekenntnis seiner zynisch berechneten Versprechungen von gleißend drapierten Nichtigkeiten, und die triumphierende Beschreibung seines Erfolges. Aber es ist schließlich der Dichter, der in der sechsten Strophe den Satz des Verführers ironisch enthüllend zu Ende führt und dann das Wort zu seiner Apokalypse übernimmt.

Man mag fragen, was es denn mit dem Seltenen und Schweren auf sich habe, dem der Widerchrist sein Leichtes entgegensetzt, jenes Nichtige in sich selbst, dem er nur im Wie-Vergleich einen Wert zu bestimmen sucht. Der große Prophet Moses fordert seinem Volk sechs Tage Arbeit ab. Daß die tatsächlich erreichten Erleichterungen des menschlichen Lebens im letzten Jahrhundert mit den Parolen des noch Leichteren, Besseren, Reicheren, Bequemeren zugleich Ansatzpunkte zu ständigen, immer neuen gefährlichen Verführungen boten, ist zusammen mit ihnen offenbar geworden.

Stefan Georges Gedicht »Der Widerchrist« tritt für die meisten heutigen Leser aus dem engen Kontext von persönlichen und politischen Mythen Georges heraus; es ist ihm keine richtungweisende Philosophie zu entnehmen. Es etabliert sich vielmehr als eine Art kritische Instanz gegenüber dem Sophismus und der Gaukelei von Gurus, Propheten, Weltbeglückern und Heilsideologen. Es stellt in seiner ästhetischen Geschlossenheit und Anschaulichkeit eine Erfahrung dar, die der Leser in Beziehung zu seinen eigenen Erfahrungen setzen kann. Man sollte es sich hin und wieder einmal vorsagen.

STEFAN GEORGE
DIE GRÄBER IN SPEIER

Uns zuckt die hand im aufgescharrten chore
Der leichenschändung frische trümmer streifend.
Wir müssen mit den tränen unsres zornes
Den raum entsühnen und mit unserm blut
Das alte blut besprechen daß es hafte
Daß nicht der Spätre schleicht um tote steine
Beraubte tempel ausgesognen boden ...
Und der Erlauchten schar entsteigt beim bann:

Des weihtums gründer strenge kronenstirnen,
Im mißglück fest, in buß groß: nach Konrad
Der dritte Heinrich mit dem stärksten zepter –
In wälschen wirren, in des sohnes aufruhr
Der Vierte reichsten schicksals: haft und flucht,
Doch wer ihn wegen sack und asche höhnte
Den schweigt er stolz: der orte sind für euch
Von schmählicherem klange als Kanossa.

Urvater Rudolf steigt herauf mit sippe,
Er sah in seinem haus des Reiches pracht
Bis zu dem edlen Max dem letzten ritter,
Sah tiefste schmach noch heut nicht heiler wunde
Durch mönchezank empörung fremdengeissel,
Sah der jahrtausendalten herrschaft ende
Und nun die grausigen blitze um die reste
Des stamms dem unsre treue klage gilt.

Vor allem aber strahlte von der Staufischen
Ahnmutter aus dem süden her zu gast
Gerufen an dem arm des schönen Enzio
Der Größte Friedrich, wahren volkes sehnen,
Zum Karlen- und Ottonen-plan im blick
Des Morgenlandes ungeheuren traum,
Weisheit der Kabbala und Römerwürde
Feste von Agrigent und Selinunt.

KARL KORN
KLAGE, SCHELTE, BESCHWÖRUNG

Dieses wahrhaft große Gedicht enthält Verse, die man dem Jahr des Denkmalschutzes 1975 als Inschrift hätte mitgeben sollen: »Daß nicht der Spätre schleicht um tote Steine beraubte Tempel ausgesognen Boden.«

Das Ereignis, das den Dichter aus seinem esoterischen Kreis heraustreten und ein epochales Zeitgedicht hat schreiben lassen, fiel ins Jahr 1900. Es war die Öffnung der über acht Jahrhunderte unangetasteten Kaiser- und Königsgräber der Salier und Staufer im Dom zu Speyer. Noch heute wird dieser in der Tat erstaunliche, durch königliche Archäologenkommissionen und bischöfliche Assistenz abgesegnete Vorgang unter Fachleuten als Raubgrabung bezeichnet.

Doch Georges Jahrhundertgedicht, wie man, was bei seiner rheinhessischen Herkunft naheliegt, in Anlehnung an das Winzerwort Jahrhundertwein sagen könnte, ist mehr als ein Beitrag zu einem archäologischen Thema. Mit der dem germanisch-romanischen Seherdichter eigenen visionären Kraft hat George vorweggenommen, was wir heute als Geschichtsverlust beklagen. Wer je die Bände der Kunstdenkmäler des neuen Landes Rheinland-Pfalz durchgeblättert und darin Fotos von den aufgebrochenen Bleisärgen gesehen hat, worin die großen Toten der Geschichte noch in ihren umhüllenden Gewändern zu sehen sind, bevor sie zerfielen, der wird trotz des musealen Bildungsgewinns Georges harte Tadelworte von der Leichenschändung im aufgescharrten Chore, zumal in heutiger Perspektive, voll ermessen.

Aber die traditionelle Zeitklage und Zeitschelte, durch die politischen Lieder Walthers von der Vogelweide vorgeprägt, sind nur der Introitus zu dem, was das Gedicht in seinem Kern ist, Beschwörung. Sie entsteigen in der Tat dem Banne, die Konrad, die Heinriche, Philipp von Schwaben, Rudolf von Habsburg bis hin zu Maximilian, den der Dichter den Gründerfiguren von Reich und Dom anfügt, obwohl er nicht in Speyer bestattet ist, wo es aber einmal ein Projekt für ein Grabmal des letzten Ritters gegeben hat.

Was durch die Entweihung und Musealisierung an magischer Bann- und Strahlkraft der Königsgräber verlorengegangen ist, der Dichter läßt sie in Verszeilen von so grandioser Monumentalität erstehen, daß das Gedicht gleichsam zur neuen Grablege wird, zur Hocharchitektur der Geschichte: Monumenta Germaniae. Die Worte sind wie Arkadenbögen aneinandergefügt, des Weihtums Gründer, die Kronenstirnen, das stärkste Zepter, die welschen Wirren, des Sohnes Aufruhr, Haft und Flucht, Mönchezank, Empörung, Fremdengeißel, ein Geschichtsbuch des Heiligen Römischen Reiches Deutscher Nation in ein paar Worten nur, gewaltig aber wie Quader und von der strengen Schönheit romanischer Kapitelle.

Aber dann leuchtet in der vierten Strophe wie ein großes Fresko in einer visionären Apsis jenes Kulturbild auf, das George als einen Poeta mundi ausweist, die Vision eines Erdkreises, in dem staatsbildende germanische Kraft (der Karlen- und Ottonen-plan) mit dem Orient und dem alten Mittelmeer (der jüdischen Geheimlehre der Kabbala, Hellas und Rom) in eine neue Welteinheit gefaßt sind, zu der ich allenfalls des alten Goethe westöstliche Ahnungen im Divan in Parallele zu stellen wüßte. Das dichterische Wort klingt so mächtig, daß es Steine, Boden, Tempel wieder mit dem geschichtlichen Sinn erfüllt, der in den Trümmern der Königsgräber verloren schien.

STEFAN GEORGE
DIE TOTE STADT

Die weite bucht erfüllt der neue hafen
Der alles glück des landes saugt · ein mond
Von glitzernden und rauhen häuserwänden ·
Endlosen strassen drin mit gleicher gier
Die menge tages feilscht und abends tollt.
Nur hohn und mitleid steigt zur mutterstadt
Am felsen droben die mit schwarzen mauern
Verarmt daliegt · vergessen von der zeit.

Die stille veste lebt und träumt und sieht
Wie stark ihr turm in ewige sonnen ragt ·
Das schweigen ihre weihebilder schüzt
Und auf den grasigen gassen ihren wohnern
Die glieder blühen durch verschlissnes tuch.
Sie spürt kein leid · sie weiss der tag bricht an:
Da schleppt sich aus den üppigen palästen
Den berg hinan von flehenden ein zug:

›Uns mäht ein ödes weh und wir verderben
Wenn ihr nicht helft – im überflusse siech.
Vergönnt uns reinen odem eurer höhe
Und klaren quell! wir finden rast in hof
Und stall und jeder höhlung eines tors.
Hier schätze wie ihr nie sie saht – die steine
Wie fracht von hundert schiffen kostbar · spange
Und reif vom werte ganzer länderbreiten!‹

Doch strenge antwort kommt: ›Hier frommt kein kauf.
Das gut was euch vor allem galt ist schutt.
Nur sieben sind gerettet die einst kamen
Und denen unsre kinder zugelächelt.
Euch all trifft tod. Schon eure zahl ist frevel.
Geht mit dem falschen prunk der unsren knaben
Zum ekel wird! Seht wie ihr nackter fuss
Ihn übers riff hinab zum meere stösst.‹

DOMINIK JOST
IM ÜBERFLUSSE SIECH

Das Gedicht steht im ersten Kreis des Bandes »Der siebente Ring« (1907); der Kreis ist überschrieben mit »Zeitgedichte«. George unterwirft hier seine Zeit und Zeitgenossen einer Prüfung und Wertung. Doch Prüfung und Wertung und anschließende Sentenz beschränken sich nicht auf die Fakten der Erscheinungswelt; sie setzen zwar bei sichtbaren Gegebenheiten ein, benützen sie indessen nur als Einstieg zum Kern.

Auf unser Gedicht bezogen: Zwei Menschenalter bevor die Verwüstung des Menschen wenigstens als Zerstörung von Natur und Landschaft heute das Bewußtsein der Öffentlichkeit erreicht hat, zeigte George die Ursache dafür und sah die Wirkung voraus.

Das Gedicht verbildlicht mit den Gegensätzen von unten und oben verschiedene Zeiten, Lebensformen, Mentalitäten. Das Glück unten ist Nietzsches »grünes Weideglück der Menge«; es lockt als Ziel ordinärer Wünsche und Bedürfnisse. Rastloses Treiben wechselt zwischen Geldverdienen und Vergnügen, lineares Streben charakterisiert die feilschende und tollende Menge. An seinen Genüssen erkennt man bekanntlich das Elend eines Menschen. Auf der Höhe unter den wenigen Bewohnern der stillen Veste gibt es dagegen das Verweilen im Augenblick, ist lineare Zeit in zyklische Dauer verwandelt, waltet Lebensfülle statt Raffgier. Wie der abendliche Rosengarten in den Dolomiten heute noch an die vertriebene Schönheitswelt König Laurins erinnert, die nach einem Gesinnungswandel der Menschen wiederkehren soll, hält die »stille veste« eine Hoffnung aufrecht.

Feilschen und Tollen, Überfluß und Üppigkeit dort; Träumen und schweigende Verehrung des Göttlichen, Bedürfnislosigkeit und Naturnähe hier. Dann, wenn ein »ödes weh« sich in der weiten Bucht vernichtend ausbreitet, schlägt den Neustädtern die Stunde der Besinnung und Einsicht. Das Verlangen nach reiner Luft und klarem Wasser läßt jede durch dieses Verlangen ausgelöste Entbehrung erträglich scheinen. Die Symbolwerte der reinen Luft und des klaren Wassers allein vermöchten zu heilen. Doch die Flehenden aus der neuen Stadt werden an den schwarzen Mauern der alten Stadt unerbittlich abgewiesen: Auf der Höhe gelten nicht mehr die ihnen geläufigen Gesetze von Kauf und Verkauf; hier ist ein völlig entgegengesetzter Ordo in Kraft. Das unbeirrbare, ahnende Gefühl der Kinder gibt gültigen Bescheid.

Wer das Gedicht auf Gegensatzpaare wie Tradition/Fortschritt, regressiv/modern, Statik/Dynamik festlegen wollte, würde bei aller vordergründigen Richtigkeit grundsätzlich irren. Gegensatzpaare wie diese lesen sich wie Alternativen; sie scheinen eine Wahl anzubieten. Gerade die Wahl schließt nun aber George aus. Die tote Stadt, die der Titel nennt, ist ja nur scheinbar die Mutterstadt, die Stadt auf der Höhe; tot ist in Wahrheit die Stadt in der Bucht, die wie der Mond in geborgtem Glitzer prangt.

Ein großes Gedicht, ein Gedicht nämlich, das im Leser nicht nur den sinnlichen und emotionalen, sondern auch den rationalen Bereich anspricht.

STEFAN GEORGE
EINEM JUNGEN FÜHRER IM ERSTEN WELTKRIEG

Wenn in die heimat du kamst aus dem zerstampften gefild
Heil aus dem prasselnden guss höhlen von berstendem schutt
Keusch fast die rede dir floss wie von notwendigem dienst
Von dem verwegensten ritt von den gespanntesten mühn ...
Freier die schulter sich hob drauf man als bürde schon lud
Hunderter schicksal:

Lag noch im ruck deines arms zugriff und schneller befehl
In dem sanft-sinnenden aug obacht der steten gefahr
Drang eine kraft von dir her sichrer gelassenheit
Dass der weit ältre geheim seine erschüttrung bekämpft
Als sich die knabengestalt hochaufragend und leicht
Schwang aus dem sattel.

Anders als ihr euch geträumt fielen die würfel des streits...
Da das zerrüttete heer sich seiner waffen begab
Standest du traurig vor mir wie wenn nach prunkendem fest
Nüchterne woche beginnt schmückender ehren beraubt ...

Tränen brachen dir aus um den vergeudeten schatz
Wichtigster jahre.

Du aber tu es nicht gleich unbedachtsamem schwarm
Der was er gestern bejauchzt heute zum kehricht bestimmt
Der einen markstein zerhaut dran er strauchelnd sich stiess ...
Jähe erhebung und zug bis an die pforte des siegs
Sturz unter drückendes joch bergen in sich einen sinn
Sinn in dir selber.

Alles wozu du gediehst rühmliches ringen hindurch
Bleibt dir untilgbar bewahrt stärkt dich für künftig getös...
Sieh als aufschauend um rat langsam du neben mir schrittst
Wurde vom abend der sank um dein aufflatterndes haar
Um deinen scheitel der schein erst von strahlen ein ring
Dann eine krone.

JOACHIM KAISER
SEELENDRAMA IN VIER PHASEN

1921 veröffentlichte der dreiundfünfzigjährige Stefan George eine Broschüre: »Die drei Gesänge«. Sie hießen: »Der Dichter in Zeiten der Wirren«, »An die Toten« und »Einem jungen Führer im ersten Weltkrieg«. »Einem jungen Führer im ersten Weltkrieg« fordert gespannte Lese-Konzentration. Denn einer prunkenden, kunstvoll strengen Form korrespondiert hier ein Seelen-Drama. Korrespondieren die nicht weniger als vier Phasen der menschlich anrührenden, sich charakteristisch wandelnden Beziehung zwischen einem Älteren und einem Jüngeren, einem Lehrer und einem Schüler. Oder, um es im Hinblick auf den George-Kreis passend zu formulieren: zwischen dem »Meister« und seinem »Jünger« (der Erich Boehringer hieß und Feldartillerie-Offizier war).
Bereits der Titel berührt unheimlich. Uns Heutigen ist, nach 1945, die Bezeichnung »Erster Weltkrieg« selbstverständlich. Aber konnte sie es bereits 1921 sein? George, wahrlich kein Pazifist, hat weder die patriotische Euphorie von 1914 noch auch die Verzweiflung der Enttäuschten nach 1918 geteilt. Er lehnte den Krieg, lehnte die Kriegsziele Deutschlands wie Frankreichs ab, fühlte anders als seine jungen Adepten. (»Was euch erschüttert ist mir lang vertraut. / Lang hab ich roten schweiß der angst geschwitzt / Als man mit feuer spielte ... meine tränen / Vorweg geweint ... heut find ich keine mehr. / Das meiste war geschehn und keiner sah / Das trübste wird erst sein

und keiner sieht.«) Man muß also für gegeben nehmen eine visionäre Überlegenheit des Dichters, die (trotz mannigfacher Konflikte) alle Angehörigen des George-Kreises anerkannten.

In unserem Gedicht geht es um eine personale Beziehung. George, eben noch unangefochtener Meister, beschreibt die Erschütterung, die er empfindet, wenn während des Krieges der Jüngere gelassen und kraftvoll vor ihm steht: als ein verantwortungsbewußter, gewandter Offizier vor dem beeindruckten Zivilisten ... Aber: »anders als ihr euch geträumt fielen die würfel des streits«. Nun, in der dritten Phase, stellt sich eine wiederum neue Situation her: Ernüchtert, traurig, hilflos weinend erhofft jetzt der vom Weltlauf getäuschte, enttäuschte junge Mann des Meisters Hilfe. Der aber warnt ihn souverän vor zynischer Verbitterung. Fordert ihn auf, sein Schicksal anzunehmen – und »sieht« dann in ihm einen Märtyrer, den eine Strahlenkrone umgibt.

George bietet dieses Seelendrama in fünf Strophen. Sie bestehen aus je fünf Quasi-Hexametern, die sich wohl auch als gedoppelte Distichen lesen lassen mit Hexameter und Pentameter, und einem pointiert abschließenden, gestauten Rhythmus – ähnlich den pointierten Schlußversen der Sapphischen Ode, wie sie George in seiner Übersetzung von Swinburnes »Sapphischen Strofen« vorführte: »Voll von dem Traumbild« – oder: »Küsse-verwüstet«.

Als ästhetisch makellos gelungen kann man das hochartifizielle Gedicht wohl nicht bezeichnen. George hat einige Mühe, besagte zusammenfassende, abschließende Kurzverse verbindlich zu gestalten. So fließend nämlich die erlesenen Hexameter sich ausnehmen: Die Strophen-Enden vermögen kaum bruchlos einzulösen, zumal in der dritten und vierten Strophe nicht, was die vorausgegangenen Energien anzukündigen schienen. »der vergeudete schatz / Wichtigster jahre«: Das klingt ernüchternd onkelhaft und banal. Oder: »bergen in sich einen sinn / Sinn in dir selber«: Das kadenziert zu aufgedonnert, zu moralistisch marmorn markig.

Ruinieren solche Mängel das große Gedicht? Nicht für mich. Ende 1944 betrat Dr. Sauter, Deutschlehrer am Joachimsthalschen Gymnasium in Templin, die 6. Klasse. Grüßte, wie damals üblich: »Heil Hitler!« Wir antworteten: »Heil Hitler!« Sauter las dann vor einem Haufen von fünfzehnjährigen Pennälern (in meinem keineswegs brillanten Zeugnis stand: »Etwas vorschnell im Urteil, aber zugänglich und dankbar für jeden Ratschlag«) passioniert dieses George-Gedicht über einen verlorenen Krieg. War schließlich so erregt, daß er mit einem geflüsterten »Guten-Tag« die Klasse verließ. Wir, das Ende des Hitlerkrieges vor Augen, antworteten tief verwirrt gleichfalls mit »Guten Tag«. Über Stefan Georges Kunst grinsen kann ich seitdem nicht mehr.

STEFAN GEORGE

GOETHE-TAG

Wir brachen mit dem zarten frührot auf
Am sommerend durch rauchendes gefild
Zu Seiner stadt. Noch standen plumpe mauer
Und würdelos gerüst von menschen frei
Und tag – unirdisch rein und fast erhaben.
Wir kamen vor sein stilles haus · wir sandten
Der ehrfurcht blick hinauf und schieden. Heute
Da alles rufen will schweigt unser gruss.

Noch wenig stunden: der geweihte raum
Erknirscht: sie die betasten um zu glauben …
Die grellen farben flackern in den gassen ·
Die festesmenge tummelt sich die gern
Sich schmückt den Grossen schmückend und ihn fragt
Wie er als schild für jede sippe diene –
Die auf der stimmen lauteste nur horcht ·
Nicht höhen kennt die seelen-höhen sind.

Was wisst ihr von dem reichen traum und sange
Die ihr bestaunet! schon im kinde leiden
Das an dem wall geht · sich zum brunnen bückt ·
Im jüngling qual und unrast · qual im manne
Und wehmut die er hinter lächeln barg.
Wenn er als ein noch schönerer im leben
Jetzt käme – wer dann ehrte ihn? er ginge
Ein könig ungekannt an euch vorbei.

Ihr nennt ihn euer und ihr dankt und jauchzt –
Ihr freilich voll von allen seinen trieben
Nur in den untren lagen wie des tiers –
Und heute bellt allein des volkes räude ...
Doch ahnt ihr nicht dass er der staub geworden
Seit solcher frist noch viel für euch verschliesst
Und dass an ihm dem strahlenden schon viel
Verblichen ist was ihr noch ewig nennt.

WOLFGANG LEPPMANN
UM DER LETZTEN STROPHE WILLEN

Ein ärgerliches, in seiner Hochnäsigkeit geradezu abstoßendes Gedicht, das gleichwohl die wiederholte Lektüre lohnt. Denn erst bei ihr entdeckt man die Einsicht, die sich hinter der süffisant-elitären Attitüde des Dichters verbirgt.

Es ist ein Gelegenheitsgedicht sowohl im Goetheschen Sinn, das heißt Niederschlag eines spezifischen inneren Erlebnisses, als auch in der landläufigen Bedeutung von Versen, die zur Feier einer mehr oder minder »offiziellen« Gelegenheit verfaßt werden. Hier wird der Anlaß bereits im Titel genannt: es ist die Wiederkehr von Goethes Geburtstag am 28. August. Für Georges Zeitgenossen hatte das Datum insofern einen besonderen Stellenwert, als es sich diesmal um einen runden, um den hundertfünfzigsten Geburtstag handelte und somit um den letzten, der noch in das neunzehnte, in das »Jahrhundert Goethes« fiel (unter diesem Titel hatten George und Wolfskehl im selben Jahr, 1899, eine Anthologie deutscher Dichtung herausgegeben). So wird der Abschied vom alten und das Heraufkommen eines neuen, bis jetzt freilich nur von »uns« erahnten Goethe auch chronologisch umrissen.

»Wir« – das sind natürlich Stefan George und seine Jünger, die am Morgen des 28. August 1899 nach Weimar pilgern und sich dabei im Besitz einer Einsicht wähnen, die den anderen Besuchern des festlich geschmückten Hauses am Frauenplan vorenthalten bleibt. Diese Einsicht oder

Erkenntnis – daß nämlich Goethe keine konstante Größe im geistigen Raum darstellt, sondern von jeder nachfolgenden Lesergeneration neu entdeckt werden muß – war um die Jahrhundertwende allerdings alles andere als augenfällig.

Der Positivismus herrschte unangefochten, in der Literaturforschung wie in anderen geisteswissenschaftlichen Bereichen, und Männer wie Eduard Engel, Ludwig Geiger und vor allem Albert Bielschowsky waren gerade dabei, auch Goethe ein für allemal »festzuschreiben«. Sie taten es mit Hilfe eines postulierten Kausalzusammenhangs von Lebenslauf und Dichtung; praktisch jede poetische Aussage ließ sich, wenn man nur Goethes Biographie gründlich genug abklopfte, auf die Verarbeitung eines bestimmten Erlebnisses reduzieren, zu dessen näherer Erläuterung man wiederum am liebsten Analogien aus dem eigenen Erfahrungskreis heranzog. So sahen die Bildungsbürger um 1900 »ihren« Goethe, und so sahen ihn auch ihre naturalistischen Widersacher, für die der Autor des »Werther« ein Vorreiter ihrer eigenen Ideen war. Indem er die seichte Goetheverehrung dieser Apologeten geißelt, lenkt ironischerweise gerade George (der von sich sagte, es führe kein Weg von ihm zur Wissenschaft) unseren Blick auf ein Phänomen, dessen Erforschung inzwischen fast den Rang einer eigenständigen literaturwissenschaftlichen Disziplin errungen hat: die Rezeptionsgeschichte.

Daß Goethes Leben nicht so harmonisch verlief, wie damals angenommen wurde, legt die dritte Strophe dar. Die vierte hingegen weist ins Offene, in eine Zukunft, in der es statt eines »ewigen« nur noch einen Dichter geben wird, den es im Lichte der jeweils eigenen Zeit immer wieder neu zu interpretieren gilt. Tatsächlich ist mittlerweile auch

des George-Kreises eigenes, von Friedrich Gundolf in einer berühmten Biographie nachgezeichnetes Goethebild längst »verblichen«.
Selbstverständlich trifft dies auch auf andere große Dichter und Künstler zu, deren geistige Gestalt sich niemals endgültig auf die Platte bannen läßt. Um dieser nicht unbedingt originellen, in der letzten Strophe aber mustergültig ausgedrückten Einsicht willen verzeiht man Stefan George so manchen Mißton, der sich in diese Zeilen eingeschlichen hat. Sogar »des volkes räude«, unter der wir uns schlimmstenfalls ein paar in Vatermörder und Bratenrock schwitzende Oberlehrer und Kleinstadt-Honoratioren vorzustellen haben, die dem Dichterfürsten, wie man ihn damals gern nannte, zum Geburtstag ihre Reverenz erweisen.

STEFAN GEORGE
ICH BIN FREUND UND FÜHRER DIR

Ich bin freund und führer dir und ferge.
Nicht mehr mitzustreiten ziemt dir nun
Auch nicht mit den Weisen · hoch vom berge
Sollst du schaun wie sie im tale tun.

Weite menge siehst du rüstig traben
Laut ist ihr sich mühendes gewimmel:
Forscht die dinge nützet ihre gaben
Und ihr habt die welt als freudenhimmel.

Drüben schwärme folgen ernst im qualme
Einem bleichen mann auf weißem pferde
Mit verhaltnen gluten in dem psalme:
Kreuz du bleibst noch lang das licht der erde.

Eine kleine schar zieht stille bahnen
Stolz entfernt vom wirkenden getriebe
Und als losung steht auf ihren fahnen:
Hellas ewig unsre liebe.

ALBERT VON SCHIRNDING
EIN STRAHL VON HELLAS

Das Ich steht am Anfang; es bestimmt sein Verhältnis zum Du als Freund- und Führerschaft. Ist da nicht schon in der ersten Zeile genau der Ton angeschlagen, in dem der Meister mit seinen Jüngern umzugehen pflegte? Der Zusammenhang, in den das Gedicht gehört: der Zyklus der vierundzwanzig vierstrophigen Gedichte, die das »Vorspiel« zu dem 1899 erschienenen »Teppich des Lebens« bilden, belehrt uns freilich, daß es ein Engel ist, der hier spricht, der Dichter dagegen sich in die Rolle des Angesprochenen, des auf Zuspruch und Führung Angewiesenen schickt.

Das ganze »Vorspiel« stellt dar, wie der Dichter, ehe er begann, seinen Teppich zu weben, wurde, der er ist. Wir bewegen uns auf altem topischen Terrain: Schon Hesiod erzählt am Anfang seines Werks über die Entstehung der Götter, wie die Musen ihn, den ahnungslosen Hirten, zu seinem Amt berufen; Dante begegnet Vergil. Das Neue erscheint im Licht einer einschneidenden Initiationserfahrung: Der »ferge« ruft die Figur des griechischen Fährmanns Charon herauf, der die Toten über den Strom des Vergessens bringt. Keine *vita nuova* ohne vorausgegangenen Tod. Der Hoheitsstatus des Engels, die feierliche Strenge seiner Sprache, unerhört nach Jahrzehnten kraftlosen lyrischen Epigonentums, lassen die Gewalt des Stirb und Werde ermessen, die im Leben des Dreißigjährigen Epoche machte.

Etwas ist zu Ende gegangen. Dem Leben, wie es sich im Flachland der Gewöhnlichkeit abspielt, wird die Gefolgschaft aufgekündigt. Der Weise hält sich aus dem Streit der Welt. Aber der Engel fordert mehr: Auch aus der Gemeinschaft der Weisen (man wird hier vor allem an Nietzsche denken) soll der Berufene sich lösen. Die alpine Höhe seines Dichtertums liegt in entrückter Einsamkeit. In der Schlußzeile der ersten Strophe trennt sich die *vita contemplativa* unwiderruflich von der *vita activa*.

Die folgenden drei Strophen zeichnen das Bild der Welt, wie es sich dem Höhen-Auge bietet: ein choreographisch stilisiertes Nebeneinander von Gruppen. Die Korrespondenzen und Kontraste sind so kunstbewußt verteilt wie die herbstlichen Farben in den berühmten Versen, die den »totgesagten park« zum Leben erwecken. »weite menge« und »kleine schar«, das laute Gewimmel und die stillen Bahnen, beschränkte Lebensdauer des Christentums (»noch lang«) und ewiges Nachleben der griechischen Antike sind gleichberechtigte Elemente eines Panoramas, der Welt als ästhetischen Phänomens. Der zum Schauen bestellte Lynkeus ergreift nicht mehr Partei unter seinen Zeitgenossen, spielt die massenhaften Anhänger der Religion des technischen Fortschritts, die vielen christlichen Diesseits-Verneiner und die kleine humanistische Elite nicht gegeneinander aus. Wo das Dasein aller zur Parole geworden ist, erübrigt sich wertendes Unterscheiden.

Aber nicht in dieser Botschaft liegt die Anziehungskraft des Gedichts. Sein Reiz ergibt sich aus einem Widerspruch. Trotz der erklärten Distanz des Dichters auch zu der dritten Gruppe: den Hellas-Jüngern, fällt auf sie das Licht seiner ungeteilten Sympathie. Man muß die Verse nur laut lesen, um zu bemerken, daß das ganze Gedicht auf die letzte Strophe zuläuft, ja sich in der letzten Zeile als seiner Quintessenz zusammenzieht. »Hellas ewig unsre liebe« – das ist nicht mehr nur eine Losung neben anderen. Die Formel wird zum Bekenntnis des Dichters, der seine Aussichtswarte verlassen und sich der kleinen Schar drunten im Tal angeschlossen hat. Das »schöne leben«, in dessen Namen der Engel im Eingangsgedicht des »Vorspiels« auftritt, ist nichts als das jüngste Kind jener ewigen Liebe zur griechischen Klassik. »Daß ein strahl von Hellas auf uns fiel«, schreibt George 1897, »daß unsre jugend jetzt das leben nicht mehr niedrig, sondern glühend anzusehen beginnt: ... darin finde man den umschwung des deutschen wesens bei der jahrhundertwende.«

STEFAN GEORGE
IHR TRATET ZU DEM HERDE

Ihr tratet zu dem herde
Wo alle glut verstarb.
Licht war nur an der erde
Vom monde leichenfarb.

Ihr tauchtet in die aschen
Die bleichen finger ein
Mit suchen tasten haschen –
Wird es noch einmal schein!

Seht was mit trostgebärde
Der mond euch rät:
Tretet weg vom herde.
Es ist worden spät.

WOLFDIETRICH RASCH
SPÄTZEIT

Friedrich Gundolf hielt dieses Gedicht für »in jedem Sinne unverständlich«. In Wahrheit ist es völlig verständlich, wenn man nur Stefan Georges von seinen Jüngern gern geleugnete enge Bindung an die Zeitsituation versteht und wahrnimmt, daß er sich einer Zeit des Verfalls zugehörig fühlte.

Das Gedicht, 1897 veröffentlicht, ist Ausdruck des im Fin de siècle aufkommenden Endzeitbewußtseins. Daß es vom frühen George geteilt wurde, wird zum Beispiel durch das im »Teppich des Lebens« stehende Gedicht »Den Brüdern« bezeugt. Es wendet sich an ein »sieches Österreich«, und es heißt da: »Wir – wie ihr – zeigten glücklichern barbaren / Daß höchster stolz ein schönes sterben sei.« Ausdrücklich spricht George hier sich und seinen Gefährten das später zurückgedrängte Verfallsbewußtsein zu, das sich in jenem Gedicht ausdrückt.

»Ihr tretet zu dem herde« – mit Ihr sind die Zeitgenossen angesprochen, die den Verfall nicht deutlich erkannt haben wie der Dichter, der es im Bilde der verloschenen Glut ausspricht. Die »Glut« meint alles starke, vollwertige, sinnerfüllte Leben, das jetzt erstorben ist. In der literarischen Tradition wird die Spätzeit der Décadence meist mit der Metapher der »sinkenden Sonne« bezeichnet; so spricht auch Baudelaire von den reizvollen farbigen Spielen »du soleil agonisant«.

Aber in Georges Gedicht ist diese Sonne bereits versunken, das einzige Licht kommt noch vom kalten Monde, dessen Blässe (»leichenfarb«) das entflohene Leben verrät. Ebenso bleich sind die Finger der dünnblütigen Spätlinge, die aus der Asche neue Glut zu entfachen suchen. Das kann nicht gelingen, auch wenn aus der Asche »noch einmal« ein Schein aufleuchtet.

Er ist trügerisch. Nach der Zeile »Wird es noch einmal schein!« setzt George ein Ausrufungszeichen, das aber keinen Ausruf bezeichnet, sondern in kunstvoller Verwendung aufmerksam macht auf einen nicht ohne weiteres ablesbaren Doppelsinn. Das Aufleuchten, das aus der Asche steigt, ist nur Schein, kein echtes, belebendes Feuer mehr. Das Wort hat hier die gleiche Bedeutung wie in einem anderen Gedicht (»Dies leid und diese last ...«) aus dem »Jahr der Seele«, das gleichfalls einen unabwendbaren Verlust beklagt, und wo es heißt: »Vergebliches die arme spannen / Nach dem was nur mehr schein.« Auch das Wühlen in der Asche ist vergeblich.

In der Öde um den erkalteten Herd vermag nur das einzige, wenn auch blasse Licht des Mondes noch einen Trost zuzuwinken: den Trost, der in der Resignation, im Aufgeben, im Annehmen des Verfalls liegt. Die dritte Strophe verleiht der Weisung des Mondes durch einen Rhythmuswechsel besonderes Gewicht: die zweite Zeile hat nur zwei schwere Hebungen statt der in allen anderen Versen vorhandenen drei Hebungen: »Der mond euch rät.« Die Weisung des Mondes ist Abweisung: »Tretet weg vom herde.«

Das Gedicht, im Stil eines strengen Symbolismus, kommt mit zwei Bildern aus: Herd und Mond. Es gibt eine herbe, in die Enge stärkster Verknappung gedrängte Versprachlichung einer bitteren Einsicht und läßt erst ganz am Ende das Schlüsselwort erscheinen: »spät«. Es antwortet auf viele Stimmen der europäischen Dichtung seit Baudelaire und findet seinerseits ein vielfältiges Echo in der zeitgenössischen Literatur. Die Melancholie der Schlußzeile wird durch ihre prägnante Simplizität von Larmoyanz freigehalten und läßt sich wie ein Kennwort über die Epoche setzen: »Es ist worden spät.«

STEFAN GEORGE

Komm in den totgesagten park und schau:
Der schimmer ferner lächelnder gestade ·
Der reinen wolken unverhofftes blau
Erhellt die weiher und die bunten pfade.

Dort nimm das tiefe gelb · das weiche grau
Von birken und von buchs · der wind ist lau ·
Die späten rosen welkten noch nicht ganz ·
Erlese küsse sie und flicht den kranz ·

Vergiss auch diese letzten astern nicht ·
Den purpur um die ranken wilder reben
Und auch was übrig blieb von grünem leben
Verwinde leicht im herbstlichen gesicht.

RAINER GRUENTER
HERBST DES GEFÜHLS

Das Gedicht eröffnet einen Zyklus von elf Gedichten, der »Das Jahr der Seele« einleitet. Das Initial-Gedicht ist dem Herbst verpflichtet. Dinge und Vorgänge malen das späte Jahr. »Nach der Lese« bezeichnet mit einem Wort der Winzersprache den Stimmungszustand des Gefühls, das den Reigen seiner Jahreszeiten mit dem Abschied beginnt. Abschied von einem Freund, einer Frau, dem Begleiter eines abgelebten Sommers.

Dieser Abschied ist eine Einladung in den »totgesagten park«. Der Dichter sucht nicht die freie Natur, nicht die Wildnis ohne gebahnte Pfade und markierte Grenzen, sondern den Park. Der Park ist geordnete und geschönte Natur. Die natürlichen Elemente, Bäume, Wasser, Hügel, Blumen werden einem Schönheitsplan anvertraut, der sie verwandelt und umformt. Sie werden ausgewählt, erlesen, komponiert. Der Park ist der *paysage idéal* des Gartenkünstlers, des Zwillingsbruders des Landschaftsmalers. Der Park ist ein Kunst-Werk, ein *paradis artificiel.*

Der »totgesagte park« des Dichters bleibt dem Profanen verschlossen oder verborgen. Der Park bedeutet Dichter und Dichtung zugleich, ihre erlauchte Abgeschlossenheit vor der Häßlichkeit und Gemeinheit der Zeit, ihre präraffaelitische Botschaft der Schönheit, ihr Mallarmésches Denkbild der Reinheit. Die Einladung in den Park ist prüfende Erwählung. Das unterscheidet sie von der erotischen Werbung. Der Zögling des Schönen ist kein flüchtiger Partner der Leidenschaft.

Die erste Strophe zählt zu den schönsten Zeugnissen lyrischer Landschaftsfeier. Hofmannsthal hat ihr ein erdachtes Gespräch gewidmet. Immer hat man gefragt, wo das Klassische im deutschen Gedicht angesiedelt sei. Ohne Zögern verweise ich auf diese Strophe. Ihr Wortkörper ist von allem Witz und Schnörkel gereinigt. Keine verbalen Entladungen und Neuheitslüste, kein sprachlicher Zwielichtszauber, keine bunte Sprachspreu virtuoser Einfühlsamkeit.

Die Wörter Gestade, Weiher, Pfade sind Wort-Normen – Normen des Klassischen gegen die faszinierende Abnormität des Worts und den Sprachrausch des modernen lyrischen Ichs. Solche Normen gestatten dem Dichter, seine Landschaft, den Rheingau, wie er sich mit Inseln, Hängen und Ufern im Süden von Bingen ausbreitet, in den großen Mustern der klassischen Ideallandschaft erscheinen zu lassen.

»Der schimmer ferner lächelnder gestade. / Der reinen wolken unverhofftes blau« – das ist die Landschaft Poussins, dessen Wolken-Symbolik wie keine andere diesem Wolken-Vers des Dichters entspricht. Der Park des Dichters leuchtet im Licht dieser Landschaft. Sie erhellt seine Weiher und Pfade. Der »totgesagte park« ist in die Überlieferung des Klassischen eingebettet.

Die Farben des Vergehens sind Farben der Vornehmheit. Das tiefe Gelb, das weiche Grau sind erlesene Farbkontraste der Zurückhaltung. Einer Zurückhaltung, die dem Abschied eigen ist, seiner ihm innewohnenden objektiven Trauer, der Unabänderlichkeit sowohl der Einsichten als auch der Lagen. Die späten Rosen, Gebilde nobler Blässe,

verwelkten »noch nicht ganz«. Man weiß, dieses »noch« hat gezählte Stunden, und danach wird keiner mehr des anderen Traum bewohnen. Doch das Pathos des Abschieds duldet keine Zerstreuung. Noch im Schmerz besteht er auf Haltung, Erhaltung, Schönsein. Der geflochtene Kranz der Erinnerungen bindet schöne Täuschungen und Versprechen, die nun den Moderduft letzter Astern haben, mit dem Purpurlaub wilder Reben, ausgeglühter Schwüre und Küsse ohne Früchte, in leiser Festlichkeit zusammen. Auch was noch übrigblieb von Gefühlen, kleinen untilgbaren Hoffnungen, vom grünen Leben des Liebes-Herbstes läßt sich »verwinden«, einwinden in den Kranz der unwiderruflichen Niederlage, die der Herbst des Gefühls seinem Sommer bereitet.
Leser dieses Gedichts, Bürger einer erotischen Kultur, die sich an die Entlastungsmechanismen der Konfliktvermeidung und der Wegwerf-Rechtfertigung gewöhnt haben, werden es schwer haben mit diesen zwölf Versen, auch wenn sie das Lesen, das historische Verstehen solcher Haltungen nicht verlernt haben. Solche Haltung ist Trauer, die Tochter der Erkenntnis, weggehen und wegschicken zu müssen, wenn man menschlich sein, wenn man leben will. Doch auch Trauer zählt zu Vorrechten der Seele, die im Privilegiensturz der letzten Jahre verkommen sind. Der totgesagte Park ist tot.

STEFAN GEORGE
WIR SCHREITEN AUF UND AB

Wir schreiten auf und ab im reichen flitter
Des buchenganges beinah bis zum tore
Und sehen außen in dem feld vom gitter
Den mandelbaum zum zweitenmal im flore.

Wir suchen nach den schattenfreien bänken
dort wo uns niemals fremde stimmen scheuchten
In träumen unsre arme sich verschränken
Wir laben uns am langen milden leuchten

Wir fühlen dankbar wie zu leisem brausen
Von wipfeln strahlenspuren auf uns tropfen
Und blicken nur und horchen wenn in pausen
Die reifen früchte an den boden klopfen.

HANS WYSLING
EINSAMKEITSPATHOS UND SELBSTVERHERRLICHUNG

Georges Landschaft ist der Park – ein umhegter Bezirk. Das Gitter schließt ihn gegen außen ab. Die Parklandschaft ist streng gegliedert. Da gibt es nichts Zufälliges. Die Buchen stehen in abgemessener Reihe, selbst die Früchte haben in gemessener Folge an den Boden zu klopfen. Alles ist gebändigt. Diese Natur kennt keine unbeherrschten Regungen. Das Brausen der Wipfel ist gedämpft, das Leuchten mild, die Strahlen tropfen in Spuren, ein Hauch von Kühle läßt die schattenfreien Bänke suchen.

Auch die Bewegungen sind gemessen, abgemessen. Wir schreiten ... Da ist Wille zur Langsamkeit, zum An-sich-Halten. Die Bewegung führt im Auf und Ab nicht über den abgezirkelten Bereich hinaus, sie geht nur »beinah bis zum Tore«. Sie will den Abstand. Der Schreitende – falls er allein ist – ist sich selbst genug. Er sucht nur Orte auf, wo ihn niemals fremde Stimmen scheuchten. Vielleicht ist es Angst, eher ist es Verachtung.

Der Park wird zum *fanum*, zum heiligen Bezirk. Der Schreitende ist sein Priester. Draußen ist das Profane, das Gewöhnliche, das Gemeine. Draußen ist das Gesindel. Es wird mit aristokratischer Gebärde vor das Gitter gewiesen. *Odi profanum vulgus et arceo*. Ich hasse das gemeine Volk und schranke mich ab. Die sich verschränkenden Arme sind Zeichen dafür. Welchem Orden der Priester angehört, braucht nicht gesagt zu werden. Es ist der Orden des Schönen, des Exklusiven, des Exquisiten. Dieses Schöne wird durch den Einsamen gesetzt. Die Mission, die er sich auferlegt, ist die eines Hüters, Hegers und Führers. Er dient dem Kult des Maßes und, da dieses Maß gewollt ist, gleichzeitig dem Kult der eigenen Person. Diese Person sucht keine Freunde, allenfalls sucht sie Jünger.

Aber wer ist »Wir«? Ist das Gedicht eine Selbstfeier im *Pluralis majestatis*, ist es narzißtische Selbsterhöhung? *selten sind so sehr wie in diesem buch ich und du die selbe seele*, steht in der Vorrede der zweiten Ausgabe von »Das Jahr der Seele« (1898): Hat also dieses Ich einen Doppelgänger, der mit dem Sprechenden weitgehend identisch ist? Wer die Geschichte des Gedichts verfolgt, macht die eigenartigsten Entdeckungen. Das »Wir« nimmt im Verlauf dieser Geschichte die verschiedensten Gestalten an. Zunächst ist das Gedicht – ein Liebesgedicht. Es geht um jene rätselvolle Beziehung zu Ida Coblenz, von der wir erst Genaueres wissen, seit vor zehn Jahren ihr Briefwechsel mit George herausgekommen ist. Dieser Briefwechsel – er beginnt 1892 – ist geradezu unheimlich in seiner Verschwiegenheit. George erscheint dem Mädchen als Mönch, als Fra Angelico, er vergleicht sie mit Melusine, Semiramis, Erinna. Die gemeinsamen Spaziergänge an der Nahe werden durch knappe Billetts eingeleitet, oft ist die Anwort eine Ablehnung: Das Mädchen schützt Krankheit vor. Woher das Beklemmende? George, in seiner Unsicherheit, erprobt seine Wirkung auf das weibliche Geschlecht. Er möchte sie erproben, ohne sich etwas zu vergeben. Ida Coblenz spürt diese Unsicherheit, kann sich aber nicht erklären, woher sie kommt. Später, 1937, hat sie sich erinnert: »Wenn er zu mir gesagt hätte: Wir wollen einen Orden gründen: Sie werden Schwester. Ich hätte es getan.« Schließlich heiratet sie einen, der die Venus in siebenfacher Gestalt beschrieben hatte: Richard Dehmel. Der Zugriffige hatte gesiegt, der Unsichere war endgültig in die Homophilie verwiesen.

Einst hatte George »Das Jahr der Seele« Ida Coblenz widmen wollen: »I. C., einer freundin zur erinnerung an einige abende innerer geselligkeit«. Jetzt widmete er es seiner Schwester: »Anna Maria Ottilie, der tröstenden beschirmerin auf manchem meiner pfade«. Damit ist Ida Coblenz aus den Gedichten verbannt und aus den Gedanken verdrängt. Aber auch die Schwester hat ja in diesen Versen nichts zu suchen.

Für George beginnt mit dem Verzicht auf die Liebe die Zeit des Einsamkeitspathos und der Selbstverherrlichung. Das »Wir«, das einst die Geliebte gemeint hatte, meint jetzt allein seine Majestät oder die Zweieinheit mit dem Doppelgänger. Schließlich aber nimmt es eine vierte und fünfte Bedeutung an: Es meint dann George und seine Jünger, am Schluß meint es George und Maximin. Niemand hat mehr Anlaß, noch an die Liebe von einst zu denken. Diese Liebe war ohnehin von Anfang an dem majestätischen Duktus von Georges Sprache unterstellt, und diese Sprache vergab sich nichts.

STEFAN GEORGE

Wir stehen an der hecken gradem wall
In reihen kommen kinder mit der nonne.
Sie singen lieder von der himmelswonne
In dieser erde sichrem klarem hall.

Die wir uns in der abendneige sonnten
Uns schreckten deine worte und du meinst:
Wir waren glücklich bloss solang wir einst
Nicht diese hecken überschauen konnten.

GÜNTER BLÖCKER
WACHSENDE GEFÄHRDUNG

Von allen Gedichten Stefan Georges haben die in dem Zyklus »Das Jahr der Seele« vereinigten am ehesten eine gewisse Popularität erlangt – sofern ein solches Wort angesichts der aristokratischen Unbedingtheit dieses Dichters überhaupt statthaft ist. Immerhin, Prägungen wie die vom »totgesagten Park«, von der Fahrt »um bronzebraunen Laubes Inselgruppen« oder vom herbstlichen Glück auf »schattenfreien Bänken«, wo man dem Fallen reifer Früchte lauscht, die »in Pausen ... an den Boden klopfen«, haben über den engeren Kreis der Freunde und Kenner hinaus ihre Suggestivkraft bewiesen.

Auch die hier abgedruckten Verse gehören zum »Jahr der Seele«, aber sie sind – anders als die berühmteren – nicht so verführerisch instrumentiert, weniger lockend und prunkend. Namentlich die erste Strophe ist von einer gewissen Kargheit und geometrischen Steifheit. Der »grade Wall« der gestutzten Hecken; der wohlgeordnete Aufmarsch der Kinder, die unter der Aufsicht einer Nonne von der »Himmelswonne« singen, haben darin metrisch-syntaktische Gestalt angenommen. Mit ihrem straffen Rhythmus, ihrem spröden, filtrierten Dur-Charakter vermitteln diese vier Zeilen ein Gefühl der Enge, aber auch der Sicherheit und frohen Zuversicht.

Dann weitet sich die Szenerie – die Welt jenseits der Hekken tritt in Erscheinung. Hier sind Metrum und Rhythmus nicht mehr identisch, das strenge Gefüge lockert sich, und mit der größeren Freizügigkeit wächst die Gefährdung. Man sonnt sich »in der Abendneige«, doch das Kinderlied von nebenan genügt, um diesen Frieden zu erschüttern. Die Hecken, eben mehr oder minder noch ein dekoratives Requisit, werden zur großen Scheide zwischen den Lebensaltern, zwischen Unschuld und Erfahrung, Fraglosigkeit und Zweifel. Abrupt und in sentenziöser Nacktheit schließt das Gedicht mit der Erkenntnis des abhandengekommenen Glücks und dem Eingeständnis, daß es Glück nur gab, solange uns jene Hecken davor bewahrten, die Welt, wie sie ist, wahrzunehmen.

Die außerordentliche Wirkung dieses Schlusses liegt in seiner Plötzlichkeit, in dem jähen Umschlag von der besonnenen Idylle in die Abstraktion. Überraschend auch die Einführung des personalen, dialogischen Elements in das eher symbolische Arrangement: »Uns schreckten deine worte und du meinst ...« Wer ist dieses Du? Stefan George beantwortet die Frage in seinem Vorwort zum »Jahr der Seele« mit dem Hinweis: »... selten sind so sehr wie in diesem buch ich und du die selbe seele.« Ein Gespräch des Dichters mit sich selber also, ein Akt poetischer Selbsterforschung, der das reife Leben – nicht ohne Wehmut – an den imaginären Paradiesen der Kindheit mißt.

Wenn es so etwas wie psychologische Lyrik gibt, dann sind diese Verse ein Beispiel dafür; und daß ihr Autor Stefan George heißt, der Hohepriester eines vermeintlich menschenfernen, jeder profanen Alltäglichkeit abgeneigten Stilwillens, verleiht ihnen eine zusätzliche Qualität.

ELSE LASKER-SCHÜLER
DIE VERSCHEUCHTE

Es ist der Tag im Nebel völlig eingehüllt,
Entseelt begegnen alle Welten sich –
Kaum hingezeichnet wie auf einem Schattenbild.

Wie lange war kein Herz zu meinem mild ...
Die Welt erkaltet, der Mensch verblich.
– Komm bete mit mir – denn Gott tröstet mich.

Wo weilt der Odem, der aus meinem Leben wich?
Ich streife heimatlos zusammen mit dem Wild
Durch bleiche Zeiten träumend – ja ich liebte dich ...

Wo soll ich hin, wenn kalt der Nordsturm brüllt?
Die scheuen Tiere aus der Landschaft wagen sich
Und ich vor deine Tür, ein Bündel Wegerich.

Bald haben Tränen alle Himmel weggespült,
An deren Kelchen Dichter ihren Durst gestillt –
Auch du und ich.

HEINZ POLITZER
KABBALA DER LEIDENSCHAFT

Sie war aus dem Geschlecht der Hexen. Der Hexe von En-Dor nämlich, die dem König Saul weissagte und den Geist seines Vaters heraufrief. Wie in Trance ging sie durch die Straßen von Jerusalem, eine alte Frau, ein einsamer, exotischer Nachtvogel mit gebrochenen Flügeln. Ihr Alraunengesicht trug schwer an der Last seiner Augen, die allzuviel gesehen hatten. Ihre Lippen waren bitter; wenn sie aber lächelten, wirkten sie kindlich und unschuldig.

Im Jahr vor ihrem Tod, 1943, erschien in Jerusalem, der damals noch geteilten und von Terror zerrissenen Stadt, ein schmaler Gedichtband, ihr letzter. Das Buch war auch in politischem Sinn ein Ereignis: Es wurde mitten in einer um Leben und Sprache ringenden jüdischen Gemeinschaft veröffentlicht, zu einer Zeit, in der Hitler im Namen des Deutschen die Welt mit Krieg überzog.

Das Gedicht »Die Verscheuchte« steht in diesem Buch. Es war Jahre vor der Einwanderung der Lasker-Schüler nach Jerusalem geschrieben, in Zürich, wo sie mit Schauspielern des Pfauentheaters, vor allem mit Ernst Ginsberg, Freundschaft geschlossen hatte. Zuerst trugen die Verse den Titel »Das Lied der Emigrantin«; die vierte Strophe, die wichtigste, fehlte noch.

Das Lied ist eine Litanei der Liebe: ungemein frei behandelte Terzinen, beschränkt jedoch auf zwei Reime; beide Reimwörter auf einen einzigen Vokal, das schrille »i«, gesetzt, so daß die Unreinheiten im Reim, etwa gleich des ersten Verses, nicht störend, sondern mildernd wirken. Im »Auch du und ich« der, verkürzten, letzten Zeile wird die Leidenschaft der Verbannten einfache Versgestalt. Diese Leidenschaft steht nur scheinbar in der Vergangenheit (»ja ich liebte dich ...«). So groß ist die Liebe gefaßt, daß sich privates Schicksal mit dem der Welt zu decken vermag. Entfremdet ist alles; der Gott, zu dem zu beten die Liebende den Geliebten auffordert, ist, sie weiß es, tot, auch er ein Schattenbild. Dennoch erhebt die Dichterin die Hände zum Gebet: Die Milde der Liebe, die einmal war und die, wie die letzte Zeile in verschlüsselter Kürze andeutet, noch immer ist und sein wird, sie spendet den Trost, den Gott gewährt; er erlaubt den Liebenden, ihn immer wieder in ihrer Liebe neu zu schaffen. Im Detail der Bilder – des Wildes, das aus der Landschaft aufgescheucht ist, des vor Kälte brüllenden Nordsturms auch, der feindlich den Liebenden droht – klingt das Gedicht an die Klage des dem Wahnsinn verfallenen Hölderlin um Diotima an. Wahn ist das Schicksal der Dichter, wenn die Verbannung sie in der eigenen Heimat ereilt.

Auch der Pfeil, der bei Hölderlin das Wild, den klagenden Menon, den Dichter selbst, getroffen hat, ist da, in Zeilen, mit denen das Gedicht in einer Fassung endete, die Klaus Mann schon 1934 in der Amsterdamer Emigranten-Zeitschrift »Die Sammlung« abdruckte: »Und deine Lippe, die der meinen glich, / Ist wie ein Pfeil nun blind auf mich gezielt –«. Mit Recht hat die Lasker-Schüler sie gestrichen; sie führen die gültige Schlußzeile des Gedichts, wie es nun vor uns liegt, weiter und enthüllen lediglich eine Intimität. Am Ende der vierten Strophe fällt das Wort vom »Bündel Wegerich«. Das Wort »Bündel« ist strikt autobiographisch. Wer je die Lasker-Schüler in Zürich oder Jerusalem gesehen hat, erblickte ein Bündel – gelegentlich begeisterten – Elends. Das Wort »Wegerich« aber entspricht nicht nur dem Kraut vom Stamme *Plantago,* der Bescheidenheit seines niederen Wuchses, der Demut seiner unscheinbaren Blüten; es zerfällt auch in die Silben »Weg« und »Er« und »Ich«. Was dieses »Ich« mit jenem »Er« teilt, der eben erst, am Ende der vorausgegangenen Strophe, als »Du« angesprochen worden ist und in der letzten Zeile wiederkehren und dem »Ich« vorangestellt sein wird, ist die Stammsilbe des Blumennamens, der »Weg«, ein Weg des Exils und des unerbittlichen Abschieds.

Das aber ist deutsche Sprache nicht mehr; es ist ein Zauberwort, wie es einer Besessenen und Beschwörerin wohl zukommt, eine magische Chiffre, deren Bedeutung sich, jenseits aller Semantik, in unauslotbare Tiefen verliert, eine Kabbala der Leidenschaft, die sich die Dichterin der »Hebräischen Balladen« erlauben durfte.

Als ein hebräischer Dichter ihr einmal vorschlug, ihre Gedichte in die Sprache des Landes zu übersetzen, soll die Lasker-Schüler geantwortet haben: »Aber sie *sind* doch hebräisch.« Es war ihrem schöpferischen Unbewußten nicht unbewußt geblieben, daß sie aus jenem Geschlecht stammte, das einst einem biblischen König die Wahrheit hinter dem Wort vermittelt hatte.

ELSE LASKER-SCHÜLER
EIN ALTER TIBETTEPPICH

Deine Seele, die die meine liebet,
Ist verwirkt mit ihr im Teppichtibet.

Strahl in Strahl, verliebte Farben,
Sterne, die sich himmellang umwarben.

Unsere Füße ruhen auf der Kostbarkeit,
Maschentausendabertausendweit.

Süßer Lamasohn auf Moschuspflanzenthron,
Wie lange küßt dein Mund den meinen wohl
Und Wang die Wange buntgeknüpfte Zeiten
schon?

HORST RÜDIGER
IN ORIENTALISCHER VERKLEIDUNG

Diese Reime hat es nie zuvor gegeben; man soll sie sich vorsprechen, um ihren Zauber zu hören: »liebet – Teppichtibet«, »Kostbarkeit – Maschentausendabertausendweit«, »Lamasohn – Moschuspflanzenthron – Zeiten schon«. Das klingt nicht wie »Herz – Schmerz« oder »Liebe – Triebe«. Aber da ist auch nichts Preziöses, allenfalls Fernweh und die Lust am Kostbaren, denn auf einer »Kostbarkeit« ruhen und berühren sich wohl die Füße der Liebenden. Auch »himmellang« und »buntgeknüpfte Zeiten« hat man noch nie vernommen. Ganz neu und un-erhört aber ist das Bild für die Verbindung der Liebenden: der Teppich. Goethe hat es im »Divan« nicht gebraucht, Rückert nicht in den »Östlichen Rosen«.

Erfunden hat es die jüdische Frau aus Elberfeld, »der schwarze Schwan Israels, eine Sappho, der die Welt entzweigegangen ist«. So nannte sie ihr Dichterfreund Peter Hille, der ohne ihr Gedenkbuch wohl ganz vergessen wäre. Er konnte nicht die Verse meinen, in denen der Weltschmerz der Lasker-Schüler Wort geworden ist: »Es ist ein Weinen in der Welt, / Als ob der liebe Gott gestorben wär ...« Diese Verse sind 1906 entstanden, als Hille schon tot und die Schreie der Sterbenden noch nicht zu hören waren, welche ein Menschenalter später auch den Tauben den Tod des Göttlichen unter Barbarenfäusten ins Ohr dröhnten.

Wie es sich für ein Liebeslied schickt, werden die Sinne des

Hörers geweckt. Strahlen, Farben, Sterne entzücken das Auge; wenn es einen Teppich zu betrachten gilt, wird das Auge zuerst aufgerufen. Es nimmt auch die Mühe einer »maschentausendabertausendweiten« Verknüpfung wahr (ein Geviertmeter Buchara-Teppich soll bis zu vierhunderttausend Knoten enthalten). Dann ist es der Tastsinn, welcher den Eros weckt. Die auf dem Teppich ruhenden Füße erfüllen in der kostbaren Weichheit die gegenseitige Nähe, so wie die lustvolle Berührung im unendlichen Kuß und im zärtlichen Wange an Wange das Nahen des Gottes spüren läßt. Und endlich wird der sinnlichste Sinn, der Geruch, geweckt, denn er ruft am nachhaltigsten die Erinnerung an unvergessene Menschen und Situationen wach. Der Moschuspflanze entströmt ein Duft, der zu den verführerischsten Reizen des Orients zählt.
Die Knüpferin Liebe schafft im Teppich ein Zeichen des Ineinanderverknüpfens. Ihr Werk ist keine empfindsame, vom Geiste des Pietismus oder des Titanismus genährte Liebe; es ist ein erotisches Spiel wie das sinnlich reizende Ineinander der Teppichfarben und -formen, nicht fern dem süßen Unsinn der Verliebtheit. Der homo ludens, nicht der homo faber wendet den Tibetteppich zum Märchenlande »Teppichtibet«, bringt das liebliche Wortungeheuer von den tausendfach verknüpften Maschen hervor und genießt den betäubenden Moschusduft, der dem Thron des Priestersohnes entströmt. Mit dem Fabellande, der Fabelpflanze und dem Fabelgeliebten tritt der ferne, literarisch noch nicht erschlossene zentralasiatische Osten in die deutsche Dichtung ein, eigentümlich verwandt und doch ganz verschieden vom früheren deutschen Orientalismus seit Adam Olearius: durchaus unpolitisch, leidenschaftlicher und kunstgewerblicher,

exotischer und intimer zugleich, berauschender und bescheidener.

Das geliebte Wesen, dem die Verse gelten, ist der Sohn eines Zauberpriesters, der wohl nur durch Fabelei und Zauberkünste zu gewinnen ist; das liebende Wesen ist eine Frau. Else Lasker-Schüler hat sich immer gern in orientalischer Verkleidung gefallen, als Tino von Bagdad oder Prinz Jussuf aus dem ägyptischen Theben, wo sie auch geboren zu sein vorgab. Gestorben ist sie in der Heimat ihres Herzens, in Jerusalem, eine Dichterin, der die Klangwerte der deutschen Sprache wie anderen Lyrikern fremder Herkunft – Brentano, Chamisso, Rilke – in seltener Vollkommenheit zu Gebote standen.

ELSE LASKER-SCHÜLER
IN MEINEM SCHOSSE

In meinem Schoße
Schlafen die dunkelen Wolken –
Darum bin ich so traurig, du Holdester.

Ich muß deinen Namen rufen
Mit der Stimme des Paradiesvogels
Wenn sich meine Lippen bunt färben.

Es schlafen schon alle Bäume im Garten –
Auch der nimmermüde
Vor meinem Fenster –

Er rauscht der Flügel des Geiers
Und trägt mich durch die Lüfte
Bis über dein Haus.

Meine Arme legen sich um deine Hüften,
Mich zu spiegeln
In deines Leibes Verklärtheit.

Lösche mein Herz nicht aus –
Du den Weg findest –
Immerdar.

ROLF SCHNEIDER
PARADIES- UND TODESVOGEL

Ein Liebesgedicht. Ein Gedicht von Trennung, von Sehnsüchten, von Träumen und Beschwörungen. Die Strophen sind dreizeilig; sehr entfernt erinnern sie an Terzinen, die Strophen des Dante Alighieri, der in glühender Verehrung der viel zu jungen Tochter des Folco Portinari anhing, die er Beatrice nannte.

Sehr viel jünger als die Dichterin ist wohl auch jener gewesen, der hier angeredet wird als »du Holdester«. Die im Kontext unmittelbar vorausgehenden oder fehlenden Verse sind überschrieben »Dem Holden« (»Ich suche ewig dich – es bluten meine Füße«), sie heißen »Ich liebe dich« und »Ihm eine Hymne«; hier wird vage angedeutet, um wen es sich handelt: »Im ewigen Jerusalem-Eden, / Tröstet sein Wort Jedweden«.

Die Gedichte stammen aus dem Band »Mein blaues Klavier«, der 1943 erschien. Die Verfasserin war damals eine vierundsiebzigjährige und kranke Frau, ein »Bündel – gelegentlich begeisterten – Elends«, wie einer geschrieben hat, der sie persönlich kannte, Heinz Politzer. Muß man, wenn man dies weiß, noch das Eingangsbild dechiffrieren? Die »dunkelen Wolken« sind Symbol für Unfruchtbarkeit und Alter; ein mildes Symbol, wenn die Intensität der Sehnsüchte bedacht wird und die biologische Unabänderlichkeit des dargetanen Zustands.

Ein mildes Bild? Sie muß, seinen Namen zu rufen, die Stimme des Paradiesvogels haben, jenes Rabentieres aus der Inselwelt Neuguineas, das zu Zeiten der Balz sein Gefieder in einen bizarren Schmuck verwandelt. Aber es sind immer nur die männlichen Tiere, die dies vermögen, die ihre Luftröhren zu riesigen Kehlsäcken blähen, um daraus ihre Hochzeitsrufe zu entlassen. Die Weibchen bleiben unscheinbar wie zuvor. Die Transmutation, die in dieser Strophe verheißen wird, findet in Wahrheit nicht statt.

Allenfalls, daß sich »meine Lippen bunt färben«. Man will sofort nach der Färbung fragen. Rot kann wohl nicht gemeint sein, Farbe von Jugend und Jugendlichkeit; wäre sie zu nennen, würde sie genannt. Weiß, Gelb, Blau, Schwarz: jede andere Farbe bedeutete Hinfälligkeit und Siechtum; im Garten schläft alles, selbst das Nimmermüde ist nun doch ermattet, solche Müdigkeit klingt nach tiefer Erschöpfung, dieser Schlaf ist nahe am Tod, und der Traumvogel, der die Liebenden zusammenführt, ist der Todesvogel, der Leichenfledderer, der sich von Aas ernährt.

Unter seinem Eindruck wird die versuchte Umarmung zur Ohnmacht. Der Traum von ihr gerät zu bloßer Beschwörung eines jugendlichen Bildes: Der Leib des Geliebten ist nicht wie der eigene von dunklen Wolken verhüllt, er ist klar wie ein Spiegel.

Darauf die letzte Strophe. Jeder Vers wird zum Ausruf, jeder Ausruf wird kürzer, die Syntax zerbröckelt. Nicht »Der du den Weg findest« heißt, wie es grammatisch korrekt wäre, der mittlere Vers; das fehlende Pronomen macht ihn zu rührendem Gestammel, aus dem schließlich, als letztes Wort, als letzter Ruf, als Behauptung gegen Vergänglichkeit, gegen Verlust und Tod das utopischste Wort unserer Sprache herausfällt: »Immerdar«.

Else Lasker-Schüler war 1933 in die Schweiz geflohen,

eine bettelarme Frau, die sie zuletzt auch in Berlin gewesen war. Hitler-Anhänger hatten sie mit einer Metallstange verprügelt. Sie war 64 Jahre alt. Dreimal reiste sie aus der Schweiz nach Palästina; beim dritten Male, 1939, blieb sie in Jerusalem. Sie war immer eine Ekstatikerin gewesen: in der Liebe, in ihren privaten Phantasmagorien, denen sie alle ihre vielen Freunde und Liebhaber in Märchenverkleidungen eingegliedert hat und deren Hintergrund – je älter sie wurde, desto mehr erwies es sich – immer das biblische Zion gewesen war. In Jerusalem stellte sie »Mein blaues Klavier« zusammen. Die Farbe der deutschen Romantik war ihre bevorzugte Farbe seit ihrer Begegnung mit Franz Marc und dem »Blauen Reiter«; ihr blaues Klavier bedeutete Sehnsucht, Heimat, Erinnerung. Nicht viel mehr als ein Jahr nach Erscheinen des letzten Lyrik-Bandes starb sie. Man hat sie am Ölberg begraben.

ELSE LASKER-SCHÜLER
JAKOB

Jakob war der Büffel seiner Herde.
Wen er stampfte mit den Hufen,
Sprühte unter ihm die Erde.

Brüllend ließ er die gescheckten Brüder.
Rannte in den Urwald an die Flüsse,
Stillte dort das Blut der Affenbisse.

Durch die müden Schmerzen in den Knöcheln
Sank er vor dem Himmel fiebernd nieder,
Und sein Ochsgesicht erschuf das Lächeln.

RUTH KLÜGER
DER ERFINDER DES LÄCHELNS

Die »Hebräischen Balladen« Else Laske-Schülers, 1913 erschienen, sind hebräisch nur insofern, als sie sich auf ein auch außerhalb des hebräischen Sprachbereichs nicht unbekanntes Buch, nämlich die Bibel, beziehen. Balladen sind sie nur insofern, als sie auf Legenden anspielen, die die Dichterin aber nicht nacherzählt, wie es etwa Thomas Mann mit demselben Material in seinen Joseph-Romanen tut. Sie nimmt die biblischen Gestalten vielmehr aus ihren Zusammenhängen wie Puppen aus Schaufenstern heraus, kleidet sie neu ein, stülpt ihnen Masken auf, verfremdet sie probeweise.

Eine Tiermaske für den Erzvater Jakob, der Hirtenpatriarch als Alpha-Tier der Herde. Er, der Ehrwürdige, wird zum Büffel degradiert. Der Mann als Urtier im Patriarchen? So ließe sich die erste Strophe noch als eine Art Reverenz vor urtümlicher Männlichkeit lesen. Doch gleich danach wird es brenzliger. Die »gescheckten Brüder« erinnern an die nicht ganz lautere Zeugungsmanipulation, durch die sich der junge Jakob einen Großteil von Labans geschecktem Viehbestand aneignete. Zu diesem Viehbestand gehört er nun selbst im Gedicht.

Der biblische Jakob ist der große Liebende unter den Erzvätern, der die zu Recht berühmte, zweimal siebenjährige Geduldsprobe einer Brautwerbung bestand. Doch die Affenbisse, die er im Gedicht im Flußwasser kühlt, sind kein Sinnbild einer edlen Leidenschaft, eher einer verächtli-

chen, zumindest lächerlichen Sinnlichkeit: Der geile Affe ist seit je ein Gemeinplatz in Kunst und Literatur.
Von den stampfenden Hufen der ersten Strophe, die immerhin die Erde zum Sprühen brachten, kommen wir in der dritten zu den prosaischeren und zudem müde schmerzenden Knöcheln unseres Helden. Jakobs Schmerzen? Aber die rührten doch vom Kampf mit dem Engel und der dadurch verletzten Hüfte, höchste Auszeichnung des himmlisch Auserwählten? Vor dem Himmel sinkt auch unser knöchelmüdes Jakobstier nieder, und zwar mit einem humorvollen und originellen Reim, »Knöcheln« auf »Lächeln«. Rückblickend fallen uns die anderen beiden unreinen Reimpaare auf, nämlich »Brüder/nieder« und »Flüsse/Bisse«. In diesem Gedicht geht nichts rein auf, auch nicht die Reime, die schon gar nicht.
Schließlich vertauscht die Dichterin in der letzten Zeile Ochsen und Büffel, wohl weil *ein* Rindviehgesicht wie das andere aussieht. Dieser endgültigen Verunglimpfung folgt jedoch unvermutet die Rückverwandlung ins Menschliche. Indem sich auf Jakobs Tiergesicht ein Lächeln, vielleicht das erste überhaupt (es heißt ja, er »erschuf« es), abzeichnet, steht er wieder an einem Anfang, ist wieder unsereiner. Denn kein Tier kann lächeln. Zwischen dem ersten Wort, seinem Namen, und dieser überrumpelnden, schwer vorstellbaren Mundverzerrung am Ende war die Würde des Patriarchen, die Manneswürde und wohl auch die Menschenwürde schlechthin, durch eine Tiermaskerade in Frage gestellt worden. Die Anspielungen verunsicherten den Autoritätsanspruch des Bibeltextes. In der letzten Zeile findet beschwichtigend eine Menschwerdung statt.
»Jakob« führt exemplarisch die methodischen Eigenarten

seiner Dichterin vor. Durch das Vexierspiel mit Maskierung und Verkleidung fallen Streiflichter auf Geschlecht und Charakter. Das überraschende Auswechseln bekannter Begriffe führt durch Staunen zum Erkennen. In Spiel und Anspielung, in unverbindlichem Experimentieren mit Sprache und Kulisse, sehen wir heute wieder das eigentlich Literarische, das überdies eine soziale Funktion ausübt, dort wo es die festgefahrenen Räder der Tradition ins Rollen bringt. Die Lyrikerin Else Lasker-Schüler ist gerade dort ernst zu nehmen, wo sie sich als Meisterin im Nichternstnehmen kostümiert.

ELSE LASKER-SCHÜLER
MAN MUSS SO MÜDE SEIN ...

Man muß so müde sein wie ich es bin
Es schwindet kühl entzaubert meine Welt aus meinem Sinn
Und es zerrinnen meine Wünsche tief im Herzen.

Gejagt und wüßte auch nicht mehr wohin
Verglimmen in den Winden alle meine Kerzen
und meine Augen werden dünn.

Es bricht mein Leib bevor ich dein noch bin
Dich lasse ich zurück, mein einziger Gewinn
Ein nicht zu teilender
Es teilen sich in dir die Nächte meiner holden Schmerzen.

CHRISTA MELCHINGER
AUF DER SCHWELLE

Dichten in der Gewißheit des Todes. Gibt es das? Gibt es ein anderes? Dichten in der Gegenwart des Todes. Der Tod, herausgenommen aus der fernen Unverbindlichkeit ins Hier und Jetzt. Mein Tod, nicht irgendwann, sondern bald, morgen, heute – das ist schon seltener. Aber es kommt vor. Die Lasker-Schüler war eine, bei der so etwas vorkam, vorkommen konnte.

Ihre letzten Jahre in Jerusalem. Keine Zeit im Gelobten Land. Aber es war auch keine unmittelbare Not: Armut, Hunger und Verlassenheit – sie war leidlich versorgt, um leben zu können. Auch leben zu wollen? Todesgewißheit: bevor es um den eigenen Tod ging, war es das Wissen von dem Tod der anderen, der in Krieg und Verfolgung Zurückgelassenen.

»Mit mir geht es zu Ende, ich kann nicht mehr lieben«, soll sie ganz zum Schluß (sie starb im Januar 1945) gesagt haben. Ich nehme das Du der letzten Strophe deshalb wörtlich, als persönliche Ansprache, als Anruf des Geliebten. Obwohl es mich stört, die ganze letzte Strophe mich verstört. Wie einem das oft widerfährt bei dieser Dichterin. Wohllaut und Mißklang – nicht formal: Da herrscht, wie in ihrer Alterslyrik überhaupt, die geglättete Form, Strophe und Reim. Aber der Lauf ihrer Gedanken – da kann man sich über eine Strecke Weges ihr ganz überlassen und ist voll Bewunderung über die weise Führung. Doch dann kommt plötzlich ein Richtungswechsel, und da stockt

man, und die einsame Gestalt geht unbeirrt allein weiter ihren Weg, unsere erstaunten Blicke folgen ihr, wir bleiben zurück. So geht es mir mit der letzten Strophe.
Diese letzten Zeilen sind wie das allerletzte Stück des Lebenswegs, das allein gegangen werden muß, für das nur die eigenen Worte gelten, die aber doch die Summe sind aus dem vorausgegangenen Leben: Abschied vom Leben. Für die Lasker-Schüler heißt es Abschied vom Lieben. Sie schrieb Liebesgedichte bis ans Ende ihres Lebens; »Das blaue Klavier«, ihre letzte Gedichtsammlung, ist voll davon. Und vor diesem Lebenshintergrund werden auch diese Zeilen annehmbar, mehr: sie sind eine Hoffnung. Die Liebe endet nicht mit dem Lieben, das zurückgelassene Du zeugt davon.
Die Worte davor sind für alle da, die ihren Weg zu Ende gehen, bis ans bittere Ende. Keine Gloriole. Keine vorweggenommene Himmelfahrt. Man ist fertig am Ende eines solchen Lebens, zu Tode erschöpft.
Und wie oft glaubt man sich am Ende? Doch was sind alle Müdigkeiten im Lauf des Lebens gegen diese, die letzte? Müde zum letzten Schlaf, todmüde. Lebensmüde. Wie oft wird das Wort gesagt? Es ist zu prüfen an den Worten der Lasker-Schüler. Wieviel Welt trägt einer noch im Sinn, wieviel Wünsche tief im Herzen? Und wer könnte sagen, daß die Angst keinen Gegenstand, das Gejagtwerden kein Ziel mehr hätte? »Gejagt und wüßte auch nicht mehr wohin«: Man muß schon ziemlich weit entfernt sein, um 1944 solche Verse zu schreiben, aber noch nicht so fern, um im Bild nicht anknüpfen zu können an die Wirklichkeit, die zu verlassen man im Begriff ist.
Das ist der Standort dieses Gedichts: im Übergang, im Vergehen, zwischen Wachen und Schlaf, auf der Schwelle.

Abschiednehmen vom Leben, Abschied vom Lieben. Wenn er vollzogen ist, kann er nicht mehr formuliert werden: Die ihn vor sich haben, finden ihn formuliert in diesem Gedicht.

FELIX DÖRMANN
WAS ICH LIEBE

Ich liebe die hektischen, schlanken
Narzissen mit blutrotem Mund;
Ich liebe die Qualengedanken,
Die Herzen zerstochen und wund;

Ich liebe die Fahlen und Bleichen,
Die Frauen mit müdem Gesicht,
Aus welchen in flammenden Zeichen,
Verzehrende Sinnenglut spricht;

Ich liebe die schillernden Schlangen,
So schmiegsam und biegsam und kühl:
Ich liebe die klagenden, bangen,
Die Lieder von Todesgefühl;

Ich liebe die herzlosen, grünen
Smaragde vor jedem Gestein,
Ich liebe die gelblichen Dünen
Im bläulichen Mondenschein;

Ich liebe die glutendurchtränkten,
Die Düfte, berauschend und schwer;
Die Wolken, die blitzedurchsengten,
Das graue wutschäumende Meer;

Ich liebe, was niemand erlesen,
Was keinem zu lieben gelang:
Mein eigenes, urinnerstes Wesen
Und alles, was seltsam und krank.

ERNST JANDL
EIN GEDICHT UND EIN FREUND

Daß ein im Wien des Jahres 1870 geborener Felix Biedermann sich als Verfasser von Gedichten wie diesem seines Geschlechts nicht, wohl aber des Geruchs von Biederkeit entledigte, dabei Überdeutlichkeit vermeidend, nämlich auf die Verdoppelung des »r« – »dürr«, »ausgedörrt« – verzichtend, zeugt vom Instinkt des damals noch nicht Dreißigjährigen, der mit seinen Lyrikbänden »Narcotica« und »Sensationen« Aufsehen zu erregen verstand, es kaum vermutend, er würde gute zehn Jahre später zusammen mit einem zweiten für Oscar Straus das Libretto zur Operette »Ein Walzertraum« erstellen, worin insgesamt sich seine künstlerische Spannweite ebenso wie, vielleicht, eine gewisse Prädestiniertheit zur schließlich fast totalen Vergessenheit manifestieren mag.

Wenig Zweifel, daß der zu Hitlers Amtsantritt beinahe fünf Jahre bereits Verstorbene nach Ruhm und Lohn aus war, wovon er das erste mit Sicherheit erreicht hat. Was damals zog, dem überließ sich der ein Risiko nicht scheuende, seiner Mitwelt dienende, um die Nachwelt eher unbekümmerte Dichter Felix Dörmann mit Charme. Kein *Black Friday* mehr ließ ihn erzittern. Seine Biographie zeigt, inwieweit ihn der Erste Weltkrieg beschäftigte, und im Geburtsjahr seines gegenwärtigen Interpreten (1925) erschien »Jazz«, Dörmanns »Wiener Roman«.

Für den mit achtundfünfzig Jahren Gestorbenen hatte es nichts von dem gegeben, was unsere Jugend nach und nach unterminierte und in unsere der modernen Zivilisation sich gierig öffnenden Schnäbel die Jauche des Nationalsozialismus goß. Während der Zweite Weltkrieg bereits tobte, wurden Dietrich Burkhard und ich Freunde fürs Leben, unser künftiges Leben, von dem wir uns hinter der grotesken Fassade einer mit pseudoklassischen Ornamenten aufgeputzten Gymnasiastenzeit in der Isolation unserer juvenilen Beziehung aus glitzernden Bruchstücken ein Bild zusammenzusetzen versuchten, aufgefunden im Schutt unseres ringsum zusammenbrechenden großen europäischen Hauses.

»Atonalität«, »Expressionismus«, »Schönberg«, »Psychoanalyse«, »Kubismus«, »Abstrakte Kunst«, »Nacktrevue«, »Jazz«, »August Stramm«, »Freie Liebe«, »Jonny spielt auf«, das waren Splitter dessen, was die Welt einst wieder sein würde, auch für uns. Ade, mein Freund Dietrich, 1945 zu Tode gekommen durch die Bestie Hitler und die Furie seines Kriegs. Ich dann allein; aber jede Zeile, die ich je schrieb, auch in Dietrichs Namen. – Felix Dörmanns Gedicht »Was ich liebe«, darauf pochte mit dem harten, treffsicheren Finger des Meisterpianisten, der zu werden er alles Talent besaß, mein Freund Dietrich.

»Zäh wie Leder, hart wie Kruppstahl, flink wie Windhunde«, so waren wir geplant; daher konnte Dörmanns Bekenntnis für sechzehn- und siebzehnjährige Ungetäuschte, Undeutsche, nicht vom Bösen Getaufte zum Programm werden. Ach, wir fiebernden, denkend gequälten, zerstochenen Herzens, wir fahlen, bleichen, müden, uns nach Freiheit verzehrenden, nach Frauen glühenden, wir klagenden, bangenden, seltsamen, kranken Knaben von einst.

»Friede« – das war keineswegs das erlösende Wort für uns,

sondern vielmehr: die Niederlage Deutschlands, die Ausrottung des Nationalsozialismus, die Liquidierung Hitlers. Danach dann der neue, der glorreiche Kampf, geführt mit allen Waffen der modernen Kunst, die für uns gleich der Welt war. So war es.

CHRISTIAN MORGENSTERN
ANTO-LOGIE

Im Anfang lebte, wie bekannt,
als größter Säuger der *Gig*-ant.

Wobei *gig* eine Zahl ist, die
es nicht mehr gibt, – so groß war sie!

Doch jene Größe schwand wie Rauch.
Zeit gab's genug – und Zahlen auch.

Bis eines Tags, ein winzig Ding,
der *Zwölef*-ant das Reich empfing.

Wo blieb sein Reich? Wo blieb er selb? –
Sein Bein wird im Museum gelb.

Zwar gab die gütige Natur
den *Elef*-anten uns dafur.

Doch ach, der Pulverpavian,
der Mensch voll Gier nach seinem Zahn,

erschießt ihn, statt ihm Zeit zu lassen,
zum *Zehen*-anten zu verblassen.

O »Klub zum Schutz der wilden Tiere«,
hilf, daß der Mensch nicht ruiniere

die Sprossen dieser Riesenleiter,
die stets noch weiter führt und weiter!

Wie dankbar wird der Ant dir sein,
läßt du ihn wachsen und gedeihn, –

bis er dereinst im Nebel hinten
als *Nulel*-ant wird stumm verschwinden.

EGON SCHWARZ
DIE SUCHE NACH SINN

Die Philologie ist in mehr als einem Sinn eine brotlose Kunst, auch in *dem* Sinn, daß selbst Philologen in Amt und Würden oft ratlos sind, wie sie mit ihrem Beruf dieser poesielosen Welt dienen können. Hier hilft aber vielleicht die Besinnung auf den ursprünglichen Wortsinn, denn Philologie heißt ja nichts weiter als Liebe zum Logos, Dienst am Wort, und es scheint mir nicht der schlechteste Sinn dieser Tätigkeit zu sein, Dichtungen, die unsere Vorfahren entzückt haben, der reißenden Zeit ein wenig länger zu entreißen.

Zu deren intensivsten Freuden gehörten aber die Unsinn-Dichtungen Christian Morgensterns, und wir können dem Wort nicht besser dienen, als indem wir den Sinn in diesem Unsinn aufstöbern. Das Gedicht »*Anto*-logie« eignet sich besonders gut dafür, weil sich an ihm deutlich machen läßt, wie der schöpferische Poet aus Nichts etwas, in Hofmannsthals Formulierung »aus niedrigen Erden Gold« zu machen versteht.

Zugrunde liegt eine unerwartete Gegenüberstellung, nämlich der beiden heterogenen Begriffe »Gigant« und »Elefant«. Sinn aber, und vor allem poetischer Sinn, entsteht dort, wo zwei scheinbar disparate Erscheinungen in überzeugender Weise miteinander verbunden werden. An dieser Stelle setzt auch Morgensterns dichterisches Genie an, sein philologisches Gehirn beginnt zu kreisen, und wie in einer sich drehenden Elektrisiermaschine die zackigen

Blitze von einem Pol zum anderen knattern, so spinnen seine Geistesblitze ein Netz von Sinn zwischen den beiden Wörtern: Der gemeinsame Bestandteil »Ant« wird zum Urtier, »Elef«, leicht retuschiert, zur Zahl, und in Analogie zu dem schon Geleisteten wird »gig« zur Urzahl. Bei dieser Erzeugung von neuem Sinn wird allerdings der alte Sinn von »Gigant« verdrängt. Daß das aber nicht ganz gelingen kann, daß die alte Bedeutung immer noch ein wenig mitklingt, ist ein Teil unseres Amüsements. Jetzt ist es einfach, die dazwischenliegenden und weiterführenden Stufen, das, was in der hier vorwaltenden Mischung von Witz und kosmischer Phantasie zu den »Sprossen einer Riesenleiter« umgedeutet wird, mit weiteren, diesmal ganz geläufigen und banalen Zahlen zu besetzen, freilich in gewollt alberner Nachahmung der überflüssigen Silbe zu »zwölef«, »zehen« und »nulel« erweitert.

Das Gerüst ist fertig und nun muß zum eigentlichen poetischen Geschäft, zur Ausführung geschritten werden. Ideen sind nämlich, wie ein anderer Dichter, Grillparzer, gesagt hat, wohlfeil. Da ist aber keine Gefahr, Morgenstern hat, was sein geistesverwandter Kollege Erich Kästner »Musik im Bauch« genannt hat. In unscheinbaren, aber ungemein suggestiven und melodischrhythmischen Knittelversen wird nun der Weg von »gig« zu »null« zurückgelegt.

Auch bei dieser Klangarbeit bleibt der Dichter seinem Gesetz des Absurden treu, indem er neben den vielen perfekten und teilweise originellen Versen den Reim Natur/dafur nicht scheut. Dadurch, daß die ganze groteske Evolution einen gelehrt naturgeschichtlichen, ja musealen Anstrich bekommt, erreicht der Dichter dreierlei: Dem Gedicht wird eine intellektuelle Einheit aufgezwungen, diese wird auf den Menschen bezogen und, was eben noch amüsanter Einfall, unverbindliches Spiel war, verwandelt sich in rationale Mitteilung. Vielleicht bedarf es gewisser moderner Erfahrungen, um den Ernst, ja den Pessimismus dieser Botschaft zu spüren, um die erschreckende Aktualität des Gedichtes zu erkennen. Denn die »Evolution« ist ja eine unzweifelhaft verkehrte, rückläufige. Sie führt nicht zum Überleben der Fähigsten, sondern von der unermeßlichen Größe des »gig« zur Null. Was immerhin nach menschlichen Maßstäben ein gewaltiges Geschöpf ist, der Elefant, wird im Fortschreiten dieser anti-darwinistischen Reihe zu einer *quantité negligeable* reduziert, noch geringfügiger als sein bedeutenderer Vorgänger, der Zwölefant, der selbst nur mehr »ein winzig Ding« war. Und in diesen erhabenen Gang der Natur greift der Mensch als gewalttätiges, affenartiges Wesen ein, aber bloß, um den Ruin zu beschleunigen. Eine drastischere Bezeichnung als die hoch-ironische »Pulverpavian« für die wohlbekannte, waffenschwingende Bestie, deren tölpelhafte Zerstörungswut den Fortbestand der Welt gefährdet, könnte auch ein heutiger umweltbewußter Dichter nicht erfunden haben.

Ist das wirklich noch der Unsinn, auf den der Leser der »Galgenlieder« Anspruch zu haben glaubt, oder ist das bereits der halb beabsichtigte, halb unwillkürliche Tiefsinn jeder großen Poesie? Ich gebe mich mit der Vokabel »Unsinn« zufrieden, aber nur, wenn wir ihr die gleiche Doppelbedeutung zubilligen, die auch das Wort »Untiefe« befähigt, unentschlossen zwischen der Oberfläche und den unauslotbaren Abgründen des Weltmeeres zu schweben.

CHRISTIAN MORGENSTERN
AUS STILLEN FENSTERN

Wie oft wirst du gesehn
aus stillen Fenstern,
von denen du nichts weißt …
Durch wie viel Menschengeist
magst du gespenstern,
nur so im Gehn …

GÜNTER KUNERT
PENDELSCHLAG DER SCHICKSALSUHR

Christian Morgenstern kennen wir (falls überhaupt noch) als den Dichter des Grotesken. Er ist der Erfinder des Herrn Korff, der wiederum der Erfinder der »Tag-Nacht-Lampe« ist. Von Morgenstern stammen witzige Nonsens-Verse mit bedenklichem Hintergrund und jenes gänzlich wortlose Gedicht »Fisches Nachtgesang«. Im Gegensatz zu diesen heiteren, Schauspielergenerationen mit Solo-Nummern ausstattenden Hervorbringungen zeigt sich dem Leser hier ein anderer Morgenstern. Denn in diesen sechs knappen Zeilen steckt eine Ungeheuerlichkeit, die einem erst nach mehrmaligem Lesen aufgeht, sobald man hinter die fast banale Oberfläche gelangt. Skizzenhaft wird ein Vorgang evoziert, den man zu den unübersehbaren Verlusten menschlicher Verhaltensweisen rechnen darf: die Anschauung der Welt als Bühne aus einem Logenplatz, und zwar in einem nicht übertragenen Sinn.
In jener vor vielleicht vierzig oder mehr Jahren beendeten Antike drückte sich Leben auch darin aus, Leben zu beobachten. Die Ellbogen kissengeschützt aufs Fensterbrett gestützt, blickte man in »seine« Straße hinein und hinab, sowohl erwartungsvoll wie entspannt, gefesselt von einem sich doch kaum verändernden Anblick. Mit einem großen Wort könnte man sogar von einer spezifischen Daseinsform reden – wozu man beispielsweise durch E. T. A. Hoffmanns Geschichte »Des Vetters Eckfenster« berechtigt wäre, in welcher der körperbehinderte Vetter nur

noch durch das besagte Eckfenster am Leben teilnimmt und sein Hinausschauen zu einem wichtigen, wenn auch eingeschränkten Mittel der Kommunikation geworden ist.
Woher eigentlich rührte die Faszination solchen Betrachtens der Außenwelt? Ich vermute, die Distanz und der besondere Blickwinkel verfremdeten alles Angeschaute dermaßen, daß es seine Selbstverständlichkeit und Alltäglichkeit einbüßte. Selbst bekannte Personen wurden fremd, eigenartig, möglicherweise »gespenstisch«, wie es uns der unfreiwillige Reim nahelegt.
Wer vor der Auto-Ära in einer Großstadt und bei sinkendem Tageslicht sich auf den Fensterblick einließ, wurde bald genug von der Merkwürdigkeit dieser Betrachtung angerührt: Er, allen zu Häupten, war über sie erhoben (und damit ein bißchen erhaben), als fände das Schauspiel »Passanten« nur für ihn statt, während die Fußgänger, einander in gleicher Augenhöhe begegnend, von dem Blick über sich nichts ahnten und der ihnen erst bewußt werden konnte, sobald sie selber die entsprechende Position einnahmen: die eines Gottes, eines stillen Unbeteiligten am Geschick der Menschheit, deren Mitglieder man furchtlos zu betrachten vermochte, da die Perspektive sie verzwergte. Heute sind die Fenster geschlossen, die Gardinen zugezogen: Es gibt nichts mehr zu sehen, da sich das Leben aus den Straßen zurückgezogen und diese dem global wirksamen Mordinstrument »PKW« überlassen hat.
Die im Gedicht verborgene Ungeheuerlichkeit besteht aber nicht in dem, was man als »Verlustanzeige« deklarieren könnte, sondern in etwas ganz anderem, das zu definieren und zu formulieren ich lieber Egon Friedell, dem

Literaten und Kulturphilosophen, überlassen möchte. Er schrieb einst über den entgegengesetzten Blick, nämlich den von der Straße ins Fenster, doch halte ich seine Sätze für Morgensterns Gedicht und unsere Meinung dazu für ebenso gültig:
»Man glaubt beim Anblick dieser Phantome, unmittelbar den lautlosen Pendelschlag der Schicksalsuhr zu vernehmen. Man erfährt nie, worum es sich handelt, und weiß doch mehr, als man je erfahren könnte. Es sind die vollkommensten Theatervorstellungen der Welt. Sind wir in solchen Blicken dem wahren Kern des Lebens, dem Herzen seines Geheimnisses nicht näher, als wenn wir uns in seine betäubenden und verwirrenden Bewegungen mischen?«

CHRISTIAN MORGENSTERN
DAS ÄSTHETISCHE WIESEL

Ein Wiesel
saß auf einem Kiesel
inmitten Bachgeriesel.

Wißt ihr,
wcshalb

Das Mondkalb
verriet es mir
im stillen:

Das raffinier-
te Tier
tats um des Reimes willen.

JÜRGEN STENZEL
MONDKALBS GEHEIMNIS

Dies Gedicht ist ein Beweis. Wohl nicht als Beweis beabsichtigt, aber es ist einer; wie das Nasobem, das Morgenstern (1871-1914) im Jahre 1905 aus der Leyer seiner Galgenlieder springen ließ, in denen auch unser Wiesel zu Hause ist. Wir sind auf die Zeugenschaft des Mondkalbs dabei im Grunde gar nicht angewiesen.

Das raffinier-te Tier läßt einen mehr als zweihundertjährigen Protest auflaufen. Dem 17. Jahrhundert noch war Poesie schlechthin: gebundene Rede; Rede, zu Versen gebunden durch den Reim. Gelegentliche reimlose Verse hießen Waisen (Waisen!). Junge Literaten aber wollten dann (das war in den vierziger Jahren des 18. Jahrhunderts) ihren deutschen Landsleuten zeigen, es gehe auch anders; der wein- und liebesselige Anakreon bot griechischen Schutz und Vorbild. Wer an die vernünftige Lehre dachte, sah die gerade Linie seiner Gedanken gekrümmt. Wer seine Empfindungen aufs Papier verströmen wollte, fühlte ihre Wahrheit sich verzerren unter dem Joch des Reims.

Es wurde zerbrochen. Die Alten hatten schließlich auch keinen Reim gekannt. Fortan durften Ungereimtheiten ebenso als Poesie gelten wie alles Paar-, Kreuz-, Schweif- oder wie immer Gereimte. Dennoch fand noch Arno Holz in seiner Formel »Kunst = Natur – ×« das fatale × (die Mittel des Künstlers) durch den Reim allzu aufgebläht; das ging auf Kosten der Natur. Am Ende fügten sich seine

Gedichte so um eine Mittelachse wie bei unserem Gedicht vom ästhetischen Wiesel, das mit steif gerecktem Rücken von seinem Kiesel aus einen verschmitzten Blick auf den »Phantasus« wirft. Mittlerweile ist der Reim zum *Underdog* geworden, mitleiderregend fast. Und mit ihm eine ganze Reihe anderer lästiger Regeln.

Unser Gedicht läßt drei aufeinanderfolgenden Reimen zwei umschließende folgen, das macht 3 + 4 + 4 Zeilen. Die aber, wie junge Hunde, gruppieren sich nach Länge und Enge auch anderen Ordnungen gemäß. So entsteht eine heitere und verquere Konkurrenz miteinander spielender Systeme. Als Zugabe innerhalb der abschließenden Reimklammer der raffinierte gebrochene Reim. Der bildet ab, was er sagt, so wie man eine Kugel mit gewölbten Händen darstellt. Solche Mimesis ergibt Zuwachs, Sinnlichkeit, Spiel, macht die Worte erfreulich und konkret.

Was aber ist das Geheimnis, das das Mondkalb ausplaudert? Das Wiesel sitzt aus keinem anderen Grunde auf einem Kiesel inmitten Bachgeriesel als dem, daß diese Worte sich auf seinen Namen reimen. Deshalb verdient es »ästhetisch« zu heißen. Wer von uns käme wohl auf die Idee, sagen wir, einen Kuchen unter Buchen zu suchen oder einen Kase mit der Frase zu bearbeiten, bloß weil diese Worte sich reimen (obgleich wir für einen Witz manchmal den besten Freund verraten)? Nur im zwecklosen Spiel, einem interesselosen Wohlgefallen zuliebe, also nur ästhetisch handelnd.

Was aber das Tollste ist: es gäbe die poetische Tatsache nicht, wenn jenes Tierchen sich nicht so verhalten, nicht den Reim als Anregung (statt als Zwang) genommen hätte. Es ist nicht mehr wegzudiskutieren: da saß ein Wiesel auf einem Kiesel inmitten Bachgeriesel. Widerspricht jemand? Goethe hat recht: das Geschriebene behauptet sein Recht wie das Geschehene. Solange die Überlieferung trägt, saß das Wiesel eben da und nirgends anders. Wem wir diese Tatsache zu verdanken haben, das ist der Reim. Er ist ein Diener der Einbildungskraft oder ihr Werkzeug (ich sage: der Einbildungskraft; die Einbildungsschwäche bringt nur das Geklapper von Sonne und Wonne zustande; was folgt dann auf Liebe?).

Und so ist es mit vielen poetischen Regeln und Formen, die man zum alten Eisen geworfen hat, obgleich sie doch eine produktive Kraft zu sein vermögen. Das sollte doch nicht nur Mondkälbern einsichtig sein.

CHRISTIAN MORGENSTERN
DAS GROSSE LALULA

Kroklokwafzi? Scm̄cmcm̄i!
Seiokrontro – prafriplo:
Bifzi, bafzi; hulalem̄i:
quasti basti bo ...
Lalu lalu lalu lalu la!

Hontraruru miromente
zasku zes rü rü?
Entepente, leiolente
klekwapufzi lü?
Lalu lalu lalu lalu la!

Simarar kos malzipempu
silzuzankunkrei (;)!
Marjomar dos: Quempu Lempu
Siri Suri Sei []!
Lalu lalu lalu lalu la!

JÖRG VON UTHMANN
HOMOEROTISCHE BEDRÄNGNISSE

Man hat sich angewöhnt, dieses Gedicht als klassisches Beispiel »deutscher Unsinnspoesie« (so der Titel einer Sammlung des Reclam-Verlags) auszugeben. Der Morgenstern-Kenner Leo Spitzer spricht gar von »Tonmassage« und »zusammenhanglosen Lautgrimassen«. Hierzu ist ein für allemal festzustellen, daß es Unsinn im Auge des Philologen schlechterdings nicht gibt. Gewiß sind Gedichte wie Brentanos »Eingang«, Hofmannsthals »Lebenslied« oder eben »Das große Lalulā« keine leichte Kost. Vor ihnen zu kapitulieren besteht jedoch kein Anlaß. Es gehört zu den unsterblichen Verdiensten der deutschen Germanistik, Kafkas Werke bereits zu einem Zeitpunkt erklärt zu haben, als seine Biographie noch weithin im Dunkel lag. Und vor dem entschlossenen Zugriff unerschrockener Exegeten entbergen selbst die abgelegensten Winkel des Heideggerschen Labyrinths ihr Geheimnis.

Was fällt an Morgensterns Gedicht zunächst auf? In den ersten beiden Strophen werden Fragen gestellt – drängende Fragen offenbar, wie die explosive Mischung von labiodentalen Reiblauten (f) und okklusiven Zischlauten (z) verrät. (Die gleiche Lautverbindung findet sich übrigens in den Worten Firlefanz, Fatzke, F.A.Z.) Die Reaktion ist jeweils ein einschläfernd-begütigendes »lalu lalu lalu lalu la« – ausweichende Antworten also, mit denen auch Goethes durch Nacht und Wind reitender Vater (»sei ruhig, bleibe ruhig, mein Kind«) seinen durch homoerotische Bedrängnisse aufgewühlten Sohn abspeist. Für Sprachsoziologen ist die Sache klar: Es handelt sich um einen typischen Fall asymmetrischer Kommunikation. In der dritten Strophe hat der Frager resigniert aufgegeben; doch beweisen die Satzzeichen (;) und []!, daß seine Unruhe keineswegs beschwichtigt ist.

Worum geht es bei diesen Fragen? Man weiß, daß Morgenstern der Anthroposophie und dem Kabbalismus zuneigte. Das Wortpaar »bifzi-bafzi« könnte also auf den geheimnisvollen Baphomet hinweisen, jenes von okkulten Gesellschaften verehrte doppelgeschlechtliche (!) Wesen, dessen etymologische Wurzel als spiegelbildliches Derivat aus »Templi Omnium Pacis Abbas« (Vater des universellen Friedenstempels) gedeutet wird – eine angesichts der pazifistischen Strömungen in unserem Volke jedenfalls besonders zeitgemäße Interpretation.

Auffallend ist auch das wiederholte Vorkommen der magischen Zahl fünf: Wir finden sie sowohl in ihrer griechischen (pente) wie lateinischen Version (quempu-quinque); der nicht weniger als achtunddreißigmal verwendete Konsonant L steht in der römischen Mathematik bekanntlich für fünfzig. Tatsächlich wurden die »Galgenlieder« 1905 publiziert. »Das große Lalulā« ist das fünfte Gedicht der Sammlung.

Unproblematisch ist die Deutung des Wortes »silzuzankunkrei«; Hier handelt es sich offenkundig um eine dichterische Variante zur ceylonesischen Stadt Kankesanturei, die für ihre Kalkbergwerke berühmt ist. Dieser Kalk diente schon damals zur Herstellung von Zahnfüllungen (Silikaten): Nachweislich befand sich Morgenstern während der Abfassung der »Galgenlieder« mehrfach in zahnärztlicher Behandlung.

Dem Thomas Mann-Kenner wird schließlich nicht entgehen, daß die erste Zeile zwei seiner Romanfiguren evoziert: Krokowski heißt der Oberarzt des Sanatoriums im »Zauberberg«, der seine Patienten mit schlüpfrigen Vorträgen über Liebe und Tod unterhält. Sesemi Weichbrodt hingegen leitet das Mädchenpensionat, wo Tony Buddenbrook erste Bekanntschaft mit dem Alkohol – einem »Bischof« genannten Punsch – schließt.

Übrigens hat auch Morgenstern sich an der Interpretation seines Gedichtes versucht. Er deutet es als Schachpartie: Kroklokwafzi = Ka5, Sem̄emem̄i = Se1 und so weiter. Diese Erklärung ist natürlich völlig abwegig. Denn wenn es jemanden gibt, der von seinen Gedichten nichts versteht, ist es immer der Dichter selbst.

CHRISTIAN MORGENSTERN
DAS HUHN

In der Bahnhofhalle, nicht für es gebaut,
geht ein Huhn
hin und her...
Wo, wo ist der Herr Stationsvorsteh'r?

Wird dem Huhn
man nichts tun?
Hoffen wir es! Sagen wir es laut:
daß ihm unsre Sympathie gehört,
selbst an dieser Stätte, wo es – ›stört‹!

HANSPETER BRODE
EIN HÜHNERFREUND

Die »Galgenlieder« Christian Morgensterns werden häufig als thematisch kaum greifbare Sprachspiele betrachtet, obgleich sie, wie alle Dichtung, durchaus ihren Sitz im Leben haben. 1905 wurden die Gedichte veröffentlicht, entstanden waren sie seit den neunziger Jahren des vergangenen Säkulums.

»Das Huhn« ist »in der Bahnhofhalle« zweifelsfrei fehl am Platze. Was hat es dort zu suchen? »Bahnhof« und »Eisenbahn« sind Signalbegriffe technischer Modernität, schon in vorwilhelminischen Zeiten, und jedermann erinnert sich an die reichsdeutschen Bahnhofsbauten, die als Kathedralen der Jetztzeit die Zentren der Großstädte besetzten wie früher die Dome, Paläste und Schloßanlagen der Feudalität. In diese heiligen Hallen des zeitgemäßen Progresses dringt nun das »Huhn« ein als ein Stück ungegängelter Natur, und der ganze Architekturbombast und das zukunftsfreudige Dampfmaschinengetöse drohen zuschanden zu werden.

Rufen wir uns ins Gedächtnis: Die modernen Katastrophen wurden in der deutschen Literatur häufig als Zusammenbruch des Eisenbahnwesens beschrieben: Justinus Kerner schwante schon 1852 in seinem Poem »Im Eisenbahnhofe«, daß hier ein »dämon'scher Traum« sich abzeichne. Theodor Fontane hatte 1880 mit seiner Ballade »Die Brück' am Tay« das Menetekel gescheiterter Naturbeherrschung in Gestalt eines mythisch grundierten Brükkeneinsturzes an die Wand gemalt. Thomas Mann mit seiner kleinen Erzählung »Das Eisenbahnunglück« von 1909 war der Autoritätsfrömmigkeit wilhelminischer Gemüter aus Anlaß eines relativ harmlosen Zugzusammenstoßes zu Leibe gerückt. Und Jakob van Hoddis setzte, ein knappes Dezennium nach Morgenstern, mit seinem Gedicht vom »Weltende«, 1911 in der »Aktion« erschienen, den vorläufigen Schlußpunkt mit dem Vers: »Die Eisenbahnen fallen von den Brücken«. Im Abstand weniger Jahre geschrieben, gehört all dies in den Kontext von Morgensterns »Huhn«.

Während die Zeitgenossen jedoch, allen voran Jakob van Hoddis, die katastrophischen Aspekte des Zusammenstoßes von Bürgerzivilisation und elementarer Natur beschworen, begnügt sich Morgenstern mit Andeutung und *understatement*. Am Ende der ersten Strophe ertönt lediglich der Ruf nach dem »Stationsvorsteh'r«. Wer stößt ihn aus? Offenbar jene Allgemeinheit, die die Ideale eines reibungslosen Funktionierens der Technik verinnerlicht hat und die sogleich nach der uniformierten Staatsautorität verlangt – Thomas Mann hat dies in seiner Erzählung mit unvergleichlichem Sarkasmus geschildert –, sobald Sand ins Getriebe des so schlüssig organisierten Maschinenwesens gerät.

Dem steht allerdings eine kleine Gruppe von Opponenten gegenüber, die in der zweiten Strophe zu Wort kommt. Dem »Huhn«, so meinen diese Skeptiker, dürfe, selbst im Räderwerk modernen Reisens, nichts geschehen. Dem ärmsten aller Geschöpfe gehört die »Sympathie« derjenigen, die ahnen, wie dünn der Boden ist, auf dem die Gesellschaft jener Jahre steht. Haben sie, diese Hühnerfreunde, nicht recht behalten, als das ganze hochbürgerliche Zeitalter mit seinem Sekuritätswahn zuerst in den Weltkrieg taumelte und dann krachend niederstürzte? Ein Blick noch auf das als Zitat mit Anführungszeichen versehene »stört« am Gedichtende. Diese Vokabel lag stets auf der Zunge, bei den Alltagsgeschäften und besonders in den traditionellen Bildungsanstalten. Was tat der aufsässige Schüler, immer mal wieder? Natürlich, er »stört«. Unsinnspoesie also und oberflächliche Situationskomik? Mitnichten. Unterm harmlos daherkommenden Plauderton verbirgt sich vielmehr eine knappe, elegante Epochenbeschreibung. Was der Dichter hier mit leichtem Strich leistet, haben andere und vornehmlich die großen Zeitgenossen auch gewollt. Sie aber mußten Register ziehen, Farbe auftragen, dramatisches Tremolo bemühen. Christian Morgenstern bewerkstelligt das beiläufig, wie mit der linken Hand.

CHRISTIAN MORGENSTERN
DER TRAUM DER MAGD

Am Morgen spricht die Magd ganz wild:
»Ich hab heut nacht ein Kind gestillt –

ein Kind mit einem Käs als Kopf –
und einem Horn am Hinterschopf!

Das Horn, o denkt euch, war aus Salz
und ging zu essen, und dann –«

»Halt's –
halt's Maul«, so spricht die Frau, »und geh
an deinen Dienst, Zä-zi-li-ē!«

ECKART KLESSMANN
GESTÖRTES FRÜHSTÜCK

Sollte da nun nicht augenblicks der Donner dreinschlagen? Zäzilie, die etwas einfältige Magd, hat einen aufregenden, ja verstörenden Traum gehabt, den sie unmöglich für sich behalten kann. Sie muß ihn ihrer Herrschaft erzählen, der sie vermutlich gerade den Frühstückskaffee in die Stube trägt. Und wie sie da die guten Leute das Ei aufklopfen sieht – der Herr greift gerade zum Salz, die gnädige Frau schneidet sich vom guten Käse ein Stückchen ab –, da ist das Geschehen der Nacht wieder ganz plastisch vor Zäziliens inneres Auge getreten, und »ganz wild« bricht es aus ihr heraus: »Ich hab heut nacht ein Kind gestillt.«

Man bedenke bitte das absolut Ungehörige dieses Moments. Zäzilie stört nicht nur beim Frühstück (sollte sie nicht Gemüse putzen?), sondern offenbart äußerst Intimes. Eine unverheiratete, junge, womöglich noch jungfräuliche Magd träumt von einem Kind, das sie stillt, was ja den nicht ganz abwegigen Schluß erlaubt, sie sei ihres jungfräulichen Zustands durch einen Mann beraubt worden mit allen unerwünschten Folgen. Und das, obwohl sie nicht verheiratet ist. Was geht in ihren Träumen vor?

Sodann: Welche Monstrosität! »Ein Kind mit einem Käs als Kopf – / und einem Horn am Hinterschopf!« Diese quasi arcimboldische Konstruktion will bei einem bürgerlichen Frühstück nicht munden, auch die fatale Fortset-

zung nicht: »Das Horn, o denkt euch, war aus Salz / und ging zu essen, und dann –«.
Die Vorstellung, Zäzilie lecke, gierig wie eine Ziege, am Horn aus Salz, während ein infantiler Kopf aus Käse an ihrer Brust saugt, verhöhnt das Bild gutbürgerlicher Ästhetik, auch ist »ging zu essen« nicht eben gepflegtes Deutsch. Schließlich aber redet man seine Herrschaft nicht vertraulich mit »denkt euch« an.
So wird es höchste Zeit, daß jetzt die gnädige Frau (der soeben der Appetit auf ein Stückchen Käse vergangen ist) ein gehöriges Machtwort spricht; wer weiß, welche Crudität der Magd am Ende noch als Reimwort zu »Salz« einfiele. Ein donnerndes »Halt's« fährt ihr in die wilde Rede und noch einmal, nach dem Luftholen, »halt's Maul«. Die gnädige Frau – hier wohl ein wenig zu salopp »die Frau« genannt – die Gnädige also ruft nicht, schreit oder brüllt, sie »spricht«, aber gewiß nicht ohne spürbare Erbitterung. Und um diesem Sprechen Würde zu verleihen, sagt die Gnädige nicht etwa »Hau ab und putz Gemüse«, wie unsereiner das vielleicht ausdrücken möchte. Nein, ihre Sprache nimmt den Stil eines ehrwürdigen alten Holzschnitts an: »Halt's Maul und geh an deinen Dienst.« Wie wohl tut doch ein vollmundiges, leicht altfränkisch getöntes Deutsch in solch precairer Situation.
Es gibt Menschen, die haben eine Art, unsern Vornamen so prononciert auszusprechen und seine Silben zu betonen, daß einem richtig bange werden kann. Derselbe Name, eben noch herrlich im Mund der Geliebten, erscheint auf einmal wie eine Drohgebärde: »Zä-zi-li-ē!« Wie zärtlich mag der Vater des unglücklichen Traumkindes diesen schönen Frauennamen ausgesprochen haben in einem vielleicht etwas früheren Liebestraum. Und jetzt –

vier Hammerschläge. Der letzte, auf dem einsamen »ē«, dröhnt noch nach, wenn wir das Buch längst geschlossen haben und uns einfällt, daß die auf soviel Schicklichkeit bedachte Frau einer armen Magd die Geschichte und uns, den Mithörenden, die sicher herrlich aufregende Schlußpointe verdorben hat. Freilich: Für das Gedicht liegt die Pointe im groben Einwurf mit zwei unvergleichlichen Reimen; Träume zu erzählen, ist nicht unbedingt die Pflicht der Lyrik.

CHRISTIAN MORGENSTERN
DIE SCHWESTERN

Die Kanone sprach zur Glocke:
»Immer locke, immer locke!

Hast dein Reich, wo ich es habe,
hart am Leben, hart am Grabe.

Strebst umsonst, mein Reich zu schmälern,
bist du ehern, bin ich stählern.

Heute sind sie dein und beten,
morgen sind sie mein und – töten.

Klingt mein Ruf auch unwillkommen,
keiner fehlt von deinen Frommen.

Beste, statt uns zu verlästern,
laß uns einig sein wie Schwestern!«

Drauf der Glocke dumpfe Kehle:
»Ausgeburt der Teufelsseele,

wird mich erst der Rechte läuten,
wird es deinen Tod bedeuten.«

KLAUS SCHOLDER
SCHWERTER ZU PFLUGSCHAREN

Das Gedicht »Die Schwestern« ist eine überraschende und merkwürdige Paraphrase zu einem Thema, das gegenwärtig unter dem Stichwort »Schwerter zu Pflugscharen« junge Deutsche in Ost und West gleichermaßen beschäftigt. Christian Morgenstern starb im März 1914, das Gedicht stammt also aus der Zeit vor dem Ersten Weltkrieg.

Daß Glocken und Kanonen sprechen, ist ein bekannter Topos. Dabei gilt die Glocke traditionell als Verkündigerin des Friedens, und zwar nicht nur des inneren Friedens, sondern auch des Völkerfriedens. Nicht weniger bekannt ist die vielzitierte unmißverständliche Sprache der Kanonen. So wird der Dialog zwischen Glocke und Kanone zu einem Dialog zwischen Frieden und Krieg.

Es ist bezeichnenderweise die Kanone, die den Dialog beginnt. Sie ist das fordernde, herrische Symbol, sie besitzt das Monopol der Gewalt. Aber sie möchte diese Gewalt offensichtlich mit dem Symbol des Friedens schmücken oder verdecken: »Laß uns einig sein wie Schwestern«. Dabei geht sie aus von der offenkundigen Tatsache, daß die Faszination der Gewalt allemal größer ist als der Ruf zum Frieden. Wer die Kriegspredigten aus dem Ersten Weltkrieg kennt, wird die folgenden Verse fast prophetisch finden. Dies gilt namentlich von jenem, dessen Pointe mit dem für Morgenstern so typischen Gedankenstrich wie erschrocken hinausgezögert wird:

»Heute sind sie dein und beten, morgen sind sie mein und – töten.«

Beten und töten – ein seltenes und schreckliches Reimpaar. Geht das tatsächlich so leicht zusammen? Der Dichter zweifelt nicht daran und offenbar zu Recht: »Klingt mein Ruf auch unwillkommen, keiner fehlt von deinen Frommen.« Triumphiert also die Gewalt? Ist die christliche Friedensbotschaft außer Kraft gesetzt, sobald die Sprache der Waffen beginnt? Die Kanone meint dies zweifellos, wenn sie der Glocke die Verschwisterung anträgt.

Um so bemerkenswerter ist die Wendung, die der Dichter dem Dialog gibt. Die Glocke nennt die Kanone kurzerhand eine »Ausgeburt der Teufelsseele«. Sie leugnet zwar nicht ihre Schwäche. Sie weiß, daß sie das Reich der Kanone jetzt noch nicht zu schmälern vermag. Das Monopol der Gewalt bleibt ein Zeichen der Zeit. Und solange die Glocke, geläutet von Menschenhänden, unter den Bedingungen dieser Zeit zum Frieden ruft, bleibt er unter ihrer Bedrohung. Aber dies ist nicht die ganze Wahrheit. Die ganze Wahrheit ist bei Morgenstern zugleich die letzte, ein endzeitliches Ereignis, futurum eschatologicum: »wird mich erst der Rechte läuten, wird es deinen Tod bedeuten.«

Wer ist der Rechte? Offenbar niemand anders als Gott selbst, der am Ende der Zeiten die Glocke läuten wird, wie sie niemals zuvor geläutet worden ist. Das Alte und das Neue Testament wissen von jenem zukünftigen Reich des Friedens. In diesen Zusammenhang gehört die Stelle aus dem vierten Kapitel des Propheten Micha, die das Ende der Kanone vorhersagt. Auch dort handelt es sich um ein eschatologisches Ereignis. In den letzten Tagen werden sich Völker und Nationen zum Zion aufmachen. Dort wird Gott selbst ihnen Recht sprechen und Weisung geben und sie werden, wie es dann weiter heißt, »ihre Schwerter zu Pflugscharen schmieden und ihre Spieße zu Rebmessern. Kein Volk wird wider das andere das Schwert erheben, und sie werden den Krieg nicht mehr lernen«.

Morgensterns Gedicht ist in doppelter Hinsicht bemerkenswert realistisch. Die Glocke ruft nicht zur Zerstörung der Kanone. Von der Schaffung einer waffenlosen Welt ist nicht die Rede. Aber sie nennt die Dinge deutlich beim Namen: »Ausgeburt der Teufelsseele«. Und sie weist auf die Zukunft, die auch die Gegenwart erhellt, in der ein anderer allen Kanonen dieser Welt ein Ende machen wird.

CHRISTIAN MORGENSTERN

Ein Lächeln irrt verflogen
durch einen lauten Saal,
bis es auf einem Bogen
von schillerndem Opal
sein kleines Leben endet,
den letzten Blick noch matt
zu der herabgewendet,
die es verloren hat.

FRIEDRICH TORBERG
BALLADE VOM VERLORENEN LÄCHELN

Dreierlei ist vorauszuschicken: Erstens, daß ich einer Generation entstamme, die mit Christian Morgenstern aufgewachsen ist; wer damals nicht mindestens ein Dutzend »Galgenlieder« auswendig wußte, galt als Analphabet und durfte im Kreis der literarisch Interessierten nicht mitreden. Zweitens, daß das hier zu interpretierende Gedicht *nicht* zu den »Galgenliedern« gehört, sondern zur sozusagen »ernsten« Lyrik Christian Morgensterns. Und drittens, daß er selbst sich diese Bezeichnung, ja schon die Unterscheidung als solche, vor allem aber jegliche Interpretation heftigst verbeten hätte. Es ist ein dubioses Beginnen, Christian Morgenstern zu interpretieren.
Trüge das eingangs wiedergegebene Gedicht einen Titel, es müßte »Ballade vom verlorenen Lächeln« heißen, und es wäre die kürzeste Ballade, die sich jemals so nennen durfte. Was sich in diesen knappen acht Zeilen – alexandrinisch gesetzt, wären es nur vier – an Handlung zusammenballt und an Spielraum eröffnet, ist enorm. Schon die beiden Anfangszeilen etablieren eine Situation von geradezu bestürzender Vielfalt, fangen sie optisch und akustisch ein, vermitteln ungefähr das, was die Filmtechnik eine »Totale« nennt, am ehesten die Totale eines Ballsaals, von oben gesehen, und außer den Menschen mag auch noch Musik dazu beitragen, daß es so laut zugeht. Man könnte sich vorstellen, daß die Kamera durch das Gewühl und Gewoge fährt und nah vor einem Gesicht stehenbleibt. Es

ist das Gesicht einer Frau. Ein Lächeln tritt auf ihre Lippen. Und im Augenblick, da sie es entläßt, setzt die Handlung ein.
Das Lächeln muß jemand Bestimmtem gegolten haben, einem, der darauf wartet, vielleicht seit Stunden, vielleicht seit Tagen oder noch länger. Jetzt hat es sich auf den Weg zu ihm gemacht – und kann ihn nicht finden. Weiß er nicht, daß es ihn sucht? Oder ist er des Wartens müde geworden und hat sich abgewandt? Gleichviel – es findet ihn nicht. Es verfliegt sich. Es irrt verflogen durch das Gewühl, das ihm nicht wohlgesinnt ist, in dessen lärmendem Durcheinander es untergehen wird. Schon schwinden ihm die Kräfte, schon muß es sich auf einen Bogen von schillerndem Opal retten (der Saal, kein Zweifel, ist zeitgerecht im Jugendstil gehalten). Noch einmal blickt es um sich, verzweifelt nach jenem suchend, dem es zugedacht war ... aber da fällt es schon der tödlichen Ermattung anheim, da ist ihm nur noch ein letzter Blick vergönnt, herab zu der, die es verloren hat, verloren und vertan, es ist vorbei, es ist zu Ende, beides ist zu Ende, das kleine Leben des Lächelns und das kleine Gedicht, in dem so unendlich vieles sich birgt.
Oder war es ein zielloses Lächeln von Anfang an? Mußte es daran zugrunde gehen, daß die, von der es ausging, ihm keinen Sinn mitgeben konnte für sein kleines Leben? War sie selbst eine Verlorene mitten im lauten Saal, war es ein wehmütiges Lächeln, mit dem sie Ausschau hielt nach einer Stille, die es nicht gibt? Und war es das, was ihr des Lächelns letzter, matter Blick bedeuten wollte?
Was immer es bedeutet, was immer sich aus ihm herausdeuten läßt – ich glaube mit der Deutung gerade dieses Gedichts durchaus im Sinne seines deutungsfeindlichen

Autors zu handeln: und zwar durch die Erkenntnis, daß es Fleisch vom Fleische und Geist vom Geiste der »Galgenlieder« ist, die ja kein schöneres Anliegen kennen als die Vermenschlichung von Begriffen, als Abstraktes sinnfällig zu machen und Gedachtes gegenständlich. Gegenstände als solche, wie sie in den »Galgenliedern« desgleichen leibhaftig auftreten, fallen nicht in diese Kategorie. Der Stiefel, der mit seinem Knecht von Knickebühl gen Entenbrecht wandert, geht einen anderen Weg. Aber der verliebte Seufzer in der Anfangszeile: »Ein Seufzer lief Schlittschuh auf nächtlichem Eis«, oder der raffgierige Schnupfen in einer artverwandten: »Ein Schnupfen saß auf der Terrasse«, und schließlich (nun schon ganz nah am vorliegenden Fall): »Ein Glockenton fliegt durch die Nacht« – sie alle sind echtblütige Geschwister des Lächelns, das verloren durch einen lauten Saal irrt und uns von hoch oben herab wissen läßt, daß groteske Lyrik ebensogut ernst sein kann wie ernste Lyrik grotesk. Wenn sie nur ebenso gut ist. Und bei Christian Morgenstern ist sie's.

CHRISTIAN MORGENSTERN
FISCHES NACHTGESANG

–
∪ ∪
– – –
∪ ∪ ∪ ∪
– – –
∪ ∪ ∪ ∪
– – –
∪ ∪ ∪ ∪
– – –
∪ ∪ ∪ ∪
– – –
∪ ∪
–

HANS MAGNUS ENZENSBERGER
KEINE SILBE ZUVIEL

Das Vollkommene zu kommentieren ist eine unfruchtbare Übung. Jeder unbefangene Leser wird diesem Satz zustimmen. Aber gibt es das: einen unbefangenen Leser? Goethes wohlgemeinter Ratschlag, das Unerforschliche ruhig zu verehren, ist bei Philologen und Kritikern stets auf taube Ohren gestoßen. Also meinetwegen! Her mit dem Großen und dem Kleinen Besteck. Wer sich, mit der Harthörigkeit des Experten, interpretierend über dieses Gedicht hermacht, dem wird man mildernde Umstände zubilligen müssen; ein scharfes Ohr nämlich gehört nicht unbedingt zu den Voraussetzungen für die Lektüre.
Also nur feste zugegriffen und hervorgeangelt, was der Ewige Vorrat hergibt; gelernt ist gelernt:

Die Sommernacht

∪ ∪ – ∪, ∪ ∪ – ∪, ∪ ∪ –,
∪ ∪ – ∪, ∪ ∪ –, ∪ ∪ – ∪,
∪ ∪ – ∪, ∪ ∪ – ∪,
∪ ∪ – ∪ ∪ –.

So steht es in meiner Ausgabe von Klopstocks Gedichten. Darunter freilich sind drei Strophen zu lesen, deren Silben aus den fünfundzwanzig Buchstaben des Alphabets bestehen. Bei dieser Übung sind auch die andern großen Poeten der Nacht geblieben: Hölty (Die Mainacht, 1774); Hölderlin (Die Nacht, 1785); Novalis (Hymnen an die Nacht, 1800: »Erinnrung schmilzt in kühler Schattenflut«); Goethe (Nachtgesang, 1805: »Bannst mich in diese Kühle«); Eichendorff (»Nacht ist wie ein stilles Meer«, 1810?); Brentano (Heil'ge Nacht, heil'ge Nacht, 1812); Lenau (Der nächtliche Gang, etwa 1832: »Und die Welle rauscht von dannen«). Und so weiter.

Der Pedanterie der sogenannten »Motivgeschichte« sind natürlich keinerlei Grenzen gesetzt. In der zweiten Hälfte des neunzehnten Jahrhunderts wird der poetische Umgang mit der Nacht immer skrupelloser; das Nachtlied wird sozusagen verramscht: »ein Verrauschen, ein Verschwinden«, um es noch einmal mit Lenaus Worten auszudrücken. Der einzige, der diesen Untergang der romantischen Tradition begriffen hat, war Christian Morgenstern.

Er hat zugleich eine neue begründet, die der Avantgarde. Keine Rede von Dada, von konkreter oder visueller Poesie: »Fisches Nachtgesang« ist 1905 erschienen, also zu einer Zeit, wo sich noch nicht einmal die schüchternsten Anzeichen des Expressionismus hervorgewagt hatten, und man wird konstatieren müssen, daß sein Text seitdem an formaler Radikalität von niemandem übertroffen worden ist. Was uns heute an den Produktionen der literarischen Avantgarde, von 1911 bis 1960, ein bißchen anödet, langweilt, auf die Nerven geht, ihr aufgeregtes Gestikulieren, dieses ambitionierte Auf-den-Putz-Hauen, dieses aufgeplusterte theoretische Gegacker – davon ist bei Morgenstern keine Spur zu finden.

Lakonischer als »Fisches Nachtgesang« kann ein Gedicht nicht sein; das Wort *einsilbig* wäre bereits eine Übertreibung. Diskret bis zur Lautlosigkeit wird hier die Subversion betrieben: wir haben es mit einem vernichtenden Schlag gegen das poetische Herkommen zu tun, aber dieser Schlag wird mit der Eleganz eines Klassikers geführt, in vollendeter Form und mit einer Sparsamkeit der Mittel, die nur Bewunderung erregen kann. Das Gedicht, soviel steht fest, hat keine Silbe zuviel und keine Silbe zu wenig. Es ist das außerdem einzige Gedicht, das ich auswendig rezitieren kann.

CHRISTIAN MORGENSTERN
MÖWENLIED

Die Möwen sehen alle aus
als ob sie Emma hießen.
Sie tragen einen weißen Flaus
und sind mit Schrot zu schießen.

Ich schieße keine Möwe tot
ich laß sie lieber leben –
und füttre sie mit Roggenbrot
und rötlichen Zibeben.

O Mensch, du wirst nie nebenbei
der Möwe Flug erreichen.
Wofern du Emma heißest, sei
zufrieden, ihr zu gleichen.

NIKOLAS BENCKISER
WENN MAN EMMA HEISST

Eine ungeheure Treffsicherheit, so kommt es uns vor, hat in der Wahl eines Vornamens Christian Morgenstern bewiesen, als er schrieb: »Die Möwen sehen alle aus, als ob sie Emma hießen.«

Aber wieso sehen sie eigentlich aus wie lauter Emmas? Und werden bei Morgenstern und den vielen Leuten, die diese beiden Verse bemühen, wirklich die gleichen Vorstellungen geweckt, wenn der Name fällt? Das Gedicht, den meisten wohl nur mit den Anfangszeilen geläufig, endet mit einer (sehr berechtigten) Lobpreisung der Schönheit des Möwenflugs – wie prophetisch, wenn wir den Möwenflug mit dem unserer schweren Jumbos vergleichen.

Zu den aviatorischen Leistungen der Möwen will der Name Emma kaum passen. Aber zu ihren Gesichtern? Wir können uns bei Vornamen, besonders denen weiblichen Geschlechts, meist ganz gut die zugehörigen Personen vorstellen. Da gehört nun »Emma« nach unserer Vorstellung, die durch die Eingangszeile des Möwengedichts durchaus bekräftigt wird, nicht gerade – um es mit Rücksicht auf die Trägerinnen des Namens vorsichtig zu sagen – zu den auf Anhieb Schönheit signalisierenden Namen.

Oder sah Morgenstern diese Vögel anders, sollte ihm doch vielleicht »Emma« als das Signum dieser elegantesten aller Flieger erschienen sein? Wohl kaum. »Wofern du Emma heißest, sei / zufrieden, ihr zu gleichen«, lesen wir zwar am Schluß des Gedichtchens. Aber hintergründig, wie Morgenstern nun einmal war, ist zu vermuten, daß er sich nicht schöne menschliche Emmas vorstellte, die in ihrer Eleganz vergleichbar wären mit diesen Vögeln, wenn sie, mit sparsamem Flügelschlag, auf den Wellen des Windes schaukeln.

Um so erstaunlicher ist eine kleine Entdeckung, die ich vor kurzem im Heimatmuseum des oberelsässischen Städtchens Thann machte. Es handelt sich um ein Dokument, das in der Zeit der nationalsozialistischen Herrschaft über das Elsaß angefertigt wurde. Zugrunde liegt ihm ein Erlaß, der den Übergang von den (in den Departements allein anerkannten) Vornamen französischer Prägung zu deutschen Rufnamen möglich machte und fördern wollte. Und da hat doch nun eine Mademoiselle Yvonne P. erklärt und die Bestätigung dafür auf amtlich abgestempeltem Papier mit nach Hause getragen, daß sie fortan »Emma« heißen werde.

Der Wunsch, einen Vornamen seiner Muttersprache zu tragen, in allen Ehren. Aber welch ein Entschluß, den schönen Namen Yvonne mit Emma zu tauschen! Oder könnte es, was die junge Dame aus Thann betrifft, nicht sein, daß sie, wenn sie auf deutsch sich unbedingt Emma nennen wollte, an ein berühmtes Vorbild aus der französischen Literatur gedacht hat: an jene Emma, die mit Nachnamen Bovary hieß?

CHRISTIAN MORGENSTERN
PALMSTRÖM AN EINE NACHTIGALL, DIE IHN NICHT SCHLAFEN LIESS

»Möchtest du dich nicht in einen Fisch verwandeln
und gesanglich dementsprechend handeln?
da es sonst unmöglich ist,
daß mir unternachts des Schlafes Labe
blüht, die ich nun doch notwendig habe!
  Tu es, wenn du edel bist!

Deine Frau im Nest wird dich auch so bewundern,
wenn du gänzlich in der Art der Flundern
auftrittst und im Wipfel wohlig ruhst
oder, eine fliegende Makrele,
sie umflatterst, holde Philomele
  (– die du mir gewiß die Liebe tust!).«

ECKART KLESSMANN
FRANZISKANISCHES HERZ FÜR EINE FLIEGENDE MAKRELE

Dem Dichter-Journalisten Matthias Claudius war ihr Gesang immerhin eine Meldung im »Wandsbecker Bothen« wert: »Gestern hat hier die Nachtigall zum erstenmal wieder geschlagen.« Für Heinrich Heine sang sie »von lauter Liebe« selig genug: »Ich hör es sogar im Traum.« Ebendas verdroß den empfindlichen Hugo Wolf, der in einem Brief klagte, das »Gebrüll dieser rasenden Bestien« mache ihn fast wahnsinnig.

Palmström, wir wissen es, ist ein zartgebildeter Mensch; er hat ein franziskanisches Herz für Tiere. Wir erinnern uns: Er fängt mittels Geigenspiel eine Maus und schenkt ihr dann im Wald die Freiheit; er gründet eine Mäntelfabrik für frierende Spatzen; er läßt sich Tierkostüme schneidern, in denen er heute als Rabe, morgen als Karpfen die Welt erfährt.

Man muß sich diese feinen biographischen Details ins Gedächtnis rufen, um so recht nachempfinden zu können, was diesem sensiblen Manne widerfährt: Eine Nachtigall läßt ihn nicht schlafen, weil nun mal dieser Vogel (*Erithacus luscinia L.*) die Angewohnheit hat zu singen, wenn rechtschaffene Vögel den Schnabel halten; und den Gesang der Nachtigall nennt man »schlagen«.

Wie wahr! Wer es nicht selber erlebt hat, darf gar nicht mitreden: Das Stimmvolumen dieses Kehlchens, wenn es sich so aus tiefster Brust vorm Schlafzimmerfenster entfaltet, das natürlich im Sommer geöffnet ist, wirkt derart, daß man es in der Tat »sogar im Traum« hört. Wie Heine so etwas schön finden konnte, ist mir ein Rätsel.

Was tut in dieser verzweifelten Situation Palmström? Er wird ja nicht fluchen wie Hugo Wolf, noch weniger kann er mit Theodor Däubler wünschen: »Millionen Nachtigallen schlagen!« – wo doch schon eine einzige zuviel ist.

Palmström vertraut dem Wort, das er in seiner liebenswert-naiven Unerschrockenheit dem Naturgesang entgegenhält. Gewohnt, heute als Rabe und morgen als Karpfen zu agieren, darf er aus eigener Erfahrung die Verwandlung in einen Fisch vorschlagen. Im Bemühen, die sensible Nachtigall nicht zu kränken, befleißigt er sich vorsichtig einer Amtssprache, der Vogel möge »gesanglich dementsprechend handeln«. Und natürlich ruft er nicht »Laß mich endlich schlafen!«, sondern verweist – halb Poet, halb Bürokrat – auf »des Schlafes Labe« (» ... der Labung wegen«, formuliert es Mynheer Peeperkorn), die der Bittsteller »doch notwendig habe«.

Palmströms verzweifelte Tierliebe sucht Zuflucht in der Metamorphose (schließlich war ja auch Philomele einmal eine Königstochter): Als Flunder soll die – nun stumme – Nachtigall »im Wipfel wohlig« ruhen, ja als »fliegende Makrele« die Gattin umflattern. Tat es der Dichter »um des Reimes willen«, wie er es dem Wiesel auf einem Kiesel inmitten Bachgeriesel unterstellte? Mitnichten: Palmström begeht durch den Reim eine kleine Unartigkeit, zu der wir neigen, wenn man uns nicht schlafen läßt. Der Reim degradiert die vornehme Nachtigall zu einem besonders ordinären Fisch, macht die mythologisch überhöhte Philomele zur plebejischen Makrele, was einem »reimlichen« (um mich Palmströms Nomenklatur zu bedienen) Nasenstüber gleichkommt.

Bestimmt hat die Nachtigall dem schlaflosen Palmström »die Liebe« getan. Sie wird den Vorfall mit der Gattin besprochen haben, zweifellos leicht beleidigt, aber die Bitte im Ohr: »Tu es, wenn du edel bist!« Und edel kann sich nur eine (fliegende) Makrele benehmen, die sich ihr Nachtigallenherz bewahrt hat. Das zeichnet sie vor Millionen aus, und darum landet sie nicht in der Bratpfanne, sondern fröhlich flatternd in der deutschen Lyrik.

CHRISTIAN MORGENSTERN
ZÄZILIE (II)

Zäzilie soll die Fenster putzen,
sich selbst zum Gram, jedoch dem Haus zum Nutzen.

›Durch meine Fenster muß man‹, spricht die Frau,
›so durchsehn können, daß man nicht genau
erkennen kann, ob dieser Fenster Glas
Glas oder bloße Luft ist. Merk dir das.‹

Zäzilie ringt mit allen Menschen-Waffen ...
Doch Ähnlichkeit mit Luft ist nicht zu schaffen.
Zuletzt ermannt sie sich mit einem Schrei –
und schlägt die Fenster allesamt entzwei!
Dann säubert sie die Rahmen von den Resten,
und ohne Zweifel ist es so am besten.
Sogar die Dame spricht zunächst verdutzt:
›So hat Zäzilie ja noch nie geputzt.‹

Doch alsobald ersieht man, was geschehn,
und sagt einstimmig: ›Diese Magd muß gehn.‹

WERNER ROSS
MEHR ALS GLAS ENTZWEIEN

Als Morgenstern in den »Galgenliedern« (1905) seine beiden Gedichte über die Magd Zäzilie veröffentlichte, waren Dienstmädchen längst literaturfähig geworden – meist, so bei den Goncourts, bei Flaubert und in Hauptmanns »Rose Bernd«, als tragische Fälle. In den »Fliegenden Blättern« kam die Minna mit ihrer Dame als komische Figur vor, derben Widerpart haltend zu deren lächerlichen Ansprüchen.

Aber erst Morgenstern hat die Zäzilien in ihrem Berufsethos, im tragikomischen Ringen um den häuslichen Heilsbegriff der Ordnung, entdeckt und gewürdigt. Vordergründig gesehen stellt sich »Zäzilie II« als eine Art Klassenkampfdrama oder Emanzipationsformel dar.

Die Dame verlangt, wie Damen ihren Mägden gegenüber leicht tun, das Unmögliche. Fensterscheibenputzen gehört an sich schon, selbst wenn man von den besonderen Gefahren des Putzens in oberen Stockwerken absieht, zu den hohen Künsten. Jeder Sonnenstrahl enthüllt selbst bei peinlichster Wahrnehmung des Reinigungsinstrumentariums Streifen und Stäubchen, und die Forderung, das Glas soll wie Luft aussehen, ist eine geradezu neronische Schikane.

Man könnte also davon sprechen, daß Zäzilie angesichts solcher Tyrannei den Aufstand wagt: sie »ermannt sich« mit einem Schrei, und sie tut, was heute junge Leute so gern aus minderem Anlaß, aber tieferen Ursachen tun: sie schlägt die Scheiben allesamt entzwei. Ein gewisses Vergnügen rührt uns alle angesichts dieser Jeanne d'Arc der Wintergärten an. Aber wir interpretieren falsch, wenn wir sie glühend vor heiligem Zorn der Herrin entgegenstellen. Die ist gar nicht da, und Zäzilie verrichtet ihr klirrendes Werk – wenn man so sagen darf – in aller Stille.

Dem heiter-ernsten Morgenstern ging es, wie in vielen anderen seiner Verse, um das Mögliche und Unmögliche in der Kunst. Die Putzkunst ist das Gleichnis aller hohen Künste. Die Vollkommenheit der Scheibenputzkunst wird durch perfekte Durchsichtigkeit erreicht. Die Auftraggeberin erwartet diese Perfektion, nämlich eine Durchsichtigkeit, die nicht einmal mehr das Material wahrnehmen läßt, durch das hindurchgesehen wird, sozusagen ein Ölgemälde ohne Öl. Zäzilie durchhaut den gordischen Knoten, die von ihr erzielte Durchsichtigkeit ist die schlechthinnige. Nur an dieser Stelle mischt sich der Berichter ein: Mit großer Unbefangenheit stellt er fest, daß es so »am besten« sei. Der profane Zweck interessiert ihn nicht. Wie es in Morgensterns Stuhl-Gedicht heißt: »Überläßt den Zweck des Möbels ohne Neid der Gier des Pöbels.«

Daß auch die Dame zunächst nicht umhin kann, widerwilligen Respekt vor Zäziliens Kunstleistung zu bezeugen, rundet die Episode fürs erste ab. So schließt auch »Zäzilie 1« mit einem Hoch auf die Künstlerin, die beim Aufräumen Bücher »wie Taschentücher« aufeinanderlegt: »Ein Scheuerweib ist nicht an ihr verloren. / Dafür ist Symmetrie in ihrem Werke.« Aus dem Pathos der Berufung zu Höherem, angewandt auf Trivialbelange wie Fensterputzen und Schreibtischaufräumen, ziehen Morgensterns Gedichte ihre Komik.

Nach einer Staun-Pause freilich sieht man, was Zäzilie angerichtet hat. Nur zwei Verse bilden den düsteren Abgesang, besiegeln die Tragik des Unverständnisses zwischen Künstlerin und Publikum. Zäzilie »muß gehn«, zwei Silben reichen aus. Heute ringen Hausfrauen um die letzten verbliebenen Zäzilien. Oder ist Zäzilie schon ein Fabeltier geworden wie der Gingganz und das Nasobem?

HUGO VON HOFMANNSTHAL
DER JÜNGLING IN DER LANDSCHAFT

Die Gärtner legten ihre Beete frei,
Und viele Bettler waren überall
Mit schwarzverbundnen Augen und mit Krücken –
Doch auch mit Harfen und den neuen Blumen,
Dem starken Duft der schwachen Frühlingsblumen.

Die nackten Bäume ließen alles frei:
Man sah den Fluß hinab und sah den Markt,
Und viele Kinder spielen längs den Teichen.
Durch diese Landschaft ging er langsam hin
Und fühlte ihre Macht und wußte – daß
Auf ihn die Weltgeschicke sich bezogen.

Auf jene fremden Kinder ging er zu
Und war bereit, an unbekannter Schwelle
Ein neues Leben dienend hinzubringen.
Ihm fiel nicht ein, den Reichtum seiner Seele,
Die frühern Wege und Erinnerung
Verschlungner Finger und getauschter Seelen
Für mehr als nichtigen Besitz zu achten.

Der Duft der Blumen redete ihm nur
Von fremder Schönheit – und die neue Luft
Nahm er stillatmend ein, doch ohne Sehnsucht:
Nur daß er dienen durfte, freute ihn.

RICHARD ALEWYN
REICHTUM SEINER SEELE

Es fängt sehr einfach an, das Gedicht des zweiundzwanzigjährigen Hofmannsthal (1896), lässig hergesagte Sätze, fast ausnahmslos parataktisch aneinandergereiht, fünf Mal nur mit »und« verbunden. Zuerst eine Landschaft, markiert durch Lokalitäten: Fluß, Markt, Teiche – und durch Menschen: Gärtner, Bettler, Kinder, alle nur mit sich selbst beschäftigt, ohne voneinander Notiz zu nehmen, eine Landschaft ohne Horizont und ohne Mitte. Man fühlt sich erinnert an die Landschaften des älteren Brueghel, die im Wiener Museum so reichlich vertreten sind. Daß es Frühling ist, erkennt man an der Arbeit der Gärtner und an den Frühlingsblumen der Bettler.

Aber Blinde und Lahme als dekorative Staffage, ist das nicht zum mindesten preziös, wo nicht überhaupt peinlich? Ich denke an eine private Außerung von Günther Anders, bei Hofmannsthal wirkten noch die Bettler wie verkleidete Prinzen. Aber vielleicht hätte Hofmannsthal dieses Urteil akzeptiert, wenn man ihm auch die Umkehrung zugestanden hätte, selbst seine Prinzen seien nichts als verkleidete Bettler, so fünfundzwanzig Jahre später der »Bettlerkönig« Sigismund, der ein verstoßener Königssohn ist, und so auch der »Jüngling« dieses Gedichts.

Wie auch immer, was diese »Landschaft« ausmacht, ist gewiß eine schlichte Anmut, aber auch die Beliebigkeit und die Beziehungslosigkeit ihrer Komponenten, bis der

»Jüngling« sie betritt. Spürt man den Ruck, der sich vollzieht, wenn auf einmal so beiläufig gesagt wird: »Durch diese Landschaft ging er langsam hin?« »Er«? Gewiß der in der Überschrift angekündigte »Jüngling«. »Durch ... hin«? Das muß mehr als ein Spaziergang sein. Er ist nicht zu Haus in dieser Landschaft, wie die Gärtner, die Bettler, die Kinder. Er kommt von außerhalb, und das »langsam« bezeugt mehr als ein müßiges Schlendern, sondern eine zielbewußte Sicherheit, die später durch das »auf ... zu« bestätigt wird. Und dadurch erhält die bis dahin nur weite, aber unkonzentrierte Landschaft auf einmal, was ihr fehlte: eine Mitte.

Und schon in der nächsten Zeile (es ist die Mitte des Gedichts, die elfte von zweiundzwanzig Zeilen) verlagert sich der Blickpunkt von der Landschaft auf den Jüngling, von der Außenwelt auf ein Bewußtsein: Er »fühlte«, »wußte«. Und in diesem Bewußtsein erhält die bis dahin unerhebliche Landschaft unversehens eine »Macht«. Steht sie für die Welt überhaupt? Denn diese »Macht« wächst für einen kurzen Augenblick an zu kosmischen Dimensionen:

»... und wußte – daß auf ihn die Weltgeschicke sich bezogen«. »Weltgeschicke«, ein großes, ein ungeheuerliches Wort. Ist das nicht mehr, als diese leichtgezimmerte Landschaft zu tragen vermag? Aber wir wissen aus dem Chandos-Brief, daß nichts so gewöhnlich ist, daß es nicht alles zu besagen vermöchte. Die Frage ist nur, ob man es sagen kann und – darf.

In seiner Jugend hat Hofmannsthal sich zu dem mystischen Erlebnis, »die Mitte aller Dinge«, »allem nah, allem fern« zu sein, gern bekannt. Er hat es später als den Zustand der »Präexistenz« bezeichnet. Aber er hat es auch schon früh nicht als einen eindeutigen Segen empfunden und statt dessen den »Weg ins Leben« verlangt. In ein »neues Leben« geht dieser »Jüngling«, und wenn er es tut im Wissen, damit die »Weltgeschicke« zu vollstrecken, dann muß man diesen Weg als einen exemplarischen verstehen.

Aber was sind Anfang und Ende dieses Wegs? Mit der Verlagerung des Blickpunkts in das Innere erschließt sich gleichzeitig die Dimension der Zeit und damit eine Lebensgeschichte. Die Vergangenheit – »verschlungne Finger und vertauschte Seelen« –, das ist eine summarische und beinahe wegwerfende Chiffre für Liebesglück und nicht unverdientes (»Reichtum seiner Seele«). Das ist ihm »nichtiger Besitz« geworden. Er ist ausgewandert aus dem, was Hofmannsthal in diesen Jahren gerne als das »schöne Leben« bezeichnete. Und auch in dieser Landschaft sind ihm die vorher noch als »schön« gerühmten Frühlingsblumen »fremd« geworden, ebenso wie er ihre Luft gebraucht; »doch ohne Sehnsucht«.

Und die Zukunft? Der Weg des »Jünglings« hat ein Ziel und einen Zweck. Das Ziel ist beliebig: »jene fremden Kinder«, eine »unbekannte Schwelle«, an der also auch er in ein Inkognito eintauchen kann. Der Zweck dagegen steht außer Zweifel: »dienen«. Zweimal wird er genannt, als Inhalt eines »neuen Lebens« und als ein neues Glück: »Nur daß er dienen durfte, freute ihn.« Es hört sehr einfach auf.

Dieses Gedicht steht nicht allein in Hofmannsthals Frühwerk. In vielen seiner Gedichte und manchen seiner Dramen und Erzählungen geht es um das gleiche Thema: ein junger Mensch an der Schwelle des Lebens – der eine verstört, der andere entschlossen, der eine versagend, der andere sich bewährend. Es sind gewiß »schöne« Gedichte, man kann sie auch moralische nennen.

HUGO VON HOFMANNSTHAL
DIE BEIDEN

Sie trug den Becher in der Hand
– Ihr Kinn und Mund glich seinem Rand –,
So leicht und sicher war ihr Gang,
Kein Tropfen aus dem Becher sprang.

So leicht und fest war seine Hand:
Er ritt auf einem jungen Pferde,
Und mit nachlässiger Gebärde
Erzwang er, daß es zitternd stand.

Jedoch, wenn er aus ihrer Hand
Den leichten Becher nehmen sollte,
So ward es beiden allzu schwer.
Denn beide bebten sie so sehr,
Daß keine Hand die andre fand
Und dunkler Wein am Boden rollte.

NIKOLAS BENCKISER
DUNKLER WEIN

Soll man es Lyrik nennen, oder ist es eine Ballade? Das Gedicht läßt eine Szene vor dem Auge auftauchen: auf einem Burghof vielleicht; der junge Reiter blickt von dem nervös tänzelnden Rappen herab, gewiß mit einem Lederwams angetan, geschlitzte Ärmel, den Federhut keck auf dem Kopfe; sie tritt hinzu im Mieder, gefältelten Rock, ein Band vielleicht im Haar, Kostüme und Dekor in gedämpften Farben und im Stile »deutsche Renaissance«. Zwar könnte man es sich zur Not auch im modernen Kostüm vorstellen; indes, man ist ja im ausgehenden neunzehnten Jahrhundert (1896 soll das Gedicht entstanden sein).

Ja, wäre das, in Öl übertragen, nicht ein Genrebild à la Makart, geplant und ausgeführt, um gefühlsselige Menschen zu entzücken, die nicht müde werden, in den »von Meisterhand gemalten« Zügen der beiden jungen Menschen das Aufblitzen der Liebe zu entdecken? So könnte das Gedicht kulturkritisch transponieren, wer gegenüber dem Zauber, den es ausübt, argwöhnisch sein wollte: Ist das, was der österreichische Adlige da geschrieben und in dem schmalen Bande der »Gedichte und kleinen Dramen« millionenfach unter die Leute gebracht hat, echt und natürlich genug?

Aber warum solche Flucht? Die Faszination, die wenigstens für mich von ernster und unbefangener Begegnung mit diesen Versen ausging, kommt nicht aus Butzenscheiben. Denn was auch Historisch-Zeitgemäßes an der Szene sein mag, die Art, wie sie auf dem knappen Raum von vierzehn Verszeilen festgehalten und in ihrem tieferen Sinn dem Leser, Hörer, Zuschauer vorgestellt wird, ist bezwingend.

Mit den denkbar einfachsten Mitteln werden wir zu Zeugen des kleinen Vorfalls gemacht. Er wird nicht eigentlich erzählt. Ein Vers gilt dem Mädchen, und eine Zeile – die zweite – genügt, um uns das klassisch-klare Gesicht der jungen Person, die so leicht und sicher einherschreitet, vorzustellen. Ein Vers gilt *ihm*, der zweite, und die »nachlässige Gebärde«, mit der er den Zügel anzieht, sagt mehr zur Charakterisierung aus, als irgendwelche Eigenschaftswörter es vermöchten.

Und nun kommt, in sechs Zeilen, das kleine Drama. Noch einmal, zum dritten Mal, beginnt der Vers mit dem Reimwort »Hand«, aber diesmal braucht es länger als in den beiden vorangegangenen Versen bis zur abrundenden Entsprechung: Sie kommt (mit »fand«) erst nach drei Zeilen statt nach zweien im zweiten und ohne Zwischenzeile im ersten Vers. So entsteht ein Spannungsbogen, und am Ende schließt sich in der vorletzten Zeile des sechszeiligen dritten Verses der Kreis. Aber nur, um den Hintergrund zu bilden für den tönenden Ausklang, mit dem der anekdotischen Begebenheit nun tiefere, ahnungsvolle Bedeutung gegeben wird: »Und dunkler Wein am Boden rollte.« Die dunklen Vokale, am Schluß das zweimalige O, und das ungewöhnliche Bild vom Weine, der am Boden »rollt«, bewirken das.

Bedeutungsvoll, schicksalsträchtig, fast erschreckend ist das kleine Geschehen geworden. Das ist nicht einfach Artistik. Es ist dichterische Eingebung, die die Worte zusammenfügt, die Verse aufeinanderfolgen läßt. Der sie Lesende, Hörende oder Vortragende sucht die geheimnisvollen Gründe ihrer Wirkung, ihres Zaubers zu analysieren. Er wird den Zauber damit nicht zerstören.

HUGO VON HOFMANNSTHAL
INSCHRIFT

Entzieh dich nicht dem einzigen Geschäfte!
Vor dem dich schaudert, dieses ist das deine:
Nicht anders sagt das Leben, was es meine,
Und schnell verwirft das Chaos deine Kräfte.

KURT KLINGER
URWORTE

Wahrscheinlich muß man zwanzigjährig sein und ein Begünstigter in Schicksalsminuten, um den Mut zu haben, wie im Erkenntnisfieber solche Sätze hinzuschreiben. Ich glaube, daß es Gedichte gibt, vor denen sich die Dichter, denen sie zugefallen sind, später fürchten; Hofmannsthals Verhalten jedenfalls ist sonderbar genug. Niemand, der das Wort ernst nimmt, setzt den Titel »Inschrift« über seine Verse, wenn er nicht überzeugt ist, daß sie eine Botschaft enthalten, die in Marmor gemeißelt gehört: eine unumstößliche Formel. Doch Hofmannsthal versuchte, sie umzustoßen. Nach dem Erstdruck 1896 hielt er das Gedicht beiseite und, was ihn zu dieser Zeit selten überkommt, er »dokterte« an ihm herum. Es ist der letzte Vers, der ihn beunruhigt, dem er gern eine abgeschwächte, didaktisch umgänglichere Bedeutung unterstellen möchte: »Und schnell vergeuden sich die wahren Kräfte.«
Obwohl sich das kurze Gedicht nicht zur Fülle der Stanze aufschwingt, ruft es Goethes »Urworte. Orphisch« herauf, jene Strophe, die ›ΔΑΙΜΩΝ, Dämon‹ überschrieben ist, denn auch hier scheint nicht das Individuum zu sprechen, sondern eine Macht, die das Ich überwältigt, sich seiner bedient, es zur Sprache zwingt. Was die solcherart daemonisch durchsprochene Stimme des Dichters zu verkünden hat, ist freilich der ernsten Ermutigung des siebzigjährigen Goethe völlig entgegengesetzt. Goethe pries

sein »So mußt du sein, dir kannst du nicht entfliehen«, denn das »Gesetz, wonach du angetreten« (du: der Mensch Goethe, jeder Mensch) ist ein Gesetz der Entfaltung, des Er-wachsens einer äußersten Möglichkeit, die »an dem Tag, der dich der Welt verliehen« mitgeboren wurde und uns, auch gegen unseren Willen, führt und steigert. Die »geprägte Form«, die von keiner Zeit und keiner Macht mehr zerstückelt werden kann, ist eine vorausgesetzte, eine im planenden Ganzen der Natur vorausgeprägte Form, die langsam hervortritt, »lebend sich entwickelt« – mit jedem Atemzug, mit jeder Lebensregung bis zur Verwandlung in den Tod, der für den Hoffenden keiner ist.

Als Zuspruch geben sich auch die Zeilen Hofmannsthals. Der dunkle, nachtschwarze Sinn lüftet die gutgesonnene Maske nicht gleich. »Entzieh dich nicht«, wenn du vor der Last, die vor dir liegt, vor deiner Aufgabe zurückschrickst; in ihr findest du ja doch, was das Leben mit dir vorhat – und dadurch dich selbst. Entzieh dich nicht, denn es könnte zu spät werden, du könntest deine »wahren Kräfte« für Unwesentliches verbrauchen. So gelesen entspräche die Botschaft der Variante als Mahnung zu substantiellem Dasein. Hofmannsthal pflegte sich periodisch mit solchen eher hinderlichen Vorhaltungen zu quälen.

Was ist das für ein Leben, dem nur der Schauder verfügbar ist, mitzuteilen, »was es meine«? »Nicht anders« kann es das sagen? Einen leichteren Griff in die Seelen hätte es nicht? Nur schaudernd könne der Mensch das seine erkennen? Freudige Schauder sind nicht gemeint, nein: bestürzende, rasende, chthonische Schauder offenbaren ihm das »einzige Geschäft«, zu dem er ausersehen ist. Hält er stand, entzieht er sich nicht, macht er die Meinung des

Lebens zur eigenen – gelingt ihm dann die Form, die »keine Zeit und keine Macht zerstückelt«? Auch das nicht, denn das Chaos verwirft »schnell« seine Kräfte. Keine Rede davon, daß es nur die vergeudeten Kräfte wären. Das Chaos, das absolut Ordnungslose, vor dem es Hofmannsthal so sehr schaudert, daß er es am liebsten nicht herbeizitiert hätte, ist hier kein Synonym für Unentschiedenheit und Zerstreutheit, es bezeichnet den Zustand am Ende, das Trümmerfeld aller schöpferischen menschlichen Leistung. Das Gesetz, wonach der Mensch angetreten ist, wäre gemäß dieser Botschaft der Zerfall, seine tragische Nichtigkeit.

Geht man diesem Gedicht nach, spürt man die wahre Angst, die Hofmannsthal seit seiner Jugend nicht mehr verließ, und man spürt, wie sehr es zu den Heutigen gesprochen ist, die an das lebensfreundliche Gesetz Goethes so wenig glauben können, daß sie an ihm Anstoß nehmen.

HUGO VON HOFMANNSTHAL
LEBENSLIED

Den Erben laß verschwenden
An Adler, Lamm und Pfau
Das Salböl aus den Händen
Der toten alten Frau!
Die Toten, die entgleiten,
Die Wipfel in dem Weiten –
Ihm sind sie wie das Schreiten
Der Tänzerinnen wert!

Er geht wie den kein Walten
Vom Rücken her bedroht.
Er lächelt, wenn die Falten
Des Lebens flüstern: Tod!
Ihm bietet jede Stelle
Geheimnisvoll die Schwelle;
Es gibt sich jeder Welle
Der Heimatlose hin.

Der Schwarm von wilden Bienen
Nimmt seine Seele mit;
Das Singen von Delphinen
Beflügelt seinen Schritt:
Ihn tragen alle Erden
Mit mächtigen Gebärden.
Der Flüsse Dunkelwerden
Begrenzt den Hirtentag!

Das Salböl aus den Händen
Der toten alten Frau
Laß lächelnd ihn verschwenden
An Adler, Lamm und Pfau:
Er lächelt der Gefährten.–
Die schwebend unbeschwerten
Abgründe und die Gärten
Des Lebens tragen ihn.

HILDE SPIEL
SCHÖN UND BELIEBIG

Wenn es jemals Verse gab, denen allein mit reiner Textdeutung nicht beizukommen ist, Verse, die ganz aus ihrer Zeit und ihrem Umfeld verstanden werden müssen – dann diese, die der zweiundzwanzigjährige Hugo von Hofmannsthal im März 1896 niederschrieb. Worte wie Edelsteine. Sie sind mit Oscar Wildes preziöser Prosa verwandt. Sie scheinen aus den Schatullen der französischen Symbolisten zu stammen, die Sätze ziselierten wie *Où le griffon a-t-il enterré le saphir?* – »Wo hat der Greif den Saphir begraben?« – und dabei an nichts weiter dachten als an ein Wappentier in heraldischer Pose, das triumphierend vor sich hin blickt, als hüte es ein verscharrtes Geheimnis. Und sie verbinden die Trauer über den Tod einer geliebten Greisin, deren Vermächtnis von oder an Stolz, Schwäche und Eitelkeit verschleudert wird, mit einem mythisierenden Naturgefühl.
Nicht viel mehr ist zunächst aus den vier Strophen herauszulesen, und ihr Verfasser schweigt dazu. »Die Gedichte in der ›Rundschau‹ haben in Wien einen unglaublichen Lärm hervorgerufen durch ihre völlige Unverständlichkeit.« So schrieb Loris, der junge Hofmannsthal, nach dem Erscheinen des »Lebenslieds« und der »Guten Stunde« an seinen Freund Clemens von Franckenstein. Ein wenig später bat er eine Gastgeberin, auf deren Einladung er sich freute, doch zu verhindern, daß ihn jemand über »Adler, Lamm und Pfau« befrage. Wir kennen solche

Scheu vor der eigenen Sinngebung von unseren gegenwärtigen Dichterinnen, die ihre Sprachgeflechte hinter sich herziehen wie juwelenbestickte Schleppen. Auch hier meldet sich manchmal ein leiser Verdacht. 1898 wollte Richard Dehmel von Hofmannsthal das Gedicht zugeschickt erhalten, »bei dem die Zeilen vorkommen: das Singen von Delphinen / nimmt er im Wandern mit, / das Summen heller Bienen / beflügelt seinen Schritt – (oder so ähnlich)«. Oder so ähnlich! Ein Element des Beliebigen war wohl dabei – wie in den von Loris zuvor erwogenen Varianten.

Woher einige Funken der Inspiration rührten, darf man vermuten. Hier kommen zwei alte Damen, Schwestern, ins Spiel, Josephine von Wertheimstein und die Baronin Sophie Todesco. In beider Salons las Loris seine frühen Gedichte und lyrischen Dramen vor. Es war Josephine, die er bewunderte und verehrte, Sophie, die ihn heftiger an sich zog. Schon einmal hatte er Josephine ein Gedicht gewidmet, in dem die »gütigste Dämonin« mit einem plätschernden Strom von »Gottes Anmut« verglichen wird. Als sie im Juli 1894 starb, vertraute er ihrer Tochter an: »Dieses Schwerste für Sie war ja auch das erste wirklich Schwere, das ich erlebt habe.« Und einer anderen Freundin: »Der Tod der armen gnädigen Frau in Döbling geht mir unsäglich nahe ... Es ist das Sterben, was gar so fürchterlich ist, nicht der Tod.«

In der Familie galt als gewiß, und zwei Urenkelinnen Sophies bezeugen es noch heute, daß Hofmannsthals »Lebenslied« in Gedanken an Josephines Hingang entstanden war. Aber auch von einem Bezug zu Sophie wird berichtet. So habe Hofmannsthal einem ihrer Neffen erzählt, die schöne Alice Morrison, mit ihrem Mann in Indien lebend, habe an einem heißen Abend auf dem Altan eines Palastes, von dem man auf einen Tierpark hinabsah, bewegt von einem pantheistischen Gefühl der Allverbundenheit, ein von ihrer Großmutter Sophie Todesco geerbtes Flakon mit einem kostbaren Parfum geöffnet und den Inhalt auf die Tiere hinabgeträufelt.

Eine poetischere Deutung als jene der Hofmannsthalschen Kumpanei im Café Griensteidl, die sein »Lebenslied« nicht nur zur Musik des Fiakerliedes sang, sondern Adler, Lamm und Pfau auch als drei Gasthäuser bezeichnete, in denen der Erbe sein Geld vertut! Und jetzt müßten noch all die Bilder enträtselt werden, die den leichtfüßigen Wanderer auf seinem Lebensweg, bedrückt vom Gedanken des Sterbenmüssens, erhoben von den Schönheiten der Natur und der Zuneigung seiner Freunde, in diesen Versen begleiten. Doch zu genau sollte man Metaphern wie jene von den »schwebend unbeschwerten Abgründen«, die ihn tragen, vielleicht nicht untersuchen, sondern sich lieber an ihrer Melodie erfreuen.

HUGO VON HOFMANNSTHAL
MANCHE FREILICH . . .

Manche freilich müssen drunten sterben,
Wo die schweren Ruder der Schiffe streifen,
Andre wohnen bei dem Steuer droben,
Kennen Vogelflug und die Länder der Sterne.

Manche liegen immer mit schweren Gliedern
Bei den Wurzeln des verworrenen Lebens,
Andern sind die Stühle gerichtet
Bei den Sibyllen, den Königinnen,
Und da sitzen sie wie zu Hause,
Leichten Hauptes und leichter Hände.

Doch ein Schatten fällt von jenen Leben
In die anderen Leben hinüber,
Und die leichten sind an die schweren
Wie an Luft und Erde gebunden:

Ganz vergessener Völker Müdigkeiten
Kann ich nicht abtun von meinen Lidern,
Noch weghalten von der erschrockenen Seele
Stummes Niederfallen ferner Sterne.

Viele Geschicke weben neben dem meinen,
Durcheinander spielt sie alle das Dasein,
Und mein Teil ist mehr als dieses Lebens
Schlanke Flamme oder schmale Leier.

HILDE SPIEL
URALTE MÜDIGKEITEN

Er war einundzwanzig oder zweiundzwanzig, als er diese Verse schrieb, ein erleuchteter junger Mensch, eben erst aus der Vermummung des »Loris« geschlüpft, in die er sich hatte hüllen müssen, weil dem Gymnasiasten das Publizieren verboten war. Frühgereift und zart und traurig, wie er in der Vorrede zur Schnitzlers »Anatol« schrieb. Schon vor Jahren hatte er bekannt, er sei »alles Feinen, Subtilen, Zerfaserten, Impressionistischen, Psychologischen recht müde«. Aber woraus bestand denn seine »Nervenkunst«, wenn nicht aus einer diffizilen Neubelebung klassischer Formen, aus neoromantischen Gefühlsinhalten, aus einem den Symbolisten entlehnten, von Wildeschen Wortjuwelen glitzernden Vokabular?
Die letzte Dekade des neunzehnten Jahrhunderts war überladen mit Ornamenten, historisierenden Elementen, sinnlosem *Bric-à-brac* wie ein plüschener Makart-Salon. Undenkbar, daß dergleichen in Hofmannsthals Lyrik nicht Eingang gefunden hätte. Und doch gibt es Gedichte, in denen nahezu alle selbstgefälligen Ästhetizismen ausgemerzt sind, die nur Empfindung atmen, nur die komplizierte Seelenhaltung wiedergeben, der dieser Nachfahr grundverschiedener Familien und Geschlechter ausgeliefert war. »Manche freilich ...« ist ein solches Gedicht. Es erfaßt jenen Widerspruch zwischen dem Schwerblütigen und dem Leichtlebigen, den Hofmannsthal immer in sich trug und dem er zu der Zeit, als er

es schuf, in seiner Umgebung allenthalben begegnen mußte.

Die Jahre 1895 und 1896 – das genaue Entstehungsdatum ist ungewiß – waren bestimmt von Hofmannsthals Freiwilligendienst bei den Dragonern und einer Waffenübung im darauffolgenden Mai. Er sah um sich ältere Rittmeister, »sehr liebe Menschen, wirkliche österreichische Soldaten«, Subalternoffiziere, »nicht gut und nicht schlecht, unzufrieden, roh, kindisch, von einer wortlosen Gutmütigkeit«, ruthenische Ulanen »mit treuen blonden Gesichtern«, kurzum, die einfachen, ja einfältigen, aber frohsinnigen Angehörigen der k. und k. Armee. Doch zum Soldatenspiel im galizischen Tlumacz nahm er Plato, Pindar, Catull, Goethe, Balzac und Nietzsche als Lektüre mit. Und seine Freunde, mit denen er so feinsinnige wie gedankenschwere Briefe tauschte, waren die jungen Freiherren Edgar Karg von Bebenburg, Clemens und Georg Franckenstein und Leopold Andrian von Werburg – dieser letztere, als Sohn einer Tochter Meyerbeers, seiner eigenen Aussage nach ebenso ein Ergebnis »hastiger Vermischung zweier sehr avancierter Racen« wie Hofmannsthal.

»Dem guten Edgar in seiner Verworrenheit und dem Durcheinandergehen von innerem und äußerem Leben, Verträumen und übertriebenem Schwernehmen, ist sehr schwer auch nur ein bissel zu helfen«, schrieb Hugo von Hofmannsthal im Februar 1896 an »Poldi« Andrian. Hier ist es, das nicht allzu gebräuchliche Wort »verworren«, das auch im Gedicht Aufnahme gefunden hat: vielleicht hilft es, den Zeitpunkt der Niederschrift zu präzisieren. Ob die Brüder Franckenstein eher zu jenen gehörten, die leichten Hauptes und leichter Hände bei den Sibyllen, den

Königinnen saßen, ist nicht bekannt. Wie Karg von Bebenburg aber war Hofmannsthal gezeichnet von jenem *Mal du siècle,* der unerklärlichen Wehmut, die so viele junge Leute der Epoche ergriff.

Die Wurzeln *seiner* Verworrenheit freilich lagen tiefer. In dem schönsten Vers dieses schönen Gedichtes spielte er auf seine – und Andrians – Abkunft an, auf die Müdigkeiten des uralten Volkes, dem sein Ahnherr, der geadelte Seidenhändler Isak Löw Hofmann angehört hatte und dessen Erbe ihn so erschreckte wie die Unendlichkeit des kosmischen Raums.

HUGO VON HOFMANNSTHAL
REISELIED

Wasser stürzt, uns zu verschlingen,
Rollt der Fels, uns zu erschlagen,
Kommen schon auf starken Schwingen
Vögel her, uns fortzutragen.

Aber unten liegt ein Land,
Früchte spiegelnd ohne Ende
In den alterslosen Seen.

Marmorstirn und Brunnenrand
Steigt aus blumigem Gelände,
Und die leichten Winde wehn.

LUDWIG HARIG
RHYTHMISCHE ATEMZÜGE

Es sind die leichten Winde, die es mir angetan haben. Sie hauchen mir stimulierend ins Gesicht, beleben mein Denken, entfachen meine Phantasien über Gott und die Welt. Rhythmische Atemzüge der Natur, die nicht ungebärdig schnaubt, wie es die ekstatischen Neoromantiker gern haben möchten, und auch nicht in den letzten Zügen liegt, wie es die grünen Apokalyptiker befürchten. Immer schon sind es diese leichten Winde gewesen, die mich betört und beseligt haben; schon als ganz junger Mensch hätte ich bei der Lektüre von Hofmannsthals »Reiselied« ein Hoch auf das Leichte ausbringen mögen.

Täglich gehen wir zu zweit hinaus ins Freie, schlüpfen auf der Anhöhe in den Wald, promenieren über dem Talgrund an weit geschlungenem Hang vorüber: Da fanden wir eines Tages, als wir noch weiter vordrangen, eine Stelle, von der wir durch Buchengrün und Tannenschwarz hinunterschauen konnten auf ein blaues Wasser, das in der Tiefe liegt. Ein leichter Wind wehte uns in die Nase, das Gewicht der Welt wurde schwerelos wie eine Feder, die immer wieder emporgeblasen wird, sobald sie zur Erde zu fallen droht, vielleicht von diesem leichten Wind. Jeder, der dieses Tal kennt, jeder, der das Wasser sieht, das da unten liegt, denkt an Italien, und mitten im saarländischen Steinkohlenwald weht ihn mit dem leichten Wind das Begehren an, den Talgrund zu betreten.

Was ist dieses Leichte, das mich so elektrisiert und beflügelt? Es ist das Leichte im Zweckfreien, das Leichte im Sinnlosen. Es ist die Leichtigkeit des eichendorffschen Taugenichts, das Heitere und Sonnige, das scheinbar Flüchtige, das angeblich Oberflächliche. Doch: »Die Tiefe muß man verstecken. Wo? An der Oberfläche«, sagt Hugo von Hofmannsthal. Der Taugenichts streicht hinaus in die Welt, es gibt nur kühle, erfrischende Morgen und stille, wärmende Abende, kein Wölkchen ist am Himmel, Tanzmusik erklingt, und Federröschen duften, und immer weht ein leichter Wind. Er pfeift ihm am Hut, er krault ihn im Haar, nie faucht er ungestüm, nie lärmt er ungebührlich. Nur, und »je entfernter zwei getrennte Verliebte voneinander wandern, in desto anständigerem Bogen bläst der Reisewind den schillernden Mantel hinter ihnen auf«.

Auch wenn es harmlos und idyllisch scheint, wenn die Gärten von Marmorbildern und Wasserkünsten strotzen, die Luft voller balsamischer Düfte und Posthornklang ist und immerzu dieser leichte Wind weht: Es ist kein plattes Wohlsein und Zusammenklingen in diesem Blitzen und Rauschen, Schimmern und Jubeln. Das Maß in sich: Also doch rhythmische Atemzüge, Einklang, Wohlordnung, Harmonie, wie Schiller es häufig nennt, doch nicht als nivellierte Ausgewogenheit, wie es fürs Fernsehprogramm gefordert wird. »Sein unaufhörliches Tun ist ein Suchen von Harmonie in sich, ein Harmonisieren der Welt, die er in sich trägt«, sagt Hofmannsthal vom Dichter.

Im Leichten liegt das Rettende. Die leichten Winde begünstigen den Aufschwung. In Hofmannsthals Gedicht »Reiselied« ist Gegenbewegung; dem Sturz des Wassers, dem Schlag des Steins wirkt eine starke Kraft entgegen, und Vögel sind es, die den vom Felssturz Bedrohten davontragen. Doch der Vorgang ist Gedicht geworden, das vom Dichter Beschriebene findet nicht mehr auf einer Alpenstraße statt, sondern geschieht im Kopf, und was mich so befeuernd anhaucht, sind die rhythmischen Atemzüge der Poesie.

HUGO VON HOFMANNSTHAL
TERZINEN
ÜBER VERGÄNGLICHKEIT

Noch spür ich ihren Atem auf den Wangen:
Wie kann das sein, daß diese nahen Tage
Fort sind, für immer fort, und ganz vergangen?

Dies ist ein Ding, das keiner voll aussinnt,
Und viel zu grauenvoll, als daß man klage:
Daß alles gleitet und vorüberrinnt.

Und daß mein eignes Ich, durch nichts gehemmt,
Herüberglitt aus einem kleinen Kind
Mir wie ein Hund unheimlich stumm und fremd.

Dann: daß ich auch vor hundert Jahren war
Und meine Ahnen, die im Totenhemd,
Mit mir verwandt sind wie mein eignes Haar,

So eins mit mir als wie mein eignes Haar.

GOLO MANN
VOM GLEITEN DER ZEIT

Eines von Hofmannsthals vollkommenen, oder nahezu vollkommenen Gedichten, von Urerlebnissen handelnd. Das erste ist elementar, jeder auch nur etwas zum Staunen Geneigte kennt es. Das zweite ist neurotischer Natur, aber dem ersten verwandt und zur *condition humaine* gehörig. Das dritte ist kein echtes und dient nur der Abrundung.

»Wie kann das sein, daß diese nahen Tage ...« Hier geht es nicht um jene Vergänglichkeit, von der, Urquell der Lyrik, so viele Dichter künden: das Altern, das Sterben, die welkende Liebe (»Leben und Liebe, wie flog es vorbei!« heißt es bei Storm): Um den Schock geht es, hervorgerufen durch das plötzliche Aufhören einer Situation, die eben noch war und nicht mehr ist und nie wieder sein wird.

Einige Tage müssen es gewesen sein, »diese nahen Tage«; bloße Stunden genügten nicht. Daß ein einziger Abend nicht dauert, das weiß man. Daß einige Tage enden werden, weiß man auch, aber will es nicht wissen, sie werden zur Gewohnheit, zur Dauer, wie das Leben selber; traurig ist erst der letzte Tag. Natürlich müssen es schöne Tage gewesen sein, im Sommer vermutlich (der Atem von Wind und Sonne »auf den Wangen«), die Gegenwart einer geliebten Person, ein freundlicher Kreis. Und nun ist's aus.

Hofmannsthal liebt das Verbum »gleiten«. In den »Terzinen« erscheint es zweimal und führt neue Gedanken-Erlebnisse ein. Denn diese nahen Tage glitten ja gerade nicht, veränderten sich nicht, solange sie waren; eben darin liegt der Schrecken ihres Endes. Daß auch ihre Dauer Täuschung war, kommt dem Dichter erst in der zweiten Strophe in den Sinn. Ein Pedant mag einwenden, man könne sich das Gegenteil von »gleiten«, das Stehenbleiben der Zeit, das *nunc stans*, erst recht nicht ausdenken. Worauf zu antworten wäre: zutiefst staunenswert ist nur, was man sich anders, als es ist, nicht denken kann, und nur da taugt auch keine Klage.

Vom Gleiten der Zeit zum gleitenden Ich in der Zeit: ein Hofmannsthalsches Thema. Die Marschallin im »Rosenkavalier« weiß schön davon zu singen. Sie war das Kind Resi am Anfang und folglich immer; der Teil von ihr, der es blieb, schaut dem andern zu, der sich wandeln muß und bald »die alte Fürstin Resi« sein wird, und fragt staunend, wie der Liebe Gott denn das macht, und fragt nicht weiter, denn Resi ist eine gesunde Untertanin der Maria Theresia, keine Neurotikerin.

In des Dichters direkter Rede spaltet das Ich sich im Herübergleiten, so, daß der Herangewachsene sich selber fremd wird, wenn er, absehend von den Dingen, sich auf sein Selbstbewußtsein zentriert. Über diesen psychischen Vorgang gibt es eine Fußnote in Schopenhauers »Hauptwerk«: das Ich bedürfe allezeit der »Percipierung« von Gegenständen und finde, wenn es sich selber sucht, ohne Objekt, nichts als ein bestandloses Gespenst. In den »Terzinen« wird das Gespenst zu etwas, was wohl ist, aber sich – ihm – unheimlich stumm und fremd ist wie ein Hund – das der Tiernatur entfremdete Tier, welches doch kein Mensch sein kann.

»Dann: daß ich auch ...« Es stimmt nicht. Wir waren keineswegs schon vor hundert Jahren und sind nichts weniger als eins mit unseren Ahnen, die durch ihre gleitende Zeit bestimmt waren, wie wir von der unseren, und wenn wir ihre blassen Photographien, dunklen Porträts, verwitterten Grabsteine sehen, so mit einem Gefühl recht matten Interesses: Der Konvention nach waren das meine Vorfahren, und glauben muß ich es wohl, und ein bißchen kurios ist es auch. Gott sei Dank braucht es zwei, nicht einen, um das Leben fortzusetzen, dann vier, dann acht und so weiter; Gott sei Dank ist jede Individualität für sich, von unerschöpflich vielen möglichen Variationen diese eine einzigartige Mischung verwirklichend. Einheit mit allen den Erzeugten und Erzeugern vor hundert Jahren findet nicht statt.

Die letzte Zeile, die vorletzte wiederholend und steigernd, könnte formal nicht wirksamer sein. Aber auf Kosten der Aussagekraft. Für diese wären, bei einem Gedicht von nur dreizehn Zeilen, zwei, sieht man genauer hin: drei Denk-Anstöße auch reichlich genug gewesen.

HUGO VON HOFMANNSTHAL
TOBT DER PÖBEL

Tobt der Pöbel in den Gassen, ei mein Kind, so lass ihn schrei'n
Denn sein Lieben und sein Hassen ist verächtlich und gemein!
Während sie uns Zeit noch lassen, wollen wir uns Schönerm weih'n
Will die kalte Angst dich fassen   spül sie fort in heissem Wein!
Lass den Pöbel in den Gassen: Phrasen, Taumel, Lügen, Schein,
Sie verschwinden, sie verblassen   schöne Wahrheit *lebt* allein.

ULRICH WEINZIERL
DAS ALTKLUGE KIND

Nein, ich liebe diese kuriosen sechs Zeilen nicht sonderlich. Gewiß, bewunderungswürdig ist die Trochäendisziplin des Septenars, des fallenden Achttakters mit männlichem Schluß. Staunenswert zudem die Fülle von Zäsur- und Endreimen und der raffinierte Klangreichtum. Doch die Haltung des Autors, wirkt sie nicht allzu elitär, bestimmt vom Verachtungsblick auf »die da unten«? Hat der Trostversuch des Älteren, der da recht weise und abgeklärt spricht, neben allem Charme eines reaktionären Ästhetizismus nicht auch einen etwas schalen Beigeschmack?

Ohne Hintergrundinformation kann man dem einzigen Beispiel für ausdrücklich politische, patriotisch unverwertbare Lyrik im Werk Hugo von Hofmannsthals offenbar kaum gerecht werden. Zur Zeit der Niederschrift war er knapp über sechzehn Jahre alt, Schüler des Akademischen Gymnasiums und zugleich ein unentdecktes literarisches Wunderkind. Noch ist kein Text unter dem Pseudonym Loris Melikow veröffentlicht worden, noch war er nicht bestaunter Gast in der bürgerlichen Boheme des Café Griensteidl. Der feine Knabe verkehrte vornehmlich mit Freunden der Eltern wie dem Trauzeugen Hans von Sieberer, auf dessen Visitenkarte er sich mit dem Poem vom tobenden Pöbel verewigt hat: gegeben zu Wien im Prater am 1. Mai anno 1890 gegen fünf Uhr nachmittags. Ein historisches Datum, kein Zweifel.

An diesem Tag hatte die bis dahin gewaltigste Demonstration in Österreich-Ungarn stattgefunden. 150000 Arbeiter waren – ohne Zwischenfälle – im Prater aufmarschiert und hatten ihre Rechte friedlich eingefordert. Wahrlich kein Aufstand der Massen, bloß ein kräftiges Lebenszeichen der kakanischen Sozialdemokratie, also des organisierten Proletariats. Was mag die gute Gesellschaft und deren Sprößling derart verstört haben? Möglicherweise nicht zuletzt der Ort der Veranstaltung. Traditionsgemäß wurde in den Tagen der Kastanienblüte der »Blumenkorso« abgehalten, ein Wohltätigkeitsfest unter der Patronanz der Fürstin Pauline Metternich. Bestaunt von spektakelsüchtigem Volk, paradierten die prächtig geschmückten Equipagen von Adel und Großbourgeoisie in der Hauptallee. Daß nun die unelegante Welt gerade die Repräsentationsstätte der Oberschicht besetzte, mußte als symbolischer Akt und demütigende Provokation, ja als vorweggenommene Niederlage im heraufziehenden Klassenkampf empfunden werden.

Für das, »was man so gewöhnlich die sociale Frage nennt«, wie es fünf Jahre später charakteristisch in einem Brief an Edgar Karg von Bebenburg heißt, bewies Hugo Laurenz August Hofmann, Edler von Hofmannsthal nie Interesse oder Verständnis. Und wenn Rilkes Diktum von Versen als »Erfahrungen« stimmt, dann sind jene des ganz jungen Hofmannsthal nicht mehr als Vorurteile in berükkend gebundener Sprache, ein Zeugnis irritierender Altklugheit.

Indes dürfte auch hier Vorsicht geboten sein. Denn das Kind, auf das Hofmannsthal beruhigend einredet, ist wohl niemand anderer als er selbst, und die Furcht, in die ihn jede revolutionäre Unruhe versetzte, durchaus echt. Gegen die Panik angesichts des drohenden Endes einer Epoche weiß er kein Mittel, als sich mit einem Wiegenlied in den sicheren, vielleicht sogar alkoholisch vertieften Schlaf zu singen. Indem er die Wirklichkeit abwertet – sie sei »verächtlich und gemein«, eben ordinärer Schein –, verliert sie ein wenig von ihrem Schrecken: Verdrängung lautet der psychologische Begriff für solche Tricks des Unbewußten. Bleiben werde die Kunst, suggeriert sich der frühgereifte Jüngling, der schöne Schein, den er zur »schönen Wahrheit« stilisiert. In ihr ist er halbwegs geborgen vor den Zumutungen erlebter Geschichte. Zumindest für sich und seine zauberische Poesie sollte der Dichter Hugo von Hofmannsthal recht behalten.

HUGO VON HOFMANNSTHAL
WAS IST DIE WELT?

Was ist die Welt? Ein ewiges Gedicht,
Daraus der Geist der Gottheit strahlt und glüht,
Daraus der Wein der Weisheit schäumt und sprüht,
Daraus der Laut der Liebe zu uns spricht

Und jedes Menschen wechselndes Gemüt,
Ein Strahl ists, der aus dieser Sonne bricht,
Ein Vers, der sich an tausend andre flicht,
Der unbemerkt verhallt, verlischt, verblüht.

Und doch auch eine Welt für sich allein,
Voll süß-geheimer, nievernommner Töne,
Begabt mit eigner, unentweihter Schöne,

Und keines Andern Nachhall, Widerschein.
Und wenn du gar zu lesen drin verstündest,
Ein Buch, das du im Leben nicht ergründest.

WALTER HINCK
SCHÖNES ÄRGERNIS

Sechzehn Jahre alt war Hofmannsthal, als er dieses Gedicht schrieb. Gymnasiastenpoesie also, wenn auch nicht die übliche. Verse eines jungen Wieners, der sich das Leben lesend erschloß und die Schönheit nicht in der Tageshelle des Draußen suchte, sondern in den geheimen Dämmerwelten, die sich ihm in den Büchern auftaten. »Zum Traume sag ich: ›Bleib bei mir, sei wahr!‹ / Und zu der Wirklichkeit: ›Sei Traum, entweiche!‹ / Das Wort, das Andern Scheidemünze ist, / Mir ists der Bilderquell, der flimmernd reiche«, heißt es in einem gleichfalls 1890 entstandenen kunstvollen Ghasel. Was fangen wir mit dieser frühreifen Verskunst eines Dichters an, der es noch nicht gelernt hat, über den Rand der Bücher hinaus in die Erfahrungswelt zu blicken, was in einer Zeit, die der »süßgeheimen« Töne nun wahrlich entwöhnt ist?

Es sei nicht verschwiegen, daß dieses Sonett nicht zu meinen »Lieblingsgedichten« gehört. Auch häufiges Lesen und häufiger gedanklicher Nachvollzug haben es mir nicht lieber gemacht. Dennoch läßt es mich nicht los. Wäre das Wort für den Umgang mit Literatur nicht zu vollmundig, so könnte ich sagen, es hat sich eine Art Haßliebe zu diesen Versen entwickelt. Die Folge der Bilder, eine melodische Führung der Sätze, die Klangentsprechungen, eine rhythmische Bewegtheit, die uns das metrische Schema des fünffüßigen Jambus vergessen läßt, und die scheinbare Leichtigkeit, mit der die strenge Form des Sonetts erfüllt wird – alles dies nimmt mich gefangen, immer aufs neue. Aber die Haltung, aus der heraus dieses Gedicht geschrieben wurde, und die Lebensperspektive, die ihm zugrunde liegt, befremden mich.

So wird das Gedicht zum Beispiel dafür, daß Schönheit in der Kunst durchaus nicht nur Wohlgefallen auslösen und zu Bewunderung oder gar Begeisterung hinreißen muß, daß sie keineswegs volle Hingabe oder Versenkung des Aufnehmenden verlangt, keineswegs immer reinen Genuß gewähren muß. Es gibt eben auch eine poetische Schönheit, die Widerstände oder gar Widerspruch hervorruft, deren unaufhörlicher Reiz gerade darin besteht, uns immer wieder gereizt zu machen. Nennen wir sie das schöne Ärgernis.

Aus der Metapher des ersten Verses entfaltet sich das ganze Gedicht. In die Vorstellung, daß die Welt ein »ewiges Gedicht« sei, mischt sich scheinbar das Echo auf Nietzsches Wort, Dasein und Welt seien nur als ästhetische Phänomene ewig gerechtfertigt oder zumindest erträglich. Im übrigen offenbart der Verlauf des Gedichtes auf sehr anschauliche Weise ein Gesetz symbolistischer Dichtung: daß nämlich die Metapher und die durch sie umschriebene Sache, das poetische Zeichen und das Bezeichnete ineinander übergehen, ja ununterscheidbar werden.

In der ersten Strophe stehen Welt und Gedicht unter den Zeichen der Ewigkeit und der Trinität von göttlichem Geist, Weisheit und Liebe. Die zweite Strophe wendet sich vom Ganzen zum zeitlich begrenzten Einzelnen, zum Menschen, zum Vers, der nur das Glied einer Kette ist. Gegen das zweite Quartett des Sonetts setzt der Beginn des ersten Terzetts sein entschiedenes »Und doch«. Der

Begrenztheit und Vergänglichkeit hält nun die Autonomie des Einzelnen als unberührter schöner Eigenwelt die Waage. Und abgerundet wird der Gedanke der Individualität in der Schlußstrophe durch den der Originalität.

Die Ausgangsfrage »Was ist die Welt?« gerät über der prächtigen Ausfaltung der Gedicht-Metapher fast in Vergessenheit. Die lyrische Bildlichkeit des Sonetts, die ihrerseits wieder aus dem Bereich der Lyrik schöpft, verselbständigt sich, gewinnt Eigengewicht – jedenfalls in dem Maß, daß hier mit einer Ansicht der »Welt« gleichzeitig ein Dichtungsprogramm entworfen wird, auch wenn man die Metapher des unergründlichen Buches im Schlußvers auf die »Welt« zurückbezieht. Das Gedicht gibt also eine Weltdeutung und eine Poetik zugleich, und es kommt an einen Punkt, wo sich das Verhältnis von Bezeichnetem und Zeichen geradezu umzukehren scheint: nicht die Welt ist ein Gedicht, sondern ein Gedicht ist die Welt.

Für den jungen Hofmannsthal war die Dichtung »die« Welt. Und ebendiese Ästhetisierung der Welt, der die Dichtung nicht nur als Lebensbereicherung gilt, sondern als Lebensersatz, bringt mich gegen die Verse auf. Die Antwort auf die zunehmende »Poesielosigkeit« unserer heutigen Welt finden wir nicht in der Poesiesüchtigkeit des jungen Hofmannsthal. Andererseits ist Literatur kein Stoff für Giftschränke. Hofmannsthals »Was ist die Welt?« kann wie eine Droge sein, aber warum sollte man sich der Faszination nicht überlassen, wenn man sich zugleich mit Mißtrauen wappnet?

KARL KRAUS

Man frage nicht, was all die Zeit ich machte.
Ich bleibe stumm;
und sage nicht, warum.
Und Stille gibt es, da die Erde krachte.
Kein Wort, das traf;
man spricht nur aus dem Schlaf.
Und träumt von einer Sonne, welche lachte.
Es geht vorbei;
nachher war's einerlei.
Das Wort entschlief, als jene Welt erwachte.

MICHAEL KRÜGER
DAS SCHWEIGEN DES BEREDTEN

»Wenn die Menschheit keine Phrasen hätte, bräuchte sie keine Waffen.« 1933, als dieses zu Herz und Hirn gehende Gedicht geschrieben wurde, gab es von beidem genug; seither leben wir davon, und nicht einmal schlecht.
Phrasen und Waffen machen die letzten Tage der Menschheit zu einer festlichen Dauereinrichtung jenseits des Kalenders: die letzten Tage werden nicht bang gezählt, sondern mit Worten zugeschüttet.
Karl Kraus, dem es selten die Sprache verschlug, der bis zur Besserwisserei stets das letzte Wort behalten wollte und dessen letzte Worte »Pfui Teufel« gewesen sein sollen, der mit angstmachender Beredsamkeit den Strom der verhunzten und mißbrauchten Sprache zum Halten bringen wollte und aus Angst vor den zu erwartenden Phrasen sogar seinen eigenen Nachruf aufsetzte – dieser Karl Kraus kommentierte im 888. Heft der Fackel, das im Oktober 1933 nach langer Pause erschien, die Ernennung Adolf Hitlers zum Reichskanzler vom 30. Januar des Jahres mit einem zehnzeiligen Gedicht. Davor ließ er nur noch die Totenrede auf Adolf Loos setzen.
Sprachkritik, Analyse, Wut, Aggressivität und Spott – Eigenschaften und Vermögen, über die er wie kein anderer seiner Zeit verfügte, fielen von ihm ab: »Kein Wort, das traf.« Müde und gewissenhaft, mit letzter Anstrengung, hält er sich an die *Form*, um auf das Chaos antworten zu können; klammert er sich an den gliedernden und ordnen-

den *Reim*, um im Mahlstrom der lügenhaften Rede nicht unterzugehen.

Ein Gedicht über die Sprachlosigkeit, das sprachlos macht. Wer dessen tiefe Traurigkeit in diesem sich redselig an der Katastrophe vorbeischmuggelnden Jahrhundert nicht versteht, hat weder von Karl Kraus noch von der Literatur und ihrer Funktion etwas verstanden.

Brecht hatte verstanden. Er schrieb zu den zehn Zeilen einen beredten Kommentar in Versen, der mit dem Satz endet: »Als der Beredte sich entschuldigte / Daß seine Stimme versage / Trat das Schweigen vor den Richtertisch / Nahm das Tuch vom Antlitz und / Gab sich zu erkennen als Zeuge.«

Was danach passierte, ist bekannt. Kraus optierte für Dollfuß, in der Meinung, gegen den Faschismus Partei zu ergreifen. Im Februar 1934 ließ Dollfuß auf Arbeiter schießen. Brecht, dem die Worte nie ausgingen, schickte dem ersten ein zweites Gedicht hinterher: »Welch eine Zeit, sagten wir schaudernd / Wo der Gutwillige, aber Unwissende / Noch nicht die kleine Zeit warten kann mit der Untat / Bis das Lob seiner guten Tat ihn erreicht.«

Kraus starb 1936, zwei Jahre vor dem Anschluß Österreichs ans Deutsche Reich. Hätte er, dem die Stimme für einen Moment ausblieb, gewußt, für welche Partei er Partei ergriffen hatte, hätte er weiter geschwiegen; und hätte er erlebt, welche Partei, auch durch sein Schweigen, an die Macht kam, dann wäre er von ihr erschlagen worden.

Diese kleine Geschichte erzählt das Gedicht ohne Titel über das Schweigen.

KARL KRAUS
TRAUM VOM FLIEGEN

Und wieder mir träumte, ich wäre geflogen,
und diesesmal war es doch sicherlich wahr,
denn ich hatte so leicht wie die Luft ja gewogen
und hatte die Knie an den Körper gezogen,
und es ging wie im Flug, im beherztesten Bogen
hoch über der schwergewichtigen Schar,
es war keine Täuschung, ich war nicht betrogen,
es flogen die Stunden, die Tage, das Jahr.

Mit fliegenden Hoffnungen vollgesogen,
so wach' ich mit müderen Gliedern auf.
Zu Lande ist Leben; und angelogen,
vom leichtesten Trug an der Nase gezogen,
aus allen Himmeln zur Erde geflogen,
da lieg' ich, da liegen die Lügen zuhauf.
Und trotzdem bleib' ich dem Traume gewogen,
so läuft er sich leichter, der Lebenslauf.

HANS CHRISTIAN KOSLER
DIE FÜGUNG DES UNBEUGSAMEN

Wenn die Dummheit sich schlafen legte, ging er ans Werk. Dann breitete er die »papierne Schande« namens Zeitung vor sich aus, um zu wissen, was er tagsüber versäumt hatte, und stimmte jenes satirische Hohngelächter an, das von seiner Treffsicherheit bis heute wenig eingebüßt hat. Karl Kraus war ein Nachtarbeiter und ein *Workaholic*, der bis zur Erschöpfung am Schreibtisch saß. Für angenehme Träume fehlte ihm die nötige Ausgeruhtheit. Meist war es der Albtraum Realität, der ihn bis in den Schlaf verfolgte. Die Klage, in der sich Lust und Qual verbanden, liest man oft in seinem 20000-Seiten-Werk: daß sein Stoff »ach, nur die Notwehr gegen den Stoff« sei und die Bewältigung dieses Stoffes ein nicht endendes Fieber hervorrufe.

Wenn in Kraus' Glossen und Satiren von Träumen die Rede ist, dann sind es in der Regel Angst-, Fieber- und Albträume, die ihm »die Gesichte und Geräusche des Tages« bereiteten. Daß es die mit positiven Assoziationen besetzte Welt des Traums in seinem Werk dennoch gibt, ja in den Gedichten eine wichtige Rolle spielt, fand bisher wenig Beachtung. Wie dem Ursprung, der das Ziel war, wie den Themen Liebe, Kindheit und Natur kam dem Traum die Bedeutung einer Gegenwelt, eines Refugiums zu, dessen Geheimnisse der Satiriker nicht gelüftet wissen wollte. Sein lebenslanger Feldzug gegen die Psychoanalyse beruhte auf nichts anderem als auf einer tiefen Abneigung gegenüber einer Wissenschaft, die in den Traum »wie in eine Tasche« griff.

So charakteristisch der 1919 entstandene »Traum vom Fliegen« für eine Vielzahl von Gedichten ist, in denen dem Traum gehuldigt wird, so ungewöhnlich nimmt er sich doch in seiner Diktion aus. Kraus konnte die Tonfälle seiner Gegner brillant nachahmen, doch wenn er von sich selbst sprach, war sein Repertoire an sprachlicher Gestik gering. Unter der Berufung auf das Weltgericht übte er sich in Selbstgerechtigkeit und sentimentalen Beteuerungen, wenn er – was er gerne tat – von der Unerbittlichkeit seiner Gegnerschaft Rechenschaft ablegte. Nichts von alledem in diesem schlichten Gelegenheitsgedicht. Auch das feierliche, oft schwer erträgliche Pathos seiner Lyrik fehlt. Statt dessen meint man eine Art Galgenhumor zu vernehmen, mit welcher der genarrte Träumer sich in seine Niederlage fügt. Und noch etwas verblüfft an diesem Gedicht: die Selbstvergessenheit, mit der Kraus seinen sich verordneten Größenwahn ablegt. Der Unmensch qua seines Amtes begibt sich in die Position des Mitmenschen.
Wie immer man den »Traum vom Fliegen« deuten mag – ob als Tagtraum, als konkreten oder als übertragen gemeinten, gar sexuellen Traum: Er ist mühelos von jedermann nachvollziehbar. Wer kennt sie nicht – den lang herbeigesehnten Höhenflug und die »aus allen Himmeln« erfolgte unsanfte Landung. Kraus hat der achselzuckenden Gelassenheit, mit der er die zerstobene Illusion dem Alltag zuordnet, auch formal Gestalt verliehen. Der auffällige Rhythmus der vierhebigen Verse und die einprägsamen Reime gesellen sich dem Auf und Ab des Lebenslaufs akustisch an.
Es ist einmal mehr »die andere Seite« des Nörglers, die aus diesem Gedicht spricht. Der sonst so Unbeugsame gibt klein bei, streckt vor der Eigengesetzlichkeit des Traums

die Waffen. »K. K. – Mundus? Noch lange nicht. Ein geniales Teilchen«, lautet einer der Seitenhiebe, die Peter Altenberg Karl Kraus gelegentlich verpaßte. Es scheint, als habe Kraus mit diesem Gedicht, das er auf seinen Lesungen immer wieder vortrug, dem Einspruch des Freundes stattgegeben.

KARL KRAUS
WIESE IM PARK

Schloß Janowitz

Wie wird mir zeitlos. Rückwärts hingebannt
weil' ich und stehe fest im Wiesenplan,
wie in dem grünen Spiegel hier der Schwan.
Und dieses war mein Land.

Die vielen Glockenblumen! Horch und schau!
Wie lange steht er schon auf diesem Stein,
der Admiral. Es muß ein Sonntag sein
und alles läutet blau.

Nicht weiter will ich. Eitler Fuß, mach Halt!
Vor diesem Wunder ende deinen Lauf.
Ein toter Tag schlägt seine Augen auf.
Und alles bleibt so alt.

WERNER FULD
DIE RÜCKKEHR INS PARADIES

Karl Kraus konnte nicht in Prosa lieben. Mit seinen langen, kunstvoll geschachtelten und getürmten Satzperioden umzingelte er seine Gegner und wollte ihnen die Luft abdrehen. Wenn er sie zitierte, machte er sie sprachlos. Als er liebte, begann er Verse zu schreiben, bei denen man den Eindruck nicht verliert, er zitiere sie, um sich von seinen Gefühlen zu überzeugen. In seinem keineswegs naiven Vertrauen auf den klassischen Formenkanon war er ein Mann des späten neunzehnten Jahrhunderts.

»Ich komme aus dem Leben, jenem Ort, / wo sie mit Leidenschaft das Leben quälen«, schrieb er seiner Geliebten, aber mit diesem ersten Satz »Wie wird mir zeitlos« tritt er aus seiner Welt heraus ins Paradies. Wen er mehr geliebt hat, den Park von Schloß Janowitz oder dessen Herrin, Sidonie Nádherný von Borutin, läßt sich kaum entscheiden. Seit er sie kennenlernte im Herbst 1913, liebt er den Park, der ihm die Glücksverheißung eines anderen Lebens bedeutete.

»Janowitz und die Arbeit kämpfen um meine Seele«, schreibt er in einem Brief; das war ernst gemeint: Für Sidonie hätte er das Kaffeehausleben und sogar die »Fakkel« aufgegeben, wenn sie ihn geheiratet hätte. Das gebieterische Staunen »Und dieses war mein Land« verrät, daß er zu ihr nach Hause kommt, in die eigene zeitlose Vergangenheit. In dem Staunen ist eine tiefe Hoffnung enthalten: daß von nun an nichts sich ändern möge. Die Natur scheint es ihm zu versprechen in dem Bild des Schmetterlings, der lange auf einem Stein bleibt. Aber das Flüchtige und das Dauernde konnten nicht vereint werden. Sidonie war eine rast- und ziellose Frau, stets auf der Flucht vor Entschlüssen. In ihrer Bindungsangst kamen ihr die intriganten Briefe Rilkes gegen den Juden Kraus vermutlich gerade recht.

Karl Kraus hat das nicht durchschaut. Er kam aus der Wiener Phrasenhölle in ein Paradies. »Gruß der Insel Janowitz«, telegraphiert er bei Ausbruch des Weltkriegs und der Extrablätter. Über dem Park lag die Ruhe der Sonntage, die ihm nicht die täglichen drei Zeitungsausgaben brachten, deren schwarzer Magie er in Haßliebe ausgeliefert war. Hier erfährt er den Zauber des Unveränderlichen. Keine Nachrichten oder Neuigkeiten fordern ihn heraus: »Und alles bleibt so alt.« Das Staunen hat sich in dieser letzten Zeile in eine sehnsüchtige Beschwörung verwandelt.

Kraus hat Janowitz »die Wunderwiege meiner Lyrik« genannt. Aber er war kein Lyriker und wußte es: seine Gedichte bezeichnete er als »Worte in Versen«. Ihm fehlte jede Unmittelbarkeit des Erlebens. Auch in diesem Gedicht, einem Selbstgespräch, sieht er die Wiese im Park eigentlich nicht, sondern er zitiert sie. Er weist sich selbst auf ihre Schönheit hin: ein Didaktiker des Gefühls, dem keine Welt existierte, wenn sie nicht zitierbar war.

BÖRRIES FREIHERR VON MÜNCHHAUSEN
DIE HESPED-KLAGE

Wem der Tag die Kniee
 müd gemacht,
Lindes Lager breitet dem die Nacht.

Wer am Tag im Todeskrampf
 erblichen,
Nacht hat ihm die Falten
 glatt gestrichen.

Namen, die der Tag dem Leben stahl,
Hesped nennt sie abends noch einmal,
Das Gebet, das Jakobs Samen kennt,
Weil es einmal jeden Namen nennt.–

Kischinew! Der Tag schrie heiser:
 Töte!
Schamrot war das Rot
 der Abendröte,
Bis es vor Entsetzen ist verblichen,
Weil so viele Namen ausgestrichen.

Kopf an Kopf. Im Tempel
 glühn die Lichter
Und bescheinen blasse Angesichter,
Hesped wird gesagt, und alle Toten
Werden laut bei Namen aufgeboten,

Alle Namen, ausgelöscht am Tage,
Nennt noch einmal das Gebet
der Klage:

»Rabbi Simon, Judassohn,
Löb Schmeien ...«
Lange, lange, lange Namenreihen,
»Saul Rechmowski,
Samuel Abraham ...«
Viele Blätter von Jehudas Stamm!

»Baruch Mose, Sarah und
Ruth Trüber ...«
Geisterhaft die Namen ziehn vorüber,
Vatersnamen, Brüder-,
Schwester-Namen,–
Schweigend hörens, die zur Feier
kamen.

Nur als alle Namen ausgesprochen,
Ist ein lautes Schluchzen
ausgebrochen,
Als es hieß: Und in der Mutter Schoß
Ein klein Kindlein,
das noch namenlos!

IRING FETSCHER
DIE AHNUNGSLOSIGKEIT DES RITTERS OHNE FURCHT

Jugendbewegten der älteren Generation dürften die Lieder Münchhausens »Die Glocken stürmten vom Bernwardsturm« und »Jenseits des Tales standen ihre Zelte...« noch in den Ohren klingen. Zuweilen war ihnen vermutlich der Verfasser unbekannt, der so gut den Volksliedton zu treffen wußte. Das Gedicht »Hesped-Klage« steht in einer Sammlung von »Balladen und ritterlichen Liedern«. Es dürfte 1904 oder 1905 entstanden sein und drückt die tiefe Betroffenheit des Dichters über den Pogrom vom 6. April 1903 in Kischinew aus, der 45 Tote und Hunderte Verletzte an Opfern forderte. Hesped (Betrauern) ist eine Gedächtnisrede, eine Gattung der rabbinischen Literatur.

Der konservative und adelsstolze Balladendichter aus altem Geschlecht hatte schon einmal, im Jahre 1900, eine ganze Sammlung von Liedern und Balladen dem Volk der Juden gewidmet. Der Band »Juda« war von dem damals bekanntesten jüdischen Illustrator Ephraim Moses Lilien prunkvoll ausgestattet worden und hatte 1922 eine Auflage von 12000 Exemplaren erreicht. Im Widmungsgedicht ruft Münchhausen die Juden – im Sinne des Zionismus – zur Heimkehr auf, wobei sowohl die religiöse Rückbesinnung auf ihren Glauben als auch die Auswanderung nach Palästina gemeint sein dürfte. In einer 1929 verfaßten autobiographischen Skizze schreibt Münchhausen,

er habe diese »alttestamentarischen Balladen unter dem Eindruck wiederholten Besuchs in der hannoverschen Synagoge« geschrieben.
Der Geschmack des Balladendichters Münchhausen war konservativ, mit der expressionistischen Prosa eines Döblin konnte er nichts anfangen. Seine Sympathien lagen bei den Zeitgenossen Alverdes, Wiechert, Carossa und Gustav Frenssen. Unter den »verständlichen Lyrikern«, die er gegenüber den modernen, interpretationsbedürftigen bevorzugt, erwähnt er auch Heine. In einem Aufsatz vom Herbst 1933 beklagt er jedoch den »zu hohen Anteil der Juden« an der modernen Literatur, der »etwa hundert- bis zweihundertmal so stark als ihr Anteil an der Bevölkerungszahl« sei. Zugleich beteuert er, keineswegs Antisemit zu sein, und die Tatsache, daß die »Hesped-Klage«, wer hätte das gedacht, auch 1942 noch in der Neuauflage seiner Gedichtsammlung – ebenso wie ein schönes Gedicht über den liberalen Prager Rabbi Menasse Kohen – enthalten war, dürfte für die Richtigkeit dieser Aussage sprechen.
Wie passen die beiden Bilder zusammen: auf der einen Seite der Verfasser des Zyklus »Juda« und des Klagegedichts anläßlich des Pogroms von Kischinew und auf der anderen der engagierte Verteidiger des »Dritten Reiches« in einem Brief an Thomas Mann vom 22. März 1937? Gewiß, die weltfremde Uninformiertheit des Gutsherrn von Schloß Windischleuba bei Altenburg dürfte mitverantwortlich sein, aber allein an ihr kann es doch nicht liegen. Niemand leide mehr Hunger in Deutschland, Streik und Aussperrung seien unbekannt, und »ohne Ansehen der Person« würden »alle, auch Nicht-Parteimitglieder, Juden, kurz alle Bedürftigen unterstützt«. So kann 1937 nur die Ahnungslosigkeit sprechen.

Am Ende des Briefes aber steht der erstaunliche und aufschlußreiche Satz: »An dieser Überzeugung werde ich festhalten, selbst wenn, was ich durchaus für möglich halte, irgendein ... törichter Beamter mich morgen in ein Konzentrationslager befördert.« Münchhausen wußte also um die Lager, und er kannte die gesetzlose Willkür der Behörden, und doch fühlte er sich aus einem unkritischen, traditionellen Patriotismus heraus dazu verpflichtet, Nazideutschland gegenüber Thomas Mann vorbehaltlos zu verteidigen. Am 16. März 1945 hat er sich in Windischleuba aus Furcht vor den Russen und weil er ahnte, daß künftig ein Leben im bisherigen Stil nicht mehr möglich sein würde, das Leben genommen.

»Hesped-Klage« ist keines seiner gelungenen Gedichte: als ich es an Weihnachten 1942 zum ersten Mal las, mußte ich seinen Autor für einen mutigen und kritischen Zeitgenossen halten, für einen »Ritter ohne Furcht und Tadel«. Ganz unberechtigt – so scheint mir – war dieser Eindruck nicht. Schade, daß Thomas Mann den Brief seines Kollegen nicht beantwortet hat. Er hätte darin fragen können, warum Münchhausen die Verfolgung deutscher Juden unter der Naziherrschaft so unkommentiert hinnahm, nachdem er 1904 oder 1905 so sympathisch und betroffen auf den Pogrom in Kischinew reagiert hatte.

AUGUST STRAMM
PATROUILLE

Die Steine feinden
Fenster grinst Verrat
Äste würgen
Berge Sträucher blättern raschlig
Gellen
Tod.

JAN KNOPF
MENSCHENMATERIAL

Die Fotos zeigen August Stramm als strammen deutschen Soldaten, energiegeladen, mit stechenden Augen, befehlsgewohnt: einen Hauptmann, wie er im Buche steht, eine deutsche Eiche. Gefällt wurde sie, als der Erste Weltkrieg kaum ein Jahr alt war und sich die deutschen Armeen noch im Vormarsch befanden. Stellungskrieg und Materialschlachten hat Stramm nicht mehr miterleben müssen. Und dennoch handelt seine Poesie unausgesprochen von ihnen.

Das unscheinbare Gedicht fordert durch seine ungewöhnliche Sprachgebung heraus. Stramm gehörte zu den (wenigen) Expressionisten, die mit der mehr geforderten als dann auch realisierten Zersprengung der überkommenen Grammatik Ernst machten, und zwar als Mittel des Protests gegen die saturierte Bürgerlichkeit des wilhelminischen Reichs. Der Inhalt basiert auf Stramms eigenen Erfahrungen. Aber das Gedicht weigert sich, diese Erfahrungen als Erlebnis mitzuteilen: Ein lyrisches Ich fehlt, ja, die Menschen fehlen überhaupt in diesem Gebilde, obwohl es unzweifelhaft menschliche Existenzangst, die Bedrohung menschlichen Lebens im Krieg mitteilt.

Nur Dinge sind genannt, die Steine, die Fenster, die Äste, Berge und Sträucher. Natur und von Menschen Gebautes zeigt normalerweise in Lyrik menschliche Geborgenheit und Behaustheit an. Hier aber geht von allen und allem Bedrohung aus. Diese erfaßt Stramm in ungewöhnlichen

Vermenschlichungen. »Die Steine feinden«, ein für Stramm typischer Neologismus, der ein Nomen in ein Verb wandelt und dadurch äußerste Lakonie ermöglicht. Jeder (wohl gebaute) Stein wird zum tödlichen Gegner. »Fenster grinst Verrat«, die wohl knappste Formulierung für den lebensbedrohenden Zynismus, der den Ort der Kommunikation (Fenster) zwischen Innen und Außen zur hinterhältigen Falle umkehrt. »Äste würgen«, das flaue Gefühl, daß die Angst buchstäblich auf den Magen schlägt, wird auf die Äste projiziert, die damit aller ihrer ursprünglichen Natur beraubt werden. Der vierte Vers ist gegenüber den anderen fast geschwätzig, er weitet jedoch das Gefühl der Beklemmung auf die ganze behauste und unbehauste Landschaft aus, in der sich die Patrouille bewegt. Die beiden letzten Verse schließlich nennen, worauf das Feinden, Grinsen, Würgen und Blättern hinausläuft: auf den Tod. Alles, die ganze Landschaft schreit den Entsetzensschrei des Todes. Der Tod ist am Ende durch die Isolierung in einem Vers absolut gesetzt. Nicht die glücklich ausgespähte Stellung des Gegners wird das Ziel der Patrouille sein, sondern allein der Tod.
Wir pflegen gemeinhin von Vermenschlichungen der Natur (oder anderem) dann zu reden, wenn wir damit auch sagen wollen, daß die Natur menschlich sei. Hier jedoch ist sie unmenschlich und vernichtet menschliches Leben. Das lyrische Ich (oder Wir), die das Gedicht ausspart, sind in die Dinge eingegangen, sind nur in den Dingen da, oder genauer gesagt: sie sind verdinglicht. Damit hat Stramm ein sprachliches Mittel gefunden, das auf Erfahrungen vorausweist, die im Krieg erst ab 1916 allgemein geworden sind: der Mensch als das Material, das in den »Materialschlachten« (die ebendarum so heißen!) vor Verdun und

Arras eingesetzt und (»sinnlos«) vernichtet worden ist. Die deutsche Oberste Heeresleitung wußte, warum sie Ende 1916 das Wort »Menschenmaterial« auf den Index setzte. Stramm nötigt in seinem kleinen Gedicht die Sprache dazu, die wahren Sachverhalte der neuen, mit Maschinen geführten Kriege zu »verraten«.

THOMAS MANN
MONOLOG

Ich bin ein kindischer und schwacher Fant,
Und irrend schweift mein Geist in alle Runde,
Und schwankend fass' ich jede starke Hand.

Und dennoch regt die Hoffnung sich im Grunde,
Daß etwas, was ich dachte und empfand,
Mit Ruhm einst gehen wird von Mund zu Munde.

Schon klingt mein Name leise in das Land,
Schon nennt ihn mancher in des Beifalls Tone:
Und Leute sind's von Urteil und Verstand.

Ein Traum von einer schmalen Lorbeerkrone
Scheucht oft den Schlaf mir unruhevoll zur Nacht,
Die meine Stirn einst zieren wird zum Lohne
Für dies und jenes, was ich hübsch gemacht.

HANS MAYER
WAR ER KEIN LYRIKER?

Natürlich kann man es mit der Flaschenpost versuchen, kommt dabei aber nicht weit. Es wird eine Flasche ans Land geschwemmt und birgt einen Zettel mit deutschen Versen; ein Verfasser ist nicht genannt. Nun muß der Deuter ans Werk gehen.

Dichtung der Jahrhundertwende: soviel wird unschwer auszumachen sein. Vielleicht ein halb knabenhafter Österreicher im Gefolge des jungen Herrn von Hofmannsthal. Dessen Terzinen »Über Vergänglichkeit« hat der unbekannte Poet vermutlich gelesen. Auch er bekennt sich in Terzinen. Hofmannsthals Verse »Manche freilich« sind gleichfalls einbezogen: weniger als Nachahmung, denn als Zitat. »Und mein Teil ist mehr als dieses Lebens / Schlanke Flamme oder schmale Leier.« Der schmalen Leier bei Loris-Hofmannsthal korrespondiert im Text der Flaschenpost der »Traum von einer schmalen Lorbeerkrone«. In beiden Fällen ein halb knabenhafter Traum von der poetischen Magie.

Im Gegensatz jedoch zu Hofmannsthals früher lyrischer Perfektion stehen beim unbekannten Verfasser dieser Terzinen die Selbstaussagen im argen Kontrast zur gewählten Form. Ein junger Schreibender – einen »Fant« nennt er sich etwas preziös – berichtet von seinem Stammeln und Beginnen: doch in einer Kunstform, die sich virtuos der Terzinenstruktur bemächtigt hat und das Geflecht der männlichen und weiblichen Reime geschickt zusammenband. Unsicherheit des Debütanten verrät sich im treuherzigen Hinweis, auch »Leute von Urteil und Verstand« hätten bestätigt, was die innere Stimme raunte. Allein die Form ist glatt, die literarische Tradition erkennbar, Bangigkeit der Aussage wird durch die kunstvolle Machart relativiert, so daß sie fast unernst wirken muß. Eher ein Spiel mit der Selbstaussage als die echte poetische Konfession eines Debütanten. Ist der Verfasser wirklich jung?

Thomas Mann schrieb die Terzinen des »Monolog«, wie Peter de Mendelssohn nach dem Notizbuch festgestellt hat, am 18. Januar 1899. Also mit 23 Jahren und während der Arbeit an »Buddenbrooks«. Das Gedicht wurde oft nachgedruckt, freilich mit einer bezeichnenden Variante. Nach dem Erstdruck, nämlich in der Zeitschrift »Die Gesellschaft«, änderte der Autor die letzte Zeile und wandelte die Vision vom künftig »hübsch« Gemachten in etwas, »was ich gut gemacht«.

Nach herkömmlicher Poetik hatte er recht. Terzinen und hübsch? Wenn man freilich weiß, daß es sich um Verse Thomas Manns handelt, muß man die neue Fassung bedauern. »Hübsch« ist viel hübscher. Das Wort hübsch gehört zu einer hanseatisch-untertreibenden Sprechweise. Die Lübecker Damen fanden – abwehrend – die schöne Gerda Buddenbrook mit ihrer Geige einfach »albern«. Der Erzähler Thomas Mann hat den spezifisch hanseatischen Wortsinn von »hübsch« genau eingesetzt. Rahel und ihr Sohn Joseph, der spätere »Ernährer«, waren »hübsch und schön«.

Die Geschichte der Familie Buddenbrook wurde ordentlich der Reihe nach erzählt. Als Thomas Mann seine Terzinen schrieb und drucken ließ, war er vermutlich beim Bericht über Hanno angelangt. Bangigkeit mischte sich immer wieder in das Hochgefühl beim Schreiben. Was entstand da eigentlich? Folgte man den Reaktionen des Familienkreises, so war es »hübsch«. Der Nobelpreisträger T. M. saß beim Bankett neben Selma Lagerlöf, die ihm gestand, sie habe den »Gösta Berling« beim Schreiben für »etwas zum Lachen« gehalten. Auch Thomas Mann hielt »Buddenbrooks« beim Schreiben wohl für etwas zum Lachen. Für eine hübsche Geschichte. Die Schlußzeile des »Monolog« hat diese private Ursprungsvision des großen Romans aufbewahrt. Als das Wort hübsch ausgetauscht wurde gegen das Wort gut, entschied so ein erfolgreicher Autor, der den Mut gefunden und bewahrt hatte zum großangelegten Werk.

Thomas Mann sei kein Lyriker gewesen, das wurde immer wieder behauptet. Er selbst fragte spöttisch zurück, woher man das so genau wissen wolle. Lyrische Poesie hohen Ranges gibt es allenthalben im epischen Werk. Würden die Hymnen Serachs aus dem Schlußband des Josephsromans in der Flasche herangeschwemmt, so müßten Philologen nachdenklich fragen, ob es sich um eine unbekannte Nachlese zum Westöstlichen Divan handeln könnte.

Andere Lyriker, wie Goethe oder Rimbaud, haben bedeutendere Verse geschrieben, und in noch jüngerem Alter, als der 23jährige Verfasser des »Monolog«. Wo aber in aller Welt hat einer nach Breite und Tiefe, als etwas zum Lachen und zum Weinen und zum Denken, mit 23 Jahren an einem Erzählwerk gearbeitet, das sich mit den »Buddenbrooks« vergleichen ließe?

RAINER MARIA RILKE
ABSCHIED

Wie hab ich das gefühlt, was Abschied heißt.
Wie weiß ichs noch: ein dunkles unverwundnes
grausames Etwas, das ein Schönverbundnes
noch einmal zeigt und hinhält und zerreißt.

Wie war ich ohne Wehr, dem zuzuschauen,
das, da es mich, mich rufend, gehen ließ,
zurückblieb, so als wärens alle Frauen
und dennoch klein und weiß und nichts als dies:

Ein Winken, schon nicht mehr auf mich bezogen,
ein leise Weiterwinkendes –, schon kaum
erklärbar mehr: vielleicht ein Pflaumenbaum,
von dem ein Kuckuck hastig abgeflogen.

SIBYLLE WIRSING
DIE ÜBERWINDUNG

Vom Abschied, von dem Goethe tröstlich sagt, daß er im Hinblick auf das Wiedersehen ein Fest sei, ist nicht die Rede und die Abfolge von Trennung, Abwesenheit und Rückkehr, auf die Beethovens »Les Adieux«-Sonate vertraut, nicht die Perspektive. Rilke berücksichtigt weder die Vergangenheit noch die Zukunft und läßt jede Erklärung aus. Kein Wort über die Beziehung, die er aufgibt, und keines über den Grund der Abreise. Er erlebt den herzzerreißenden Augenblick als fulminante Ekstase.

Der Blick ins Innere ist ohne Tränenschleier. Aus dem trüben Urschmerz kristallisiert sich unter dem Druck der Situation das Ich-Gefühl klar heraus, und die Selbstbeleuchtung legt die Trauer bei, wie der Tag die Nacht aufhebt. Die zurückbleibende Person verfällt rapide. Eben ist sie noch als Bezugspunkt sichtbar und ist es schon nicht mehr. Sie geht in der Verallgemeinerung auf – »so als wärens alle Frauen« – und entschwindet der Wahrnehmung schneller als dem Auge. Wir sehen tief in eine Natur hinein, in der das Du keinen Bestand hat.

Die Beobachtung, daß man einen Verlust überlebt, indem man auf sein eigenes Selbst zurückkehrt, »gewohnt, nur dasjenige schmerzlich zu empfinden, was wir persönlich für die Folge zu entbehren haben«, ergänzt Goethe in einem späten Brief durch den Hinweis, daß uns das andere Ich schließlich auch um seiner selbst willen hätte gegenwärtig bleiben können. Demnach brauchte die Trennung keinen Gewaltakt zu bedeuten, der das Schönverbundene zerreißt, sondern nur die Ausdehnung des Verhältnisses über die Entfernung hinweg und den Tod hinaus. Im »Wilhelm Meister«, in dem so viele Stufen des Abschieds durchlaufen werden, gibt Therese, die männlich-weibliche Figur des Romans, Auskunft darüber, wie versöhnlich man sich zu der Entsagung stellen kann. Sie zweifelt nicht an der Anwesenheit des abwesenden Freundes, obwohl es mit der zärtlichen Verbindung vorbei ist, und erklärt, die Welt werde erst dann zu einem bewohnten Garten, wenn man hier und da jemanden wisse, an den man sich halten könne – »mit dem wir auch stillschweigend ſortleben«. So erscheint es auch Rilke nicht angemessen, daß uns der Abschied zum Sklaven des Leidens macht: »Sollen nicht endlich uns diese ältesten Schmerzen fruchtbarer werden?« Aber er schlägt nicht vor, daß wir uns mit dem Bewußtsein beruhigen, die wechselseitige Anteilnahme hebe die Trennung auf. Seine Vision zielt auf einen wuchtigen und zugleich schlanken Akt. Wir verlassen, was uns bindet, so unwiderruflich, »wie der Pfeil die Sehne besteht, um gesammelt im Absprung *mehr* zu sein als er selbst«. Zu dieser mannhaften Überwindung, für die sich die erste Duineser Elegie jedenfalls in Gedanken stark macht, ist das frühe Abschiedsgedicht nicht bereit. Es schöpft aus dem Schmerz keinen Schwung, sondern gibt sich der akuten Empſindung hin und akzeptiert die höhere Gewalt: »ein dunkles unverwundnes grausames Etwas«. Auch die Rückwendung, die später durch den Vergleich des mechanischen Absprungs unmöglich wird, ist hier noch erlaubt. Aber die geballte Egozentrik drängt bereits in die künftige Richtung. Der Blick zurück ist so kraftlos, daß er die Frau, die ihm zuwinkt und die er festhalten will, im Nu losläßt und ihre restliche Gebärde nur noch als Absurdität auffaßt: »vielleicht ein Pflaumenbaum, / von dem ein Kuckuck hastig abgeflogen.« Bereits vor der ersten Wegbiegung ist der Tod eingetreten, und der Schmerz wird mit sich selber selig.

RAINER MARIA RILKE
AN DER SONNGEWOHNTEN STRASSE

An der sonngewohnten Straße, in dem
hohlen halben Baumstamm, der seit lange
Trog ward, eine Oberfläche Wasser
in sich leis erneuernd, still' ich meinen
Durst: des Wassers Heiterkeit und Herkunft
in mich nehmend durch die Handgelenke.
Trinken schiene mir zu viel, zu deutlich;
aber diese wartende Gebärde
holt mir helles Wasser ins Bewußtsein.

Also, kämst du, braucht ich, mich zu stillen,
nur ein leichtes Anruhn meiner Hände,
sei's an deiner Schulter junge Rundung,
sei es an den Andrang deiner Brüste.

ECKART KLESSMANN
WASSER-ZÄRTLICHKEIT

Nichts mehr von der zuweilen üppigen Instrumentierung seiner frühen Gedichte mit dem betörenden Bukett wohllautender Reime ist hier übriggeblieben. Aber auch nichts vom hochgestimmten Ton und der kryptischen Botschaft der Duineser Elegien. Zwischen ihnen und der Grabschrift »Rose, oh reiner Widerspruch« ist dieses titellose Gedicht entstanden; geschrieben Anfang Juni 1924. Es spiegelt die wasserhelle Klarheit und Schlichtheit seines Sujets in dreizehn reimlosen Versen, deren erste Strophe geprägt wird – man spürt es sofort beim lauten Lesen – vom einatmenden, einsaugenden H-Laut (hohl, halb, Heiterkeit, Herkunft, Handgelenk, hell).

Das Bild ist deutlich konturiert. Ein aus hohlem Baumstamm gefertigter Trog, durch den das Wasser läuft, wie man ihn früher oft in Bergdörfern finden konnte, ehe Beton und Kunststoff diese schlichten Behältnisse verdrängten. In der Sonnenwärme wahr- und aufgenommen: klares, kühles Quellwasser, das zu berühren zärtliches Empfinden weckt. Wäre das Gedicht heute geschrieben, es könnte unsere Sehnsucht nach unverschmutztem Wasser ebenso artikulieren. Das gibt ihm beim Lesen nach einem halben Jahrhundert eine zusätzliche Dimension.

Es ist aber ein Liebesgedicht besonderer Art. Die Geliebte wird evoziert durch das Erlebnis der Wasser-Zärtlichkeit. Die Geliebte wird nur indirekt angesprochen, sie ist nicht da, sie wird nicht kommen, aber »kämst du«. Das ist nicht

Goethes sehnsüchtiges »O wärst du da!«, das »kämst du« ist nur ein stilles Erwägen einer seligen Möglichkeit. »Kämst du«: Wonne des Konjunktivs, von dem seine heutigen Verächter nichts mehr wissen.

Wasser ist ein altes poetisches Symbol. Es ist nicht einfach nur Substanz, den Durst zu »löschen«; um wieviel zärtlicher ist das »stillen«, das in unserer Sprache heute nur noch dem Säugling gegönnt wird, sonst »löscht« man seinen Durst wie der Feuerwehrmann den Brand. Es geht ja auch in diesem Gedicht nicht um die Aufnahme von Wasser gegen den körperlichen Durst; die Haut nimmt Wasser auf wie eine Essenz für das Bewußtsein.

Wasser, das ist auch Flüchtigkeit, verfließende Zeit. Nimmerwiederkehr, stete Verwandlung. Es ist ein Element der Zeit wie die Liebe. Und auch der Baum, der lange wachsen mußte, ehe er Trog werden konnte, gehört in die Zeit und in die Vergänglichkeit, die beide die Liebe gefährden im Prozeß des Alterns.

Als Rilke diese Verse schrieb, war er 48 Jahre alt, und er richtete sie an eine junge Geliebte, wobei uns das biographische Detail nicht zu kümmern hat. Der Prozeß des Alterns und damit der wie Wasser verfließenden Zeit, wird Bild im hölzernen, durchfluteten Trog. Was die durch den Konjunktiv (Eventualis) ersehnte Geliebte verhieße, wäre nicht, körperliches Begehren zu stillen. Darum geht es so wenig wie um die Befriedigung leiblich empfundenen Durstes. Nicht Sexus wird ersehnt, sondern Eros. Und so entspricht dem »Andrang« die Wortschöpfung Rilkes vom »Anruhn«, wiewohl das pralle »Andrang« auch mit dem Verhältnis von Altersresignation und forderndem jugendlichen Ungestüm zu tun hat.

Dies ist der bestimmende Kontrapunkt zwischen den beiden Strophen: das eher leiblich abweisende Aufnehmen von Wasser und das leiblich Herausfordernde des jungen Körpers, ohne daß eine plumpe Vergleichssituation konstruiert würde, trotz des verknüpfenden »also«. Befragt nach einem vollkommenen Liebesgedicht unseres Jahrhunderts, würde ich diese Verse zuerst nennen.

RAINER MARIA RILKE
ARCHAÏSCHER TORSO APOLLOS

Wir kannten nicht sein unerhörtes Haupt,
darin die Augenäpfel reiften. Aber
sein Torso glüht noch wie ein Kandelaber,
in dem sein Schauen, nur zurückgeschraubt,

sich hält und glänzt. Sonst könnte nicht der Bug
der Brust dich blenden, und im leisen Drehen
der Lenden könnte nicht ein Lächeln gehen
zu jener Mitte, die die Zeugung trug.

Sonst stünde dieser Stein entstellt und kurz
unter der Schultern durchsichtigem Sturz
und flimmerte nicht so wie Raubtierfelle;

und bräche nicht aus allen seinen Rändern
aus wie ein Stern: denn da ist keine Stelle,
die dich nicht sieht. Du mußt dein Leben ändern.

ULRICH KARTHAUS
DIE MACHT DES LICHTS

Das Gedicht eröffnet den Band »Der neuen Gedichte anderer Teil«. Mit dem Titel bezeichnet Rilke nicht die später, nach seinen frühen Gedichten entstandenen, sondern einen qualitativ anderen Typus des Gedichtes. Er spricht 1903 in Briefen an Lou Andreas-Salomé davon: »Das Ding ist bestimmt, das Kunst-Ding muß noch bestimmter sein; von allem Zufall fortgenommen, jeder Unklarheit entrückt, der Zeit enthoben und dem Raum gegeben, ist es dauernd geworden, fähig zur Ewigkeit. Das Modell scheint, das Kunst-Ding ist.« Kunst ist demnach »ganz getragen von Gesetz«, ein Ergebnis von »Disziplin«, »Arbeitenkönnen und Arbeitenmüssen«.

Als ich in den fünfziger Jahren dies Gedicht zum ersten Male las, feierte man Rilkes Lyrik als das herausragende Inspirationsereignis der deutschen Literatur dieses Jahrhunderts. Erst später lernte ich, daß Dichten auch Arbeit ist. Rilke drückt mit seiner Definition des »Ding«-Gedichtes den uralten Dichterwunsch nach Unsterblichkeit aus, den Horaz zweitausend Jahre vor ihm mit seinem Wort vom *monumentum aere perennius* – dem Denkmal, dauerhafter als Erz – ausgesprochen hatte und der seither immer wieder das Produktionsethos von Poeten bestimmt.

Und zu einem gewissen Zeitpunkt begann dies Gedicht, seit Jahren bekannt und scheinbar vertraut, mich zu faszinieren, und das kam so. In der deutschen Literaturwissenschaft gab es in den siebziger Jahren die sogenannte Rezeptionsästhetik. Man fragte nach dem Anteil des Lesers am Verständnis literarischer Werke und gelangte bisweilen zu einer übermäßigen Betonung dieses Anteils, so daß von der Substanz der Dichtung nur wenig übrigblieb. Es war dies eine Mode, wie sie deutsche Literaturwissenschaft immer wieder durchgespielt und aus der sie gelernt hat wie aus anderen.

Rilkes Gedicht hat mir damals plötzlich wieder deutlich gemacht, was fast in Vergessenheit geraten war: Ein Kunstwerk ist mehr als ein »Artefakt«, denn das ist schließlich auch ein Dosenöffner oder ein Schuhanzieher. Das Kunstwerk stellt an den Betrachter einen Anspruch, vor dem er bestehen oder versagen kann. Rilke spricht das in der sich steigernden Macht des Lichtes aus, das von dem Stein ausgeht – eine Metapher der Wahrheit. Der Stein »glüht«, »glänzt«, kann »blenden«, und in der dritten Strophe geht dies Leuchten in Bewegung über: es »flimmert«, bricht endlich über seine Grenzen hinaus und blickt den Betrachter an. Es mündet in einem Imperativ: »Du mußt dein Leben ändern.« Was heißt das? Sicherlich ist keine lebensreformerische oder innenarchitektonische Änderung der Lebensweise gemeint, obwohl die Entstehungszeit des Gedichtes, der wir die Reformhäuser und die Inneneinrichtungen des Jugendstils verdanken, das nahelegen könnte. Es ist auch nicht ein Katalog von Geboten gemeint, wie sie den Juden im Dekalog und den Christen in der Bergpredigt verpflichten.

Ich sehe in der Wahrheit, die aus dem Torso leuchtet, etwas wie den »Glanz«, der in Kafkas Türhüter-Parabel »unverlöschlich aus der Türe des Gesetzes bricht«. Auch dies Gesetz wird ja von Kafka nicht definiert oder gar kodifiziert, ebensowenig wie die Änderung des Lebens, die Rilkes Torso fordert. Es ist das individuelle Gesetz des eigenen Lebens, das uns im Kunstwerk begegnet, unsere eigenen unverwirklichten Möglichkeiten. Wir ahnen sie vielleicht in beglückten Augenblicken, aber wir können sie nicht artikulieren, weil sie möglich sind und nicht wirklich. Wir begegnen ihnen nur in einem Akt freier Erkenntnis. Deshalb spricht dies Gedicht von einem Torso und nicht, beispielsweise, vom Apoll von Veji, dessen archaisches Lächeln den Besucher der Villa Giulia in Rom bezaubert.

RAINER MARIA RILKE
AUFERSTEHUNG

Der Graf vernimmt die Töne,
er sieht einen lichten Riß;
er weckt seine dreizehn Söhne
im Erb-Begräbnis.

Er grüßt seine beiden Frauen
ehrerbietig von weit –;
und alle, voll Vertrauen,
stehn auf zur Ewigkeit

und warten nur noch auf Erich
und Ulriken Dorotheen,
die, sieben- und dreizehnjährig,
    (sechzehnhundertzehn)
verstorben sind im Flandern,
um heute vor den andern
unbeirrt herzugehn.

HILDE SPIEL
DIE GRÄFLICHEN KINDER

Wenn einige Zeilen dieses kurzen Gedichtes sich immer wieder im Gedächtnis melden und erinnert sein wollen, dann liegt das ebenso an der Rührung, die sie auslösen, wie an ihrer Lächerlichkeit. »Auferstehung« ist in den gesammelten Werken Rilkes eingebettet in eine Reihe formvollendeter Poeme, die in den Frühlingsmonaten des Jahres 1906 in Paris entstanden sind. Zuvor ist der Dichter schnöde von Rodin sich selbst überlassen worden. Er lebt nun in einem kleinen Hotel der Rue Cassette. Seine Stube ist dürftig, aber »gut zu mir« und »hält sich um mich« – was wäre auch anderes von ihr zu erwarten? Aus ihr schreibt er nicht nur dies an seine Frau Clara in Worpswede, sondern zugleich Briefe an hochgeborene Patronessen wie die Gräfin de Noailles und die Prinzessin de Broglie, die er »Madonna« nennt.

In diesen Wochen äußerer Armut, die nun einmal ein »Glanz aus Innen« zu sein hat, ist Rilke von großen, feierlichen, heraldischen und genealogischen Themen erfüllt, angeregt durch die Ahnenforschungen seines Onkels Jaroslav Rilke wie schon im endlich beendeten »Cornet«. Im März ist in Prag sein Vater gestorben und in der Rilkeschen Familiengruft auf dem Friedhof von Olšany beigesetzt worden. In dem Dichter, der sich noch in diesem Sommer der Prinzessin gegenüber verächtlich über die *parvenus dans toutes les classes de la population* in Deutschland äußern wird, schwillt eine Welle des

Wunschdenkens hoch. Im »Jugendbildnis meines Vaters«, wenige Tage vor der »Auferstehung« verfaßt, spricht er von dessen »schlanker adeliger Uniform«. Sein »Selbstbildnis« aus der gleichen Zeit beginnt mit der oft zitierten Schilderung »Des alten lange adligen Geschlechtes / Feststehendes im Augenbogenbau«.

Und nun dieser Aufbruch aus dem Grabe einer gräflichen Sippe am Jüngsten Tag, der so gar keine Schrecken der Apokalypse ahnen läßt, vielmehr dem zu einem Familienfest entspricht! Sie rüsten sich zum Weg in die Ewigkeit wie zu einem Treffen von Standespersonen. Den Söhnen haftet bereits ein kurioses Element des Märchenhaften an. Zu seinen beiden Gemahlinnen hält der Graf Abstand, wie Rilkes Vater – hoffentlich ebenso ehrerbietig – jahrzehntelang von seiner Frau. Nach zwei schlichten Versen dann der dritte, unvergeßliche, von jenen Kindern, die, mit einem Rilkeschen Manierismus, »im« Flandern dahingegangen sind und sich jetzt zu den anderen gesellen, um »unbeirrt« vor ihnen herzugehen.

Welch ein ergreifendes Bild! Man sieht sie vor sich, die einsamen Kleinen, in der Fremde dahingerafft aus verborgenem Anlaß, von einer Seuche oder einem kriegerischen Überfall. Aber fern von wo? Weshalb? Wieso? 1610 wurde Henri Quatre in Paris ermordet. In Flandern tobten die Glaubenskämpfe weiter. Seit wann ruht die gesamte Familie in ihrem Erb Begräbnis? Ob die Rilke-Exegese dahintergekommen ist, weiß ich nicht. Doch das ist mir nur lieb. Denn der arme siebenjährige Erich, die süße Ulrike Dorothee, wie sie, einander an den Händchen haltend, ihren Altvordern und dreizehn Brüdern tapfer voranschreiten und als erste verschwinden in der Unendlichkeit – sie sind mir um so gegenwärtiger, weil ich sie zwar zeitlich und räumlich orten, doch sonst nicht einordnen kann. Alles hat Rilke ausgespart, hat uns nur, wie so oft, hochmütig eine seiner Augenblicksvisionen hingeworfen. Die ungewollt komische Form des letzten Verses aber verleiht ihm etwas von der Naivität alter Malereien, deren Ursprung und Herkunft unbekannt sind.

RAINER MARIA RILKE
BLAUE HORTENSIE

So wie das letzte Grün in Farbentiegeln
sind diese Blätter, trocken, stumpf und rauh,
hinter den Blütendolden, die ein Blau
nicht auf sich tragen, nur von ferne spiegeln.

Sie spiegeln es verweint und ungenau,
als wollten sie es wiederum verlieren,
und wie in alten blauen Briefpapieren
ist Gelb in ihnen, Violett und Grau;

Verwaschnes wie an einer Kinderschürze,
Nichtmehrgetragnes, dem nichts mehr geschieht:
wie fühlt man eines kleinen Lebens Kürze.

Doch plötzlich scheint das Blau sich zu verneuen
in einer von den Dolden, und man sieht
ein rührend Blaues sich vor Grünem freuen.

RAINER GRUENTER
EINE BIOGRAPHIE DES BLAUS

Das Gedicht »Blaue Hortensie«, Mitte Juli 1906 in Paris niedergeschrieben, beschreibt in der gebundenen Form des Sonetts die kurze Lebensgeschichte einer Farbe. Der Farbe Blau. Blütendolde und Blätter der Hortensie sind nur Bühne der Handlung, die das Blau bestreitet. Nur als Farbe, als »das letzte Grün in Farbentiegeln«, sind die Blätter »hinter den Blütendolden« als Partner des Blaus zugelassen. So wie das Grün schon das Eingetrocknete, Eingestaubte einer erloschenen Farbkraft hat, so hat sich das Blau von seinem Gegenstand gelöst. In der Verfeinerung der Vergängnis hat es seinen Träger, die Blütendolde, entlassen. Sie trägt das Blau nicht mehr, sie spiegelt es nur aus einer Ferne, die es mit den opalisierenden Mischreizen des Welken, »verweint und ungenau«, ausstattet.
Seine Präsenz ist ungewiß, läßt sich nicht mehr eindeutig lokalisieren. Es zeigt bereits die Veränderungen der Übergänge, des Abgestandenen, wie in »alten blauen Briefpapieren«, die mit grauen Blässestellen und violetten Stockflecken vergilben. Das Zuoftbenutzte wurde das Nichtmehrbenutzte, wurde »verwaschen wie an einer Kinderschürze«, so daß es nun wie ein Kleidungsstück, das aufgetragen ist, nutzlos geworden ist. Es findet keine Verwendung mehr. Ihm kann, im zweideutigen Sinn des Abgetanen, Ausgespielten und zugleich Unerreichbaren, Vollbrachten nichts mehr geschehen. Das Blau hat »eines kleinen Lebens Kürze« hinter sich gebracht. Doch in einer

nachbarlichen Dolde der Hortensie kehrt das Blau »verneut« in die Blüte zurück, beginnt gleichsam eine neue Kindheit des Blaus, ein »rührend Blaues«, das sich diesseits aller farblichen Entrückungen seiner Verweslichkeit vor Grünem freuen kann.

In den Briefen, die Rilke in den Pariser Jahren zwischen 1905 und 1908 schreibt, gewinnt die Auseinandersetzung mit der Farbe eine immer größere Bedeutung. Rilke hatte sich in den Pariser Museen, Galerien, Ateliers und Salons mit dem Eigensinn des Ungeschulten zugleich eine optische Unschuld bewahrt, die ihn vor den Belanglosigkeiten des kunsthistorischen und ästhetischen Räsonnements schützte.

»Blaue Hortensie« ist keines der zahlreichen Gedichte auf Blumen, die uns die Natur-Lyrik geschenkt hat. Nicht die Pflanze, sondern das Blau ihrer Blüten in allen Stadien und Schattierungen seiner Verfallsverfeinerung ist der Gegenstand, das Thema der lyrischen Komposition. Die Verselbständigung des Blaus, seine Abstraktion setzen dichterische Bezüge frei, die eine ebenso neue wie einmalige Definition der Hortensie ermöglichen. Sie verleiht der Hortensie einen anderen Grad der Wirklichkeit, macht sie zum autonomen Kunst-Ding, das den Künsten einer abmalenden und abschreibenden Nachahmung oder lyrischen Evokation entzogen bleibt. »Blaue Hortensie« ist ein literarisches Stilleben. Das Stilleben des Blaus.

»Blaue Hortensie« ist das Artefakt eines Kunst-Asketen, der, wie seine Notizen über Cézanne in diesen Jahren zeigen, die existentiellen Kosten der Kunst kannte und zu bestreiten bereit war. Die Blüten der Hortensie tragen keine Früchte. Die Blätter der Blüte vergrößern sich, wenn sie ausblüht, und verfärben sich ins Grüne des

Laubwerks. Die Unfruchtbarkeit ist der Preis ihrer zarten und kostbaren Schönheit, ihrer festlichen Unscheinbarkeit.

RAINER MARIA RILKE
DAS FÜLLHORN

Geschrieben für Hugo von Hofmannsthal

SCHWUNG und Form des gebendsten Gefäßes,
an der Göttin Schulter angelehnt;
unsrer Fassung immer ungemäßes,
doch von unsrem Sehnen ausgedehnt –:

in der Tiefe seiner Windung faßt es
aller Reife die Gestalt und Wucht,
und das Herz des allerreinsten Gastes
wäre Form dem Ausguß solcher Frucht.

Obenauf der Blüten leichte Schenkung,
noch von ihrer ersten Frühe kühl,
alle kaum beweisbar, wie Erdenkung,
und vorhanden, wie Gefühl ...

Soll die Göttin ihren Vorrat schütten
auf die Herzen, die er überfüllt,
auf die vielen Häuser, auf die Hütten,
auf die Wege, wo das Wandern gült?

Nein, sie steht in Überlebensgröße
hoch, mit ihrem Horn voll Übermaß.
Nur das Wasser unten geht, als flöße
es ihr Geben in Gewächs und Gras.

KURT KLINGER
HULDIGUNG MIT DOPPELTEM BODEN

Am 11. Februar 1924 gratulierte Rilke mit gewundenen Worten Hofmannsthal zum fünfzigsten Geburtstag und schmückte ein Exemplar der Elegien mit ein paar Versen, »bei denen ich, kaum standen sie da, die Empfindung hatte, daß ich sie Ihnen geben dürfte«. Hofmannsthal dankte mit dem Lob, er halte »Das Füllhorn« für ein unvergleichliches Gedicht, ohne zu wissen, daß er der Empfänger einer Geläufigkeitsübung geworden war. Rilke hatte zur Probe seiner Sprachfertigkeit »dasselbe sujet« gleich auch französisch geschrieben und Baladine Klossowska am nämlichen 11. Februar um Nachricht gebeten, welche Fassung sie vorziehe. Die Freundin entschied sich prompt für »Corne d'abondance«, nicht sehr schmeichelhaft für Hofmannsthal, da ihr die Widmung der deutschen Version bekannt war.
Unvergleichlich war »Das Füllhorn« also nicht, doch ist es unleugbar in der Manier eines Meisters verfaßt, dem sich subtile Ausdeutungen unterderhand ergaben. Wäre es undatiert, ließe es sich den plastischen Themen der »Neuen Gedichte« zuordnen. In der Nachbarschaft der ganz der Naturverinnerlichung zugewandten Spätlyrik von Muzot nimmt es sich fremd und merkwürdig künstlich aus. Ein Idol wird aufgebaut, an Ceres, an Flora erinnernd, ohne sie zu sein. Da ihr Gabengefäß *alle* Reife faßt, wäre sie auch Spenderin der spirituellen Güter, Herrin und Muse der Fruchtbarkeit, ein Wesensbild schenkender Allmacht.

Daß ihre »Überlebensgröße« nicht gipsern erstarrt, verdankt sie der poetischen Verwandlungskraft des Dichters; durch ihn erscheint sie schwerelos »ausgedehnt«. Das Kolossale entwächst dem ruhigsten Rhythmus, dem Jambus, mit monotoner und kühner Stetigkeit. Die kompliziert verbundenen Reimworte (Schenkung/Erdenkung), sogar die erzwungenen (überfüllt/gült), verleihen ihr eine Patina der Unberührbarkeit, erheben sie ins feierlich »Ungemäße«, doch so, als erreichten ihre Füße den Boden, ohne ihn zu berühren. Das »gebendste Gefäß«, ihr Attribut, drückt sie nicht; es ist wie ohne Halt und Zugriff an sie gelehnt, mitschwebend durch den Blütenüberguß obenauf, dessen Leichtigkeit sich ins kaum Beweisbare entmaterialisiert.
Und doch ist diese Füllhornträgerin ein Sinnbild zweifelhafter Bedeutung. Sie gehört nicht zu den »zustimmenden Göttern«, in deren Händen Rilke, in einem anderen Gedicht dieser Zeit, sein »unfaßliches Herz« »entbrennen« fühlt. In Wirklichkeit schenkt die Schenkende nichts, sie weigert sich, ihren »Vorrat« auszuteilen. Rilke stellt die Frage: Soll sie, sollte sie nicht? Das Faktum schneidet ihm die Antwort ab: Der Reichtum dieses Horns »voll Übermaß« ist nicht für die Wege der Menschen, nicht für ihre Wohnungen, nicht einmal für ihre Herzen bestimmt.
Etwas phantastisch Nutzloses geht von diesem Idol aus – und Hofmannsthal sollte sich nicht nach wiederholter Lektüre gefragt haben, weshalb Rilke ausgerechnet an ihn gedacht hatte, nachdem die Verse entstanden waren? Um ihm zu sagen, daß er, Hofmannsthal, ein »allerreinster Gast« hätte werden können, wenn ..., oder lag in dem Gedicht Rilkes wahre Meinung über eine Kunst versteckt,

die er zwar mit Anstand bewundern, aber nicht lieben konnte, weil sie nicht in seinem Sinn eine Wendung zur Welt ausdrückte, nicht dem Herzens-Auftrag entsprach, die Erde zu »wärmen«, »daß sie uns innig gehört ...«? Wie auch immer, Hofmannsthal dürfte aufgegangen sein, daß die Huldigung einen doppelten Boden hatte. Als die Reihe an ihm war, Rilke zum gleichen »verlegen machenden Gedenktag« aufzuwarten, revanchierte er sich (am 16. Dezember 1925) mit dem kryptischen Satz, der das Gleichnis vom Gefäß aufnimmt und zurückgibt: »... es möge Ihnen, solange Sie leben, das Gefühl der großen Kraft, die in Sie, als in ein zartestes Gefäß, gelegt ist, nie auf lange abhanden kommen ...«, als fürchte er, daß es Rilke bereits seit einiger Zeit abhanden gekommen sei. Das »gebendste Gefäß« läßt das »zarteste Gefäß« wissen, es möge vorsichtig mit sich umgehen. Mit diesem Austausch hintersinniger Komplimente schließt der Briefwechsel der beiden Dichter.

RAINER MARIA RILKE
DER ABENTEUERER I

Wenn er unter jene, welche waren,
trat: der Plötzliche, der schien,
war ein Glanz wie von Gefahren
in dem ausgesparten Raum um ihn,

den er lächelnd überschritt, um einer
Herzogin den Fächer aufzuheben:
diesen warmen Fächer, den er eben
wollte fallen sehen. Und wenn keiner

mit ihm eintrat in die Fensternische
(wo die Parke gleich ins Träumerische
stiegen, wenn er nur nach ihnen wies),
ging er lässig an die Kartentische
und gewann. Und unterließ

nicht, die Blicke alle zu behalten,
die ihn zweifelnd oder zärtlich trafen,
und auch die in Spiegel fielen, galten.
Er beschloß, auch heute nicht zu schlafen

wie die letzte lange Nacht, und bog
einen Blick mit seinem rücksichtslosen
welcher war: als hätte er von Rosen
Kinder, die man irgendwo erzog.

CYRUS ATABAY
EXISTENZ ALS WAGNIS

In einer Gesellschaft taucht plötzlich der Abenteurer auf und verursacht eine merkliche Beunruhigung unter einer Gruppe von Menschen, die vor ihm wie Komparsen zurücktreten, als wäre er der Protagonist. Von der Figur geht ein Bann aus, und der Raum, der sie umgibt, schafft Distanz und ist selbst unabgeschlossen, Möglichkeiten andeutend, während der Zustand der anderen als statisch angenommen wird.

Unbefangenheit und Übermut kennzeichnen die Erscheinung, die fast somnambul durch den Saal geht, um einer Herzogin den Fächer aufzuheben, als hätte er diese Gunstbezeigung vorausgesehen. Wer ihn in eine Fensternische begleitet, dem gewährt der Park eine Perspektive ins Unendliche, wenn er bereit ist, seiner Geste zu folgen. Dann wendet der Abenteurer sich einem Spieltisch zu, Gewinn oder Verlust, gleichviel, sein Einsatz ist das Risiko, und er gewinnt. Was immer er unternimmt, er sieht alles, es entgeht ihm nichts; man könnte von ihm sagen, daß seine Haupteigenschaft die Aufmerksamkeit ist: der Hellwache, der die Blicke alle behält.

Und ehe er die Gesellschaft wieder verläßt, erwidert er einen dieser auf ihn gerichteten Blicke mit seinem unerschrockenen, ja skrupellosen Blick, als berauschte er sich im Vorübergehn am Duft einer Rose, deren Gärtner er insgeheim ist.

Dieses Gedicht, in dem Züge Casanovas durchscheinen,

erschließt alle Ingredienzien des Abenteurers. Dieser ist ein Mensch, der sich beharrlich neue Hindernisse aneignet und überwindet, für den es angesichts der vielfältigen Entwürfe der Welt nur das fortwährende Experiment gibt. (»Immer wieder war ein Sein zu haben«, heißt es in einem anderen Gedicht Rilkes über ihn.) Das Wagnis spornt ihn an, nicht die Finalität der Tat, vielmehr birgt jede Herausforderung eine neue.

Es wäre verfehlt, ihm den Vorwurf der Verantwortungslosigkeit oder der Untreue zu machen, denn er lebt die Wahrheit seiner Existenz, das heißt, für ihn manifestiert sich in jedem Abenteuer das Abenteuer schlechthin, dem er verpflichtet ist.

Eine solche Existenz ist gefährdet und prekär, keine Stelle an ihr ist sicher, keine festlegbar. Rudolf Kassner bemerkt einmal, daß Rilke in jeder Situation alles getan hat, das Klischee zu vermeiden. Das mag es gewesen sein, was ihn an der Gestalt des Abenteurers faszinierte: die Möglichkeit, sich selbst zu übertreffen.

RAINER MARIA RILKE
DER KNABE

Ich möchte einer werden so wie die,
die durch die Nacht mit wilden Pferden fahren,
mit Fackeln, die gleich aufgegangnen Haaren
in ihres Jagens großem Winde wehn.
Vorn möcht ich stehen wie in einem Kahne,
groß und wie eine Fahne aufgerollt.
Dunkel, aber mit einem Helm von Gold,
der unruhig glänzt. Und hinter mir gereiht
zehn Männer aus derselben Dunkelheit
mit Helmen, die, wie meiner, unstät sind,
bald klar wie Glas, bald dunkel, alt und blind.
Und einer steht bei mir und bläst uns Raum
mit der Trompete, welche blitzt und schreit,
und bläst uns eine schwarze Einsamkeit,
durch die wir rasen wie ein rascher Traum:
Die Häuser fallen hinter uns ins Knie,
die Gassen biegen sich uns schief entgegen,
die Plätze weichen aus: wir fassen sie,
und unsre Rosse rauschen wie ein Regen.

ULRICH GREINER
HOLLYWOOD IN PRAG

Ach, ist das pubertär! Schwärmerische Sehnsüchte eines Knaben, Träume von Macht und Geschwindigkeit, von Kühnheit und Abenteuer. Dazu dieses männerbündische, kriegerische Gehabe mit erotischem Beigeschmack: *vorn möcht ich stehen wie in einem Kahne, / groß und wie eine Fahne aufgerollt.* Und dann ein geradezu prasselndes Metapherngestöber, niedergegangen aus ziemlich dunklen und mächtig aufgeregten Wolken. Fackelzüge von Männern mit Helmen – der Traum ging einmal in Erfüllung, und wollten wir ihn moderner fassen: Black Angels, die auf ihren Harleys nächtliche Vorstädte unsicher machen, wären auch keine wesentlich angenehmere Vorstellung. Dieses Gedicht des jungen Rilke ist auch etwas obskur.
Aber ist es nicht wunderbar? Mit einer verblüffenden Unerschrockenheit sattelt Rilke sein Pferd, das immerzu die Sprache ist, und jagt es durch den Wald der Bilder, bis alles nur noch atemlose Bewegung ist, ein Beschleunigungsrausch, der in diesem Gedicht zum zitternden Stillstand kommt – so wie die Speichenräder der Kutsche im Wildwestfilm plötzlich im Vorwärtslauf zu verharren scheinen.
»Der Knabe« (um 1900 verfaßt) ist, noch bevor der Film begann, eine Filmszene und, noch bevor die kriegerische Technik der Akzeleration im Kino, auf der Straße und in der Luft ihre Triumphe feierte, eine Vorwegnahme jenes rasenden Vorwärtsdrangs, der die Epoche beherrscht und

ästhetisch erst viel später in Expressionismus und Futurismus seinen riskanten Ausdruck findet.
Bei Rilke ist das Risiko sprachlich gebändigt. Zwar wird die Energie entfesselt, aber noch begriffen in der Form einer Knabenphantasie; zwar toben schon die Kräfte, die Raum und Zeit sprengen werden, aber noch ist die Bilderwelt vertraut und nicht modern: Pferde und ein Kahn, Helme und eine Trompete. Nicht also die Rakete und das Teleskop, nicht das Funkgerät und die Filmkamera. Aber der Effekt ist schon da: *Die Häuser fallen hinter uns ins Knie, / die Gassen biegen sich uns schief entgegen, / die Plätze weichen aus: wir fassen sie ...* Schon sehen wir jenen Geschwindigkeitswahn der Moderne, der uns Gewohnheitstiere manchmal im unachtsamen Moment erwischt, da wir plötzlich die Empfindung haben, als stünde alles still.
Geschwindigkeit ist relativ. Für Rilke war »Der Knabe« eine Prager Erinnerung. Wer heute, von irgendeinem Autobahnzubringer oder Terminal kommend, die Prager Altstadt betritt, vielleicht noch im »Goldenen Tiger« ein paar Krüge des nahrhaften Bieres zu sich genommen hat, hinaus durch die Gassen das Häusergewirr durchquert, diesen erstarrten Aufmarsch von Geschichte und Geschichten, wer im raschen Schritt plötzlich seiner Richtung unsicher wird und rascher ausschreitet, dem biegen sich die Gassen schief entgegen, und die ohnedies schiefen Häuser fallen hinter ihm ins Knie. Denn Prag, das ist eines seiner Geheimnisse, erscheint als gewaltige optische Täuschung: Gering an Fläche, suggeriert die Stadt permanent Größe. Sie ist das Legoland der europäischen Geschichte: An jeder Ecke eine neue Epoche.
Rilke verbrachte dort seine Kindheit und ein paar Jahre

seines Abiturienten- und Studentendaseins. Man hat gesagt, Prag sei das Laboratorium der Moderne, und dafür spricht schon der Name Kafka. Anders als diesem gelang Rilke der Sprung in die weite Welt. Frankreich, Italien, Rußland, Ägypten. Aber die schiefen Gassen in Prag, so denke ich mir, haben ihn nie losgelassen, jene Gassen, in denen ein zentrifugaler Rausch entsteht, der auch, wie hier, eine Fluchtphantasie sein kann. Davon handelt das Gedicht. Seinen Abgang allerdings (*und unsre Rosse rauschen wie ein Regen*) finde ich ein bißchen dick: Hollywood in Prag.

RAINER MARIA RILKE
DER PANTHER

Im Jardin des Plantes, Paris

Sein Blick ist vom Vorübergehn der Stäbe
so müd geworden, daß er nichts mehr hält.
Ihm ist, als ob es tausend Stäbe gäbe
und hinter tausend Stäben keine Welt.

Der weiche Gang geschmeidig starker Schritte,
der sich im allerkleinsten Kreise dreht,
ist wie ein Tanz von Kraft um eine Mitte,
in der betäubt ein großer Wille steht.

Nur manchmal schiebt der Vorhang der Pupille
sich lautlos auf –. Dann geht ein Bild hinein,
geht durch der Glieder angespannte Stille –
und hört im Herzen auf zu sein.

WOLFGANG LEPPMANN
DES SCHRECKLICHEN ENDE

Eines der bekanntesten Gedichte von Rilke und wohl das schönste Tiergedicht deutscher Sprache, zumindest für Leser, denen Tier mehr bedeutet als Teddy oder Wauwau und Gedicht mehr als wohlklingende Reime. Ein Gedicht mit vielen Feinheiten, von der Einrahmung durch das Wörtchen »sein«, in jeweils verschiedener Bedeutung, über den Wechsel in der Perspektive (so daß nicht der Blick des Tieres an den Stäben, sondern diese an seinem Blick vorübergehen) und die »Zündfolge« von Stäbe-hält-Stäbe-gäbe-Stäben-Welt (die an das Rat-tattat eines Stokkes gemahnt, mit dem ein kleiner Junge an einem Zaun oder Gitter entlangfährt) bis hin zur letzten, sinngemäß um eine Hebung gekürzten Zeile.
Kaum zu glauben, daß »Der Panther« zuerst als Füllsel in einem böhmischen Provinzblatt erschien, als x-beliebiges Zeitschriftengedicht, eingezwängt zwischen eine Rezension und eine Erzählung. Das war im September 1903 gewesen. Seither ist das Gedicht oft anthologisiert und interpretiert worden, vorzugsweise als sinnbildliche Darstellung aller gefangenen Kreatur inklusive des Menschen, der am Bewußtsein der ihm gesetzten Grenzen – im Arbeitstag, in der Familie, in der eigenen Körperlichkeit, im bürgerlichen Leben, und wie die Deutungen alle lauten – krankt und an dieser Erkenntnis zugrunde geht. Ein weniger metaphorisch veranlagter, dafür aber um so fleißigerer Interpret kam nach dem Studium von Brehms »Tierleben«

gar zum Schluß, daß es sich bei diesem Panther um ein Exemplar »in ziemlich weit vorgerücktem Stadium der Gefangenschaft« handeln müsse. Mag sein. Wir halten uns hier nicht an die Bücher, sondern an den Augenschein, zumal das dem Gedicht zugrundeliegende Erlebnis auf primärer Ebene so leicht wie vergnüglich nachzuvollziehen ist: man braucht sich nur in einigen Zoos umzusehen. Dann entdeckt man sogleich, daß der Panther (selbstverständlich nicht mehr derselbe, den Rilke beschrieb) im Jardin des Plantes heute noch in einem kleinen Käfig dahindämmert – eine Tierquälerei, die also in Paris und leider auch in Frankfurt noch fortdauert. Anderswo sind es andere Tiere, in der Stuttgarter Wilhelma zum Beispiel die Bären, die so gehalten werden, »als ob es tausend Stäbe gäbe und hinter tausend Stäben keine Welt«. In Berlin hingegen, wo der Panther hinter Glas wohnt oder in München/Hellabrunn, wo wenigstens seine Verwandten, die Sibirischen Tiger, ihr eigenes Freigehege haben, verspürt man sehr viel weniger von einem »Tanz von Kraft um eine Mitte, / in der betäubt ein großer Wille steht«.

So schildert Rilkes Gedicht nicht nur einen Panther, sondern das gefährdete und gefangene Tier schlechthin und somit auch eine Phase in der Geschichte des Zoologischen Gartens, ja in der Beziehung des Menschen zum Tier. Freilich ist das Gedicht so vollendet, und jener »weiche Gang geschmeidig starker Schritte« so genau wiedergegeben, daß man es zu den Werken zählen muß, denen ihre eigene Schönheit im Wege steht. Unter diesem Aspekt gehört »Der Panther« in eine Reihe nicht mit Conrad Ferdinand Meyers »Der römische Brunnen« oder anderen Dinggedichten, sondern mit Celans »Todesfuge«. Die Perfektion der Form verstellt nahezu den Blick auf das

Thema: hier die für das Los vieler Gefangener stellvertretende Qual eines gefangenen Tieres, dort die Ermordung unzähliger Menschen.

So kann das Schöne, in Erweiterung der Ersten Duineser Elegie, nicht nur »des Schrecklichen Anfang« sein, sondern auch dessen Ende.

RAINER MARIA RILKE
DER PAVILLON

Aber selbst noch durch die Flügeltüren
mit dem grünen regentrüben Glas
ist ein Spiegeln lächelnder Allüren
und ein Glanz von jenem Glück zu spüren,
das sich dort, wohin sie nicht mehr führen,
einst verbarg, verklärte und vergaß.

Aber selbst noch in den Stein-Guirlanden
über der nicht mehr berührten Tür
ist ein Hang zur Heimlichkeit vorhanden
und ein stilles Mitgefühl dafür –,

und sie schauern manchmal, wie gespiegelt,
wenn ein Wind sie schattig überlief;
auch das Wappen, wie auf einem Brief
viel zu glücklich, überstürzt gesiegelt,

redet noch. Wie wenig man verscheuchte:
alles weiß noch, weint noch, tut noch weh –.
Und im Fortgehn durch die tränenfeuchte
abgelegene Allee

fühlt man lang noch auf dem Rand des Dachs
jene Urnen stehen, kalt, zerspalten:
doch entschlossen, noch zusammzuhalten
um die Asche alter Achs.

WOLFGANG PREISENDANZ
ALLES REDET NOCH

Das Gedicht aus dem zweiten Teil der »Neuen Gedichte« entstand am 18. August 1907 in Paris. In einem Brief vom Dezember 1905 berichtet Rilke von einem Besuch zusammen mit Auguste Rodin in Versailles: »Wir gingen zwei graue, leise Stunden im Garten von Groß-Trianon herum, der uns ganz gehörte und so neu und eigen war mit einer Reihe von Palästen und Pavillons, die auch der Meister noch nie so gesehen hatte.« Die Erinnerung dieser Stunden mag dem Gedicht zugrunde liegen.
Die beiden ersten Strophen beginnen mit dem Bindewort »aber«, das einen Einwand ankündigt. Wogegen sich der Einwand richtet, bleibt unausgesprochen; es erschließt sich nur durch das siebenmalige »noch«: der Doppelaspekt von »noch« und »nicht mehr« motiviert das Gedicht. Verschwundenes, Vergangenes drängt sich dem Anblick einzelner Elemente (Flügeltüren, Steingirlanden, Wappen) des Bauwerks auf, die Vorstellung von unwiederbringlich Versunkenem vertieft und belebt die Wahrnehmung dessen, was da als verlassenes Relikt vor Augen steht, Relikt einer Kulturepoche, in welcher der Pavillon seine Stelle im Leben hatte als Schutzraum verborgenen, so strahlenden wie flüchtigen Liebesglücks. Imaginäres und Sichtbares verschränken sich im Anblick einer Stätte, die noch immer etwas parat hält, was sie als Denkmal, sogar als Komplizin des aus ihr entschwundenen Lebens sprechend werden läßt. Sprechend freilich nur für einen Betrachter, dem sich

im materiell Gegenwärtigen dessen Gesichtstiefe auftut, weil sich seiner Sensibilität die Aura mitteilt, die dem Pavillon anhaftet und innewohnt. Ein »stilles Mitgefühl« mit dem erotischen Glück, das sich in ihm »verbarg, verklärte und vergaß«, umwittert die Stätte und bemächtigt sich des Betrachters über die Zeitferne hinweg: »alles weiß noch, weint noch, tut noch weh«. Daß sich eine noch so fern gerückte Sache unser bemächtigen könne, hat Rilke in einem Brief kurz nach der Niederschrift des Gedichts »unsere Eingenommenheiten« genannt, die viel mehr vom Gegenstand als von uns selbst ausgingen. Was einst die Stätte mit Leben erfüllte, überdauert als ihre Aura die Leere eines architektonischen Relikts.

Hugo von Hofmannsthal hat mit Bezug auf Gedichte wie das vorliegende von »einzigartigen, im Visuellen wurzelnden, ins Seelische hinübergehenden Evokationen« gesprochen. Das trifft die Sache besser als der Begriff »Dinggedicht«, der sich für Gebilde wie »Der Pavillon« eingebürgert hat. Denn dieser Begriff besagt nichts über das wahre Gedichtmotiv: auszusprechen, wie sich die Aura eines »Dings« der Wahrnehmung bemächtigen, wie Anschauen zum Eingedenken werden kann. Die kaum unterbrochene Kette von gleichklingenden Vokalen und gleichanlautenden Wörtern sowie das vielmalige Ineinandergreifen der Sätze über das Versende hinaus ergeben eine Klanggestalt, die im Vergleich mit gegenwärtiger »sperrigerer« Lyrik zu eingängig erscheinen mag. Und Rilkes »Eingenommenheit« von der verbliebenen Aura eines verwaisten Pavillons mag man nostalgisch finden; aber den flachen, unbetroffenen Blick touristischer Besichtigung übertrifft sie allemal.

RAINER MARIA RILKE
DER SCHWAN

Diese Mühsal, durch noch Ungetanes
schwer und wie gebunden hinzugehn,
gleicht dem ungeschaffnen Gang des Schwanes.

Und das Sterben, dieses Nichtmehrfassen
jenes Grunds, auf dem wir täglich stehn,
seinem ängstlichen Sich-Niederlassen –:

in die Wasser, die ihn sanft empfangen
und die sich, wie glücklich und vergangen,
unter ihm zurückziehn, Flut um Flut;
während er unendlich still und sicher
immer mündiger und königlicher
und gelassener zu ziehn geruht.

HELLMUTH KARASEK
DES WORTES HÖRBARE GESTALT

Dieses Gedicht, das mit seinen Strophen ein wenig so wirkt, als hätte Rilke ein Sonett auf den Kopf gestellt (natürlich fehlen der letzten Strophe in Wahrheit dazu zwei Zeilen), ist ein fast schon allegorischer Vergleich, in dem das Leben und das Sterben in das Bild eines Schwanes getrieben werden, der sich vom Land ins Wasser begibt, den Übergang zwischen den beiden Elementen zögernd vollzieht, um schließlich im Wasser, seinem »eigentlichen Element«, angekommen zu sein: am Ziel, das eine Fortbewegung ist.

Aber auch dieser Vergleich, den man schon deshalb allegorisch nennen muß, weil er das, was er als erklärendes Bild heranzieht, Zug um Zug »übersetzt« (der Mühsal des Gehens entspricht das Leben, dem zögernden Ins-Wasser-Steigen das Sterben, dem immer befreiteren Schwimmen der Tod), auch dieser Vergleich steht gewissermaßen auf dem Kopf. »Der Schwan« heißt das Gedicht, aber der Schwan ist eigentlich nicht das Thema, nicht der Gegenstand des Gedichts, sondern ist nur das *tertium comparationis*, das Bild, das der Dichter für Leben und Sterben sucht.

Die scheinbar auf den Kopf gestellte Form, das scheinbar auf den Kopf gestellte Bild machen die irritierende Faszination dieses »Ding-Gedichts« aus, das zu Rilkes »Neuen Gedichten« (1906/07) gehört, die den Dichter unter dem Einfluß des Bildhauers Rodin zeigen, und die, zum ersten

Mal, eine geradezu stupende Sicherheit, Eigenheit und Meisterschaft des Ausdrucks zu erkennen geben. Diese Verse der »Neuen Gedichte« sind für Rilke nicht »Gefühle«, sondern (objektivierte, im Wort gleichsam Stein gewordene) »Erfahrungen«. Der Lyriker stellt sich einem epischen Anspruch.
Anders als etwa die Barocklyriker, die aus Gedichten Bilderformen auf dem Papier nachzuahmen suchten, also etwa »Baumgedichte« in Gestalt eines Baumes schrieben, wird in Rilkes »Neuen Gedichten« der Gegenstand selbst zur hörbaren Wortgestalt: Der im Zoo-Käfig gefangene, kreisende »Panther« oder der »Archäische Torso Apollos« von 1908, dessen leises Drehen im Umschreiten des Betrachters das Sonett nachvollzieht.
Im »Schwan« wird in einer sprachlichen Mimesis von höchster Vollkommenheit der ungeschickte, »ungeschaffene« Gang des Schwanes mit der sanften königlichen Harmonie des sich im Schwimmen Entfernenden kontrastiert. Was die Sonett-Assoziation hervorruft, ist die Stelle des »Übergangs« nach der zweiten Strophe, markiert durch den Doppelpunkt. Es ist der für Rilke so wichtige transzendente Übergang der (hier vorweggenommenen) »Sonette an Orpheus«, der Übergang vom Leben zum Tod, von dem wir nichts wissen, von dem als einziger Apoll und sein Sänger Orpheus, also der Dichter künden kann. Das so irritierend auf den Kopf gestellte Bild des Schwans läßt das Leben als Stolpern, als »gebunden« und »schwer« erscheinen und malt das Reich jenseits der Transzendenz als Reich, in dem man mündig, königlich und gelassen wird – in Steigerung des Komparativs.
Wer aus dem Gedicht (falschen) Trost ziehen wollte, den weist seine marmorne Kälte und kunstvolle Perfektion in

die Schranken: es ist dann wie in einer Abweisung, ja Abfuhr des Lesers und Hörers, keine Verheißung des ewigen Lebens, sondern der zur Dauer geronnene Augenblick in einem Park, in dem ein Schwan sich ins Wasser niederläßt. Ein Bild, flüchtig und bleibend, flirrend von sich im Stillstand perfektionierender Bewegung. Weniger Rodin, mehr der Sogkraft der französischen Impressionisten verwandt.

RAINER MARIA RILKE
DER WAHNSINN

Sie muß immer sinnen: Ich bin ... ich bin ...
Wer bist du denn, Marie?
  Eine Königin, eine Königin!
  In die Kniee vor mir, in die Knie!

Sie muß immer weinen: Ich war ... ich war ...
Wer warst du denn, Marie?
  Ein Niemandskind, ganz arm und bar,
  und ich kann dir nicht sagen wie.

Und wurdest aus einem solchen Kind
eine Fürstin, vor der man kniet?
  Weil die Dinge alle anders sind,
  als man sie beim Betteln sieht.

So haben die Dinge dich groß gemacht,
und kannst du noch sagen wann?
  Eine Nacht, eine Nacht, über *eine* Nacht, –
  und sie sprachen mich anders an.
  Ich trat in die Gasse hinaus und sieh:
  die ist wie mit Saiten bespannt;
  da wurde Marie Melodie, Melodie ...
  und tanzte von Rand zu Rand.
  Die Leute schlichen so ängstlich hin,
  wie hart an die Häuser gepflanzt, –
  denn das darf doch nur eine Königin,
  daß sie tanzt in den Gassen: tanzt! ...

PETER MAIWALD
ZUM VERRÜCKTWERDEN

Die Poesie zählt zu den Künsten, die ihre Verwandtschaft zu Wahnsinn und Einbildung nicht verleugnen. Shakespeare sah im »Sommernachtstraum« das Dichterauge »in schönem Wahnsinn rollend«, und auch Herder und Tieck haben vom »schönen Wahnsinn des Dichters« gesprochen, Wieland fand ihn »hold«, Jean Paul »selig« und Goethe »gefällig«. Bei soviel Schönseherei der eigenen Manie wundert es nicht, daß die Dichtkunst schon früh auch ein Auge auf fremden Wahnsinn geworfen hat. Kinder- und Narrenmund tun Wahrheit kund, sagt das Sprichwort und enthält gleichzeitig das poetische Interesse und sein Vernarrtsein in alle Erscheinungen der Sinnverrückung. »Der Verrückte«, bemerkte Kant, »ist also ein Träumer im Wachen« und hat auch umgekehrt viel mit den Wachträumern und Wachträumen der Poesie gemein.

Dichter, welche die Stimme ihrer Poesie anderen leihen, geraten leicht in den Verdacht der Unlauterkeit. Wer borgt, erscheint nicht ganz uneigennützig und kommt ins Zwielicht: Will da einer als Gegenleistung das Elend als Kunstfarbe borgen und zur Schau stellen? Zeigt da jemand mehr seine Fähigkeit zu Mitleid vor als das fremde Leid und macht sich auf Kosten der Mühseligen und Beladenen ein gutes Gewissen? Die Schimpf- und Verrufworte sind danach und reichen von Arme-Leute-Poesie über Gossenromantik bis zum saueren Kitsch.

»Denn Armut ist ein großer Glanz aus Innen« heißt es in einem anderen Gedicht des Autors, und der Merkvers hat unter Rilke-Verehrern und Rilke-Verächtern die Runde bis zum Schwindel gemacht. Aus dem Zusammenhang der Gedichte gerissen, redet der Vers leicht der Putzigkeit, Verniedlichung und Verherrlichung von Leid das Wort und unterschlägt, daß sein Autor die Armen, »gegeben unter hundert Quäler«, durchaus »entwürdigt«, »gezeichnet« und »entstellt« sah. Wer einen Gedichtzyklus »Das Buch von der Armut und vom Tode« nennt, weiß, indem er demonstrativ zwei Begriffe verbindet, daß Elend und Armut Zeitverkürzung und Zeitverschwendung, »ungelebte Leben« bedeuten.

Das Gedicht verbindet mit dem Irrsinn seiner Person den Irrsinn einer Welt. Die Wahnsinnige und Kranke verkörpert das Echo des normalen Irrwitzes von oben und unten, von Arm und Reich. Sie ist ein Reflex auf die *Idée fixe* und den Starrsinn der Gesunden, koste es, was es wolle und ohne Rücksicht auf Verluste, nach Besitz und Geltung zu streben. Dabei macht sich das Gedicht mit seiner Figur keinerlei Illusionen auf eine Veränderung dieses Zustandes. Der Autor hält nüchtern genug fest, daß die Einbildungskraft, mit der sich seine arme lyrische Figur adelt, nur zur einfachen Verkehrung der alten Verhältnisse reicht. »Leute«, die knien und »ängstlich« am Rande stehen, scheinen da wiederum oder immer noch vonnöten.

Vielleicht ist die Literatur nur deshalb so auffallend mit Irrläufern, Tollen und Narren, Wahnsinnigen und Aberwitzigen, Verrücktgewordenen bevölkert, um an ihrem Beispiel zu erinnern, daß eher die Verhältnisse verrückt werden sollten statt der Menschen. Aber wie gesagt, auch im Falle der Literatur haben wir es mit einem Fall von »schönem Wahn« und Einbildungskraft zu tun.

RAINER MARIA RILKE
DIE BRANDSTÄTTE

Gemieden von dem Frühherbstmorgen, der
mißtrauisch war, lag hinter den versengten
Hauslinden, die das Heidehaus beengten,
ein Neues, Leeres. Eine Stelle mehr,

auf welcher Kinder, von Gott weiß woher,
einander zuschrien und nach Fetzen haschten.
Doch alle wurden stille, sooft er,
der Sohn von hier, aus heißen, halbveraschten

Gebälken Kessel und verbogne Tröge
an einem langen Gabelaste zog, –
um dann mit einem Blick als ob er löge
die andern anzusehn, die er bewog

zu glauben, was an dieser Stelle stand.
Denn seit es nicht mehr war, schien es ihm so
seltsam: phantastischer als Pharao.
Und er war anders. Wie aus fernem Land.

CHRISTOPH PERELS
PHARAO AUS DER ASCHE

Dies Gedicht gehört nicht zu den prominenten Rilke-Texten. Mit seinen zäh fließenden Übergängen von Vers zu Vers und von Strophe zu Strophe, mit seinen bläßlichen Reimwörtern »der« und »mehr« und »er« und »woher«, mit seinen scheinbar unbeholfen nachgeschobenen Relativsätzen und Parenthesen widersetzt es sich allen Erwartungen an ein wohlgefügtes Gedicht.

Ein Haus ist abgebrannt, herkunftslose Kinder toben auf dem Platz herum, der Sohn des Hauses stochert in der Asche. Der dichtende Einsiedler in Paris, der dort im Frühsommer 1908 seine Verse niederschreibt, mag sich schemenhaft eines Ereignisses in einem der Dörfer um Worpswede mit ihren reetgedeckten Häusern erinnert haben. Ein Motiv, so deutlich wie letztlich belanglos. So habe ich das Gedicht öfter als nichtssagend und grau beiseite gelegt. Und doch blieb eine Beunruhigung zurück, als sei da ein Widerhaken in den Text eingebaut: Was soll der Pharao in der Heide bei dem verwirrten Sohn, bei den Kindern, den versengten Hauslinden, dem Aschehaufen in der konturlosen Landschaft Norddeutschlands?

Eine merkwürdige Gesellschaft hat sich um die Brandstätte versammelt, es geht zu wie auf einer Müllkippe. Lauter Ortlose oder ortlos Gewordene, um die Nachbarin Natur – als Frühherbstmorgen – mißtrauisch einen Bogen schlägt. Mit einem Mal aber beginnt der Sohn zu sprechen, und es tritt Stille ein. Vielleicht lügt er, wie ja nach alter platonischer Tradition auch die Dichter lügen. Wie so manchen Bettler und Irren hat Rilke auch diesen vom Unglück Geschlagenen in einen Visionär, einen Dichter verwandelt, der sich Glauben zu verschaffen weiß wider allen Schein der Wirklichkeit. Wo alles nur wüst und leer ist – oder weil es so ist? –, findet er Raum für ein Werk seiner Einbildungskraft. Das nur noch erinnerte Heidehaus ersteht erneut aus der Asche, der Destruktion folgt nun aber nicht eine Rekonstruktion, sondern ihr widerspricht eine scheinbar absurde Neukonstruktion, »phantastischer als Pharao«. Eine Märchengestalt, der Inbegriff von Pracht und Größe, erhebt sich am Rande der Natur und am Rande der Zivilisation. Als exotische Figur und als exotisches Wort leuchtet die Erscheinung so irreal wie nur möglich im Grau der Asche und im Grau der Wörter. Daß gerade diese Figur und dieses Wort hierhergehören, verbürgt freilich allein der, der hier einmal gewohnt hat, dem nicht recht zu trauen ist und dem man ja auch nicht alles Beliebige glauben muß. Das Wunder, das da in der Wüstung aufgeht, ist ein Wortwunder, und wo die Erfahrungswelt auseinandergebrochen ist, baut die Wörterwelt überraschend Brücken. Mit dem Wort »Pharao« entsteht an der Stelle des Heidehauses ein Palast. Rilke, in Paris zum Wörterbuchleser geworden, gibt seinem Gedicht ein heimliches Wissen mit, die ursprüngliche Bedeutung des Namens »Pharao«: großes Haus. Die Sprache beglaubigt die phantastische Vorstellung. Was da an die Stelle der niedergebrannten Realität tritt, übertrifft noch alle Wunderwelt des Pharao, ist noch phantastischer.

Gewicht und Sinn dieser drei Wörter in der vorletzten Zeile des Gedichts leuchten desto klarer, je nichtiger und namenloser die Welt ringsum geworden ist. Die Dichtung beginnt einen neuen Tag, der des natürlichen Frühherbstmorgens nicht mehr bedarf, um aufzugehen. Und wenn der »Sohn von hier« lügen sollte, so gleicht sein Lügen doch jenen »priesterlichen Betrügen«, mit denen, wie Rilke gelegentlich schreibt, »seit Anfang der Zeiten das Göttliche gefördert worden ist« – seine Botschaft ist keine mehr von hier, sondern eine »aus fernem Land«, dem Land der Kunst, an deren Göttlichkeit Rilke noch glaubte.

RAINER MARIA RILKE
DIE FLAMINGOS

Jardin des Plantes, Paris

In Spiegelbildern wie von Fragonard
ist doch von ihrem Weiß und ihrer Röte
nicht mehr gegeben, als dir einer böte,
wenn er von seiner Freundin sagt: sie war

noch sanft von Schlaf. Denn steigen sie ins Grüne
und stehn, auf rosa Stielen leicht gedreht,
beisammen, blühend, wie in einem Beet,
verführen sie verführender als Phryne

sich selber; bis sie ihres Auges Bleiche
hinhalsend bergen in der eignen Weiche,
in welcher Schwarz und Fruchtrot sich versteckt.

Auf einmal kreischt ein Neid durch die Volière;
sie aber haben sich erstaunt gestreckt
und schreiten einzeln ins Imaginäre.

WOLFGANG LEPPMANN
FINGERÜBUNG EINES VIRTUOSEN

Was die Sprache an Klangfülle und -farbe, an Geschmeidigkeit und Eleganz, an Alliteration und Lautmalerei hergibt: in diesen drei Sätzen, in diesen vierzehn Zeilen wird es ihr abgefordert. Es ist, als verführten mit den Flamingos auch die Worte sich selber, bis der Neid der von der Natur weniger begünstigten Zoobewohner den Wohllaut kakophonisch zerreißt. Ahnlich wie in der »Weise von Liebe und Tod« führt Rilkes Meisterschaft hier hart am Banalen, ja am Kitsch vorbei und überdauert dennoch alle Nachahmung.

Fragonard gemahnt an *»La chemise enlevée«* und andere Rokokoszenen, in denen sich eine höfisch-galante Erotik spiegelt. Dem Leben, nicht der Kunst entstammt hingegen die Freundin, die uns in einem Männer- oder zumindest einem Herrengespräch geschildert wird, nämlich so, wie sie im Bett aussieht, beim Erwachen: »sie war noch sanft von Schlaf«; die Wiederholung des gedehnten Vokals wirkt hypnotisch wie die Liebkosung einer streichelnden Hand. Zeitlos überhöht schließlich erscheint Phryne, die schon dem Praxiteles Modell gestanden hatte (und ein gleiches noch für Schiller tat, als er den Karl Moor in Bruder Franzens Worten als »empfindsam für die Reize einer Phryne« bezeichnete). Kurz, was in der Oktave vor uns aufgebaut wird, ist nicht weniger als das Bild der Verführerin selbstdritt: im Gemälde, im Fleisch, im Stein. Es ist, wenn man so will, zugleich auch Eros, Sexus, Mythos.

Das wird alles so leicht vor uns hingezaubert, daß man sich fast schämt, den zarten Vögeln mit gelehrtem Geschütz auf den Leib zu rücken.
Überhaupt ist dies ein Gedicht, das sehr leicht hätte mißlingen können. Da ist zunächst das Motiv des Sich-Verbergens in der eigenen Weiche, eine Geste der Autoerotik, die – im Gegensatz zum Narzißmus vieler Werke der damaligen Kunst, etwa der Wiener Sezession – hier jedoch aller Peinlichkeit entbehrt. Auch ist in diesen Zeilen nicht von apokalyptischen Tieren die Rede (nicht einmal, um bei der Fauna der »Neuen Gedichte« zu bleiben, von symbolbefrachteten Schwänen oder Falken), sondern eben von *Phoenicopterus rubex*, einem Vogel, an dem, grob gesagt, unser poetischer Bedarf schnell gedeckt ist. Ein Thema, an dem sich durchaus keine gesellschaftspolitischen Aspekte »erarbeiten« lassen, wird hier in einem Sonett behandelt, das sich als Dinggedicht selber aufhebt, indem es seine Funktion: das dargestellte Objekt aus sich heraus und von seiner charakteristischen Seite her zu beleuchten, so gut erfüllt, daß als eigentlicher Wesenszug der Flamingos nur die völlige Selbstbezogenheit übrigbleibt. Diese wiederum ist ein Destillat, an dem sich der Leser nicht annähernd so erwärmt wie beispielsweise an der Noblesse des »Panther«. – Und trotzdem haben wir hier ein kleines Meisterwerk vor uns.
Man spürt, dies ist die Fingerübung eines Virtuosen, der sein Handwerk spielend beherrscht und nach neuen Themen Ausschau hält. In der Tat ließ der »Auftrag« (so nannte es Rilke) nicht lange auf sich warten: »Die Flamingos« entstand im Frühjahr 1908, kurz vor den »Aufzeichnungen des Malte Laurids Brigge« und den ersten »Duineser Elegien«.

RAINER MARIA RILKE
DIE KURTISANE

Venedigs Sonne wird in meinem Haar
ein Gold bereiten: aller Alchemie
erlauchten Ausgang. Meine Brauen, die
den Brücken gleichen, siehst du sie

hinführen ob der lautlosen Gefahr
der Augen, die ein heimlicher Verkehr
an die Kanäle schließt, so daß das Meer
in ihnen steigt und fällt und wechselt. Wer

mich einmal sah, beneidet meinen Hund,
weil sich auf ihm oft in zerstreuter Pause
die Hand, die nie an keiner Glut verkohlt,

die unverwundbare, geschmückt, erholt –.
Und Knaben, Hoffnungen aus altem Hause,
gehn wie an Gift an meinem Mund zugrund.

EGON SCHWARZ
DAS BITTER-SÜSSE ERLÖSCHEN

Was an diesem Gedicht fasziniert, ist die Tatsache, daß es bei aller kunstvollen Stimmigkeit von Rhythmus, Klang und Diktion über sich hinausweist und erst im Zusammenhang mit der Geschichte seinen tieferen Sinn enthüllt. Die Kurtisane von Venedig, Venedig als Kurtisane: diese Identität wird weit getrieben, mit einer Lust an Verwandlung, die der zu Anfang angerufenen venezianischen Alchemie nicht nachsteht. Der aus einfachen Naturstoffen, dem Salz und Glas ihrer Umwelt gewonnene Reichtum der Stadt hat seine Entsprechung in dem durch die bloße Sonne erzeugten Gold der Haare, die Bögen der Brauen in denen der Brücken, die Tiefe der Augen in der des Meeres. Eine subtile Auswahl der Vokabeln (»heimlicher Verkehr«, »steigt« und »fällt«) setzt sogar die Erotik, das Geschäft der Titelgestalt, in Beziehung zu den berühmten Existenzbedingungen der Stadt.

Bis hierher ist alles, wie die Überlieferung es nahelegt. Als das Sonett 1907 entstand (es gehört zum Zyklus »Neue Gedichte«), war Venedig längst zum Sinnbild kultureller Vergänglichkeit geworden. Gerade seine üppige Schönheit machte seinen Niedergang beispielhaft für das Lebensgefühl des Fin de siècle, das sich darin gefiel, im Ende einer Epoche das bitter-süße Erlöschen einer ganzen Kultur zu empfinden. Von Nietzsche bis Hofmannsthal,von Platen bis Schnitzler wurden Künstler nicht müde, das Schicksal der einst allmächtigen Beherrscherin des Mittelmeers, deren Geschichte die These von Entfaltung und unvermeidlichem Untergang der Kulturen wie keine andere veranschaulichte, zu besingen und zu betrauern. Die Käuflichkeit der ehedem so stolzen Handelsstadt, die nun selbst zur Ware geworden ist, wird in tausenderlei Metaphern teils bedauert, teils verhöhnt, wobei es gleich bleibt, ob sie wie hier mit einer Hure oder wie etwa in Thomas Manns »Tod in Venedig« mit einer Fremdenfalle verglichen wird.

Aber Rilke wäre nicht Rilke, wenn er sich damit begnügte, in den Chor dieser konventionellen Lamentationen einzustimmen. Im Gegenteil, er benutzt die allgemeine Stimmung nur, um ihr eine charakteristische Wendung zu geben, um die weitverbreitete Allerweltswahrheit in ihr Gegenteil zu verwandeln. Die Sonettform, die so vielen seiner späteren Gedichte zugrunde liegt, eignet sich besonders gut zur Darstellung eines solchen Umschwungs oder Umschlags: eine in den beiden vierzeiligen Quartetten vorgetragene These wird in den beiden kürzeren Terzetten durch eine Gegenthese widerlegt und mittels deren übergreifender Schlagkraft absorbiert. So auch hier.

Nicht die Stadt ist dekadent, während die Besucher, Generation auf Generation, sich in ihrer stets erneuerten Jugendlichkeit und Vitalität gleich bleiben. Umgekehrt: Venedig erweist sich als unvergänglich, während es die Menschen sind, die in ihrer Schwäche an der alle überdauernden fürstlichen Gestalt zuschanden werden.

Aus der Dirne ist unversehens eine unnahbare Königin geworden. Erst jetzt ist die alchemistische Verwandlung vollkommen. Daß die proverbielle Schönheit Venedigs gerade »Knaben … aus altem Haus« zum Verhängnis wird, verheißt Überleben auch in der heraufziehenden

Zeit, die nicht mehr von der aristokratischen Gesellschaft beherrscht sein wird. Im Geist des Erkennenden und Eingeweihten ist die Stadt durch keinen biologischen Vorgang in ihrem Überdauern bedroht. Käuflich in der Empirie, aber unberührbar in der Idee, triumphiert sie über den Kleinmut der Zeitgenossenschaft.

Hier bewährt sich auch die Nützlichkeit der Poesie. Sie erstellt jenen unsichtbaren Raum, in dem sich die Form des zerfallenden Körpers erhält. Dies war jedenfalls in der Vorstellung Rilkes ihre Funktion. Sein Gedicht soll jedem, der unter dem Einfluß der öffentlichen Meinung bei der Annäherung an Venedig den Anblick einer sterbenden Stadt erwartet, zur Einsicht ihrer bereits eingetretenen Unsterblichkeit verhelfen.

RAINER MARIA RILKE
DU ABER, GÖTTLICHER

Du aber, Göttlicher, du, bis zuletzt noch Ertöner,
da ihn der Schwarm der verschmähten Mänaden befiel,
hast ihr Geschrei übertönt mit Ordnung, du Schöner,
aus den Zerstörenden stieg dein erbauendes Spiel.

Keine war da, daß sie Haupt dir und Leier zerstör.
Wie sie auch rangen und rasten, und alle die scharfen
Steine, die sie nach deinem Herzen warfen,
wurden zu Sanftem an dir und begabt mit Gehör.

Schließlich zerschlugen sie dich, von der Rache gehetzt,
während dein Klang noch in Löwen und Felsen verweilte
und in den Bäumen und Vögeln. Dort singst du noch jetzt.

O du verlorener Gott! Du unendliche Spur!
Nur weil dich reißend zuletzt die Feindschaft verteilte,
sind wir die Hörenden jetzt und ein Mund der Natur.

WERNER WEBER
MELODIE UND ERNÜCHTERUNG

Das Gedicht »Du aber, Göttlicher ...« steht am Schluß des Ersten Teils der »Sonette an Orpheus«; Rilke hat es in Muzot geschrieben, 1922, anfangs Februar. Fast zwanzig Jahre vorher, in Rom, ist das Gedicht »Orpheus. Eurydike. Hermes« entstanden; ein Nachsinnen über den mythischen Bericht, den Ovid in seinem Epos »Metamorphosen« gibt. Das Geschehnis: Orpheus hat sich, entgegen der Weisung, im Aufstieg aus der Unterwelt nach Eurydike umgesehen. »Schon ist die Geliebte entglitten.« Hermes geleitet sie zurück ins Reich der Schatten – dieses Geschehnis (Wiederfinden, Abschied und Verlust) bringt Rilke zu Wort, fast so, als wäre das schweigende Erzählen des attischen Reliefs »Orpheus und Eurydike mit Hermes« (um 420 v. Chr.) nach tausend und tausend Jahren laut geworden.

Aber das war noch nicht, woraufhin Rilke, der Dichter, lebte. Erst nach Jahren, 1921, ergab es sich ihm ganz, und ein zufälliger Fund spielte beziehungsreich mit: die Reproduktion einer Federzeichnung des Giovanni Battista Cima da Conegliano (um 1459 bis 1518). Da war jetzt nur er, Orpheus, der Sänger, dessen Lied die Tiere, die Wälder und Felsen bezaubert, so daß sie ihm folgen. Jetzt hat Rilke sein Schlüsselwort, sein Lebenswort ... *Wir sollen uns nicht mühn / um andere Namen. Ein für alle Male / ists Orpheus, wenn es singt ...* Dieses Singen hat das Heulen der Mänaden, hat ihr zerstörerisches Wüten gegen sich.

Bei Ovid: ... *von dem Hügel dort oben erblicken ciconische junge / Rasende Weiber, die Brust mit Fellen bekleidet, den Orpheus, / Wie in die Saiten der Laute er greift zum Gesange der Lieder. / Eine davon schreit auf ... / ›Dort ist er, der uns mißachtet!‹ und sendet die Lanze / In das Gesicht des Tönebegabten, des Sohnes Apollos ...* Doch im Erleiden dieser Feindschaft, in der Vernichtung des Sängers gründet die Dauer des hinterlassenen Liedes. Da gewinnt es sein ordnendes Vermögen, lehrt Ein-Sehn und Ein-Hören von Welt.

Davon redet das Gedicht »Du aber, Göttlicher ...« Oder singt es? Es redet nicht; es singt nicht. Es vollzieht sich in der Schwebe zwischen beidem; ist redendes Singen, singendes Reden. Der erste Vers schon ist auf diese Weise gestimmt. *Du aber, Göttlicher, du, bis zuletzt noch Ertöner:* Die melodische Reihe *Du / Göttlicher / du / Ertöner* ist unterbrochen durch ordnende, erläuternde Bemerkungen: »aber«, »bis zuletzt noch«. Jedoch das eine wirkt ins andere; die Bemerkungen gewinnen Melodie, die Melodie wird ernüchtert.

Melodie und Ernüchterung. Diese Doppelgebärde gilt überhaupt für Rilkes Umgang mit dem Baumuster des Sonetts. Keine der konventionellen Erwartungen löst er ein, weder metrisch noch in der Anordnung der Endreime. Zu besonderer Kraft (sagte Poe einmal) komme eine Reimfolge, wenn in ihr das Erwartete nicht eintrifft. Hier: Was einem das erste Quartett ins Ohr gibt (*Ertöner / befiel / Schöner / Spiel*), tönt im zweiten nicht nach (*zerstör / scharfen / warfen / Gehör*). Nichts von Stimmungsmache; nichts zu voreiliger Gewöhnung. Eben dadurch aber zeigt das Gedicht auch sein eigenes Spiel als »erbauendes Spiel«. Erbauend – ganz trocken: aus dem Ruin einen Bau erstellend: das Gedicht.

Das führt zur Summe am Schluß, im zweiten Terzett. Da sind die Reimwörter »zuletzt« / »jetzt« je in die Mitte ihrer Verszeile genommen, gewichtvoll ausgezeichnet. Binnenreim; für ihn trifft zu, was Karl Kraus über den Reim sagte: *Er ist das Ufer, wo sie landen, / sind zwei Gedanken einverstanden.* »Zuletzt« und »jetzt« verstehen sich im Übergang vom Ruf des Verlustes »O du verlorener Gott!« zum Ruf des Gewinns »Du unendliche Spur!« Der Sänger, zuletzt für das Werden des Liedes geopfert, öffnet im Lied, jetzt und dauernd, die Spur zu jenem Ein-Sehn und Ein-Hören von Welt. Das ist die Sendung des Dichters, der (so Rilke schon 1907, in einem Vortrag über Rodin) »Orpheus heißt, wenn sein Arm auf einem ungeheuern Umweg über alle Dinge zu den Saiten geht ...; derselbe, der endlich stirbt, das steil aufgestellte Gesicht im Schatten seiner in der Welt weitersingenden Stimmen«.

RAINER MARIA RILKE
FRÜHER APOLLO

Wie manches Mal durch das noch unbelaubte
Gezweig ein Morgen durchsieht, der schon ganz
im Frühling ist: so ist in seinem Haupte
nichts was verhindern könnte, daß der Glanz

aller Gedichte uns fast tödlich träfe;
denn noch kein Schatten ist in seinem Schaun,
zu kühl für Lorbeer sind noch seine Schläfe
und später erst wird aus den Augenbraun

hochstämmig sich der Rosengarten heben,
aus welchem Blätter, einzeln, ausgelöst
hintreiben werden auf des Mundes Beben,

der jetzt noch still ist, niegebraucht und blinkend
und nur mit seinem Lächeln etwas trinkend
als würde ihm sein Singen eingeflößt.

GERTRUD HÖHLER
GÖTTERFRÜHLING

Der spätarchaische Jünglingskopf im Pariser Louvre ist es 1906, der Jünglingstorso des »Apoll von Belvedere« 1908, denen der dreißigjährige Rilke je ein Sonett widmet. Der »frühe Apollo« von 1906 ist weniger berühmt geworden als jenes spätere Torso-Sonett, das aus der Begegnung mit dem Kunst-Gott folgert: »Du mußt dein Leben ändern.« Zu rätselhaft bleiben im früheren Gedicht die Zeilen des ersten Terzetts, in denen die Rose sich entfaltet, jene mächtige Chiffre, die Rilke über sein Leben hinaus im Grabspruch beschwört.

»Früher Apollo«: Tages-, Jahres- und Lebensfrühe glänzen schattenlos und kühl aus diesem Marmor des sechsten Jahrhunderts. Ungemildert, wie das gnadenlose Frühlingslicht durchs nackte Gezweig blendet, trifft den Betrachter dieses jugendliche Schauen. »Schauen«, das ist für Rilke der Seherblick des Künstlers, der »fast tödlich« trifft, was er verwandelt. Der unverhüllte Glanz der Verse, die der frühe Gott bereithält, strahlt noch unverschattet, solange kein Lorbeer die ekstatische Begeisterung verteilt und dämpft.

Im späteren Sonett von 1908 ist der Glanz des verlorenen Hauptes als flimmernde Glut in das Bruchstück des Leibes abgestrahlt. Apoll, der unter die Götterversammlung mit dem gespannten Bogen trat, verbreitete selbst unter seinesgleichen »fast tödliche« Klarheit. Für den späten Rilke wird dieser Dichtergott zum Überwinder der Schwellen zwischen Tod und Leben. Orpheus, der die apollinische Leier »wie Rosenranken in den Ast des Ölbaums« eingewachsen in der Linken trägt, als er den Tartaros durchquert, wird in den späten Sonetten der Mittler aller Künstler. Von ihm sagt Rilke, vorausdeutend auf seinen eigenen Grabspruch: »Errichtet keinen Denkstein. Laßt die Rose/ nur jedes Jahr zu seinen Gunsten blühn.«

Der Jünglingskopf im Louvre schaut mit weitgeöffneten Augen unter hochgeschwungenen Brauen durch den Betrachter hindurch. Das Ornament der Stirnlocken schmiegt sich im Regelmaß gleicher Spiralen um das entrückt lächelnde Antlitz. Ein »Rosengarten« soll diese weitaufgeschlagenen Augen verschatten, irdisches Blühen den Angriff des Gottes mäßigen. Rosenblätter, die über das marmorkühle Gesicht hingleiten werden, wenn die Rosen reifen und verblühen, müßten die lächelnden Lippen des Gottes in strömenden Versen lösen.

Die Rose ist Rilkes Rätselbild für die Versöhnung aller Widersprüche: »Blütenblätter ... lauter Augenlider,/ geschlossene, als ob sie, zehnfach schlafend,/ zu dämpfen hätten eines Innern Sehkraft.« »Unerschöpflich Sich-Bescheinendes«, ist die Rose Dauer und Flüchtigkeit ineins, »reiner Widerspruch«. Ihre Blütenblätter, »lauter Augenlider«, die das Schauen des Sehers dämpfen, um sein Singen erst zu lösen, werden die Lippen des nicht mehr jugendlichen Gottes streifen. Jetzt noch steinern blinkend, werden diese sich bebend öffnen zum großen Gesang.

Der unerbittlich in die Ferne gerichtete Blick des jungen Gottes, sein stilles Lächeln um den »niegebrauchten« Mund, sein unbekränzter Kopf, der jede Auszeichnung zurückweist: der Dichter sieht in der überlegenen Einfalt dieses abwartenden Lächelns die Sammlung des Schöpferischen, das auf seinen Augenblick wartet.

Der jugendlich stolze Gott schweigt. Er gehört zu den »großen, niemals werbenden Göttern«, wie Rilke in seinen späten Sonetten schreibt; sie »rühren nirgends an unsere Ränder«. Was uns umtreibt und knechtet, »die Aufenthalte der Liebe«, die Schuld, das blendet uns bei der Begegnung mit dem Gott: »An der Kreuzung zweier/ Herzwege steht kein Tempel für Apoll.« Der Gott begehrt weder noch wirbt er. Deckungsgleich wird nur bei ihm das Leben mit der Kunst: »Gesang ist Dasein. Für den Gott ein Leichtes.«

RAINER MARIA RILKE
SONETTE AN ORPHEUS I, XXI

Frühling ist wiedergekommen. Die Erde
ist wie ein Kind, das Gedichte weiß;
viele, o viele ... Für die Beschwerde
langen Lernens bekommt sie den Preis.

Streng war ihr Lehrer. Wir mochten das Weiße
an dem Barte des alten Manns.
Nun, wie das Grüne, das Blaue heiße,
dürfen wir fragen: sie kanns, sie kanns!

Erde, die frei hat, du glückliche, spiele
nun mit den Kindern. Wir wollen dich fangen,
fröhliche Erde. Dem Frohsten gelingts.

O, was der Lehrer sie lehrte, das Viele,
und was gedruckt steht in Wurzeln und langen
schwierigen Stämmen: sie singts, sie singts.

WERNER ROSS
EIN GEDICHT ÜBERS GEDICHTELERNEN

Die »Duineser Elegien« und die »Sonette an Orpheus«, das Doppelwerk des »späten« Rilke, gelten als schwierig. Früher näherte man sich ehrfürchtig, auf Zehenspitzen; heute zögert man – zuviel Weihrauch, zuviel Orakelsprüche, zuviel kirchenväterliche Exegese.
Das einundzwanzigste aus dem ersten Teil der »Sonette an Orpheus« scheint eine glückliche Ausnahme. Es kommt leicht daher, ist sangbar, hat etwas Kindliches. Rilke, in seinen spärlichen Anmerkungen zu den Sonetten, hat diesem einen Kommentarsatz gegönnt: es sei gleichsam die »Auslegung« einer merkwürdig tanzenden Musik, die er einmal von den Klosterkindern in einer kleinen Nonnenkirche zu Ronda während einer Morgenmesse habe singen hören. »Die Kinder, immer im Tanztakt, sangen einen mir unbekannten Text zu Triangel und Tamburin.«
Ein Tanzlied also, ein Frühlingslied, ein Ringelreihen auf der Wiese, in den Farben grün und blau. Der erste Vers so lapidar wie »Der Mai ist gekommen«. Aber schon der zweite biegt das schwebende »Die Erde« des ersten Verses in eine sehr kühne Metapher um, eine, an die kein Frühlingslied jemals gedacht hat: die Erde ein Kind, das »Gedichte weiß«. Und von nichts anderem ist in dem ganzen Sonett die Rede: Von den Leiden und Freuden der Schulkinder – so könnte es überschrieben sein. Bei einem strengen Lehrer hat das Schulkind Erde

seine Gedichte, seine Vokabeln, seine Grammatik gelernt, der Winter war die Lehrzeit, Herr Winter hieß der Lehrer.

Der Frühling ist *nicht* personifiziert; er ist die Freiheit, die doppelte der Befreiung vom Lernen und der Hinwendung zum Spiel. Er ist der Preis für fleißiges Lernen, der »Spielraum« für das Fang- und Haschespiel der Kinder. Das Lernen selbst, die Wintermühe, die Monotonie des weißen Bartes, der weißen Buchseiten entpuppt sich als Befruchtungsvorgang: nur wer schwarz auf weiß gelernt hat, *kann* die Vokabeln grün und blau. Wurzeln und Stämme, die Termini der stirnrunzelnd forschenden Etymologen, werden bei ihrem botanischen Doppel- und Ursinn gepackt. Die Wissenschaft, unverächtlich, notwendig, wird nunmehr beiseite getan. »Sie hätte singen sollen, diese neue Seele«, merkte Nietzsche zu seinem gelehrten Erstlingswerk an. Diese Seele singt.

Die rückerinnerte Kindheit, das *»temps perdu«*, wird als Fegefeuer *und* als Paradies erinnert. Damals war sie noch einzufangen, die Erde, das ungebärdige Schulkind, das sich den Erwachsenen verweigert. Die braven kleinen Spanienkinder aus der Nonnenschule, mit ihren Tamburin und Triangel, verwandeln sich in einen himmlisch übermütigen Puttenchor, in ein jagendes Puttengepurzel, »blind und verwildert in des Haschens Hast«.

Die Stirb-und-Werde-Dialektik der »Sonette« gibt auch der Winterstarre und der Lehrerstrenge ihren sakralen Platz. Rilkes karger Winter hatte immerhin ein Jahrzehnt gedauert. So lange brauchen halt Wurzeln und Stämme. Ohne die Qual des Lernens – und es ist schön altmodisch als Auswendiglernen gemeint – nicht der Jubel des Ausrufezeichens hinter »sie kanns, sie kanns!«. Die Dichtungstheorie Paul Valérys hat hier Pate gestanden: das gelungene Gedicht ist die *»difficulté vaincue«*, die überwundene Schwierigkeit, die bezwungene Form. Das Schulkind, das seine *Gedichte* kann, wird zum Sinnbild des Dichters, der das *Dichten* kann. Schulkindes Leid wird übertrumpft von Schulkindes Triumphgefühl, das Schema läßt sich auf allen Ebenen durchexerzieren, auf der höchsten ist es der singende und preisende Orpheus selbst.

Das Tanzlied hat es geschafft, so leicht zu sein, wie sein Sinn es meint. Es *ist* leicht, ein Vergnügen, es auswendig zu lernen. Kein Ballast fürs Gedächtnis, sondern eine Lust. Am gleichen Tag, an dem Rilke Takt und Tanz dieser Verse ersann, schrieb er die berühmten Sätze der IX. Elegie: »Erde, du liebe, ich will ... Namenlos bin ich zu dir entschlossen ...«

RAINER MARIA RILKE
GEBET FÜR DIE IRREN UND STRÄFLINGE

Ihr, von denen das Sein
leise sein großes Gesicht
wegwandte: ein
vielleicht Seiender spricht

draußen in der Freiheit
langsam bei Nacht ein Gebet:
daß euch die Zeit vergeht,
denn ihr habt Zeit.

Wenn es euch jetzt gedenkt,
greift euch zärtlich durchs Haar:
alles ist weggeschenkt,
alles, was war.

O, daß ihr stille bliebt,
wenn euch das Herz verjährt;
daß keine Mutter erfährt,
daß es das gibt.

Oben hob sich der Mond,
wo sich die Zweige entzwein,
und, wie von euch bewohnt,
bleibt er allein.

WOLFGANG KOEPPEN
DIE GEFANGENEN, DIE IRREN UND DER DICHTER

Das »Gebet für die Irren und Sträflinge« ist im Insel-Almanach auf das Jahr 1912 erschienen. Das Kalendarium begleiten zwölf Schattenrisse aus dem Goethekreis, die Wieland-Silhouette, von Goethe geschnitten. Sokrates erscheint als Fotografie der Herme aus dem Neapler Museum und könnte die Büste eines Gymnasialprofessors jener Zeit sein. Ein Porträtmedaillon, gefunden in Como, zeigt Lucrezia Borgia als achtungheischende Landesfürstin, Hausfrau, Mutter von Ferrara, nicht dämonisch, nicht lasziv, zugenommen an Gewicht und hoffentlich Verstand. »Kulturpolitik treiben, heißt den Sinn für Vollkommenheit, Verfeinerung und Raffinement zu wecken oder wieder zu erwecken suchen«, doziert Henry van der Velde, der Arbiter der Ästhetik. Hugo von Hofmannsthal erzählt von einem »Ritt durch Phokis«. »Wir ritten lange zwischen zwei Hecken von wilden Rosen.« Der Insel Verlag, im Nachglanz der Sonne von Weimar, umwarb mit seiner Visitenkarte, dem geschätzten, fast schon bibliophilen Almanach voll schöner Literatur, humaner Sitte und trefflichen Beispielen der bildenden Künste den unterrichteten Leser, der 1912 mit sich und der Welt zufrieden ins Jahr ging.

Der Titel des Gedichtes von Rilke überrascht hier. Ich las ihn heute, nicht 1912, und fand die Überschrift »Gebet für die Irren und Sträflinge« aktuell, provokant, politisch. Ein garstig Lied? Das Gedicht ist schön. Leise sein Erschrekken, sein Zorn, sein Protest, wenn überhaupt vorhanden. Zum vorgenommenen Thema ist der Text blaß, auf den ersten Blick unbedeutend. Ich dachte an zwei andere, gleich diesem zwischen 1910 und 1912 entstandene, den Irren und den Gefangenen zugeeignete Gedichte des jungen Georg Heym. Da kehrt der Sträflingstrupp von der Feldarbeit zurück »in das große Grab, das wie ein Schlächterblock ins Graue stiert«. Das ist das Zuchthaus. Das ist Gefängnis. Wir kennen das; zumindest haben wir eine sehr konkrete Vorstellung von Gefangenschaft, Zwangsarbeit und Verwahrung, dazu Erfahrungen und böse Träume. Und die Irren? Bei Heym sind sie, ist ihre unsägliche Lage mit drei Strichen gezeichnet: »Ein Wärter, eine Peitsche, eine Kette.« Das schlägt in die festen Mauern der Heil- und Pflegeanstalten und reißt das Elend bloß.

Doch kommt mir beim zweiten Lesen Rilkes stillwirkendes Gedicht viel radikaler vor als Heyms Expressionismus, nihilistischer als jeder ja optimistische Aufruf, die Zucht- und Irrenhäuser zu stürmen, die Eingesperrten zu befreien. Die Lage der Gefangenen, für die Rilke betet, ist endgültig hoffnungslos. Es gibt keine Freiheit. Weder auf Erden, noch im Himmel. Die Frage nach Schuld, Sühne und Vergebung erübrigt sich. Die Gefangenen sind aus dem Sein gefallen, »Ihr, von denen das Sein leise sein großes Gesicht wegwandte«, es ist ihnen Furchtbares widerfahren, etwas, das mit ihnen war, das aus dem Kosmos kommt, zum All gehört, dem Unvorstellbaren, das sie verstieß. Wir wissen nicht warum.

Der Dichter und Beter Rilke zählt sich noch, wenn auch nur vielleicht, zu den Seienden draußen in der Freiheit. Das verwundert, zwei Jahre nach den »Aufzeichnungen des Malte Laurids Brigge«. An anderer Stelle heißt es bei Rilke: »Nachtwächter ist der Wahnsinn, denn er wacht.« Hier ist, wie bei großen Völkern in alten Zeiten, der Wahnsinnige der Auserwählte, der Wächter, der Prophet, der Dichter. Man wird nie auf ihn hören, aber er hat das kommende sichere Unglück gesehen. In dem Gebet, das Rilke für die Befallenen spricht, ist von Rettung nicht die Rede. Sie ist poetisch aufgehoben. »Denn ihr habt Zeit.« Die Gefangenen sind in der Ewigkeit. Der Dichter ist es noch nicht. Er ist in Furcht und möchte zärtlich reden zu jenen, denen »alles, was war« schon weggeschenkt ist. Weggeschenkt ist hoffnungsloser, grausamer als weggenommen.

Um 1912 waren Appelle an das Mitleid beliebt. Der fortgeschrittene Zeitgenosse schämt sich dieses Gefühls. Aber Rilke erwägt gar nicht eine Beschwörung menschlicher oder göttlicher Barmherzigkeit. Sein so sanftes, so gütiges Gebet ist böse und brutal wie die Vernichtung von Leben, Leib und Seele in einem Gangsterfilm, der uns grausam begeistert. Der Mond geht noch romantisch auf und ist doch schon die Strafkolonie einer beängstigenden Sciencefiction.

Rilke wird mit den Engeln der »Elegien« kämpfen, die schrecklich sind, aber immerhin korrespondierende Mitglieder des großen Welttheaters. Seinen Gefangenen gebietet Rilke Schweigen. »O, daß ihr stille bliebt, wenn euch das Herz verjährt.« Es zerreißt das Herz.

RAINER MARIA RILKE
HERBSTTAG

Herr: es ist Zeit. Der Sommer war sehr groß.
Leg deinen Schatten auf die Sonnenuhren,
und auf den Fluren laß die Winde los.

Befiehl den letzten Früchten voll zu sein;
gieb ihnen noch zwei südlichere Tage,
dränge sie zur Vollendung hin und jage
die letzte Süße in den schweren Wein.

Wer jetzt kein Haus hat, baut sich keines mehr.
Wer jetzt allein ist, wird es lange bleiben,
wird wachen, lesen, lange Briefe schreiben
und wird in den Alleen hin und her
unruhig wandern, wenn die Blätter treiben.

RAINER KIRSCH
CHEFSACHE UND ARBEIT

Wer spricht? Der Dichter. Zu wem? Zu Gott. Wer ist der? Vor drei Jahren und einem Tag hatte Rilke angefangen, ihm merkwürdige Rollen zuzuweisen: Gott war *uralter Turm*, um den das lyrische Subjekt windig als Falke, Sturm oder großer Gesang kreiste, wurde bald *Nachbar, Gesetz, Ball, raunender Verrußter* auf russischen Öfen und fortan immer ruppiger kleingehauen, bis er mitunter wegblieb und im Herbst 1901 gar log und sich dem Redenden als Mühlstein um den Hals hängte. Nun, am 21. September 1902, des Familienstipendiums verlustig und mit einer Rodin-Monographie beauftragt, sitzt der Atheist Rilke in Paris und ist mit Gott offenbar im reinen – er kann sich ihm klassisch nähern: höflich, selbstbewußt und in Anerkenntnis der Weltordnung.

Wo steht das? Im ersten Vers. Die Anrede ist *Herr* (betont auf unbetonter Silbe, Rilke hat gelernt, mit dem Metrum zu spielen, und setzt sich sozusagen die professionelle Dichtermütze auf. Bisher hatte Gott *Gott, du Gott, du Ast* usw. geheißen, einmal, frech und französisch, als gelte es ein Tänzchen, *mein Herr*). Der respektvoll-knappen Anrede folgt die Mahnung *es ist Zeit*: man trifft sich dienstlich, und der Redende ist vortragsberechtigt. Doch hütet er sich, gleich auf den Punkt zu kommen. Hochmögende bedürfen des Lobs wie unsereins der Speise, ohne das tun sie nichts oder kriegen den Unmut; die ungeheuerliche Lobfloskel *Der Sommer war sehr groß* erweist des Redenden Weltkenntnis, definiert Gott und läßt den Vers in den klassischen Jambus einrasten, zugleich eröffnet sie den Handlungsort, eine Landschaft. Wer ist Gott? Er wirkt, zeigt sich, am Wetter und den Jahreszeiten. Nun ist Wettermachen das Urgeschäft aller ernstlich großen Götter von Aton über Jahwe und Zeus bis zu Wotan; Gott ist demnach bedeutend, die Agenda der nächsten sechs Verse Chefsache.

Was muß auch nicht alles geleistet werden! Die *Schatten auf die Sonnenuhren* legen – Massen an Wolken sind aufzubringen! *Die Winde los* lassen – aber so, daß sie weder einander zunichte blasen noch sich zu Zyklonen zusammenrotten! *Letzte Süße in den schweren Wein* jagen – biochemischer Feinzauber in unterschiedlichsten Hanglagen! Gott, somit, wird vorgestellt als nördlich des Mittelmeers waltender Groß-Gutsbesitzer, dessen Herrschaft durch Atmo- und Stratosphäre bis zur Sonne reicht; der Redende, sein Majordomus, sorgt, daß IHM das Rechte zur rechten Zeit in den Kopf kommt, und braucht sachgemäß schöne Verse – ein durchheiterter Gott ist ein besserer Gott.

Wir lesen Vers 8, und stocken. *Wer jetzt kein Haus hat, baut sich keines mehr* – an wen geht das? Gott, interessierte ihn derlei, wüßte es eh; er wird wohl davon sein, arbeiten. Sonst ist niemand zugegen, der Majordomus redet zu sich selber. Jammert er? Kein Stück. Vielmehr bleibt ihm, nach erledigter Dienstsache, Muße, Privates zu bedenken: Er macht ein Lebenskonzept. Rilkes Haushalt in Westerwede war aufgelöst, die Reserven kärglich, Honorare kaum in Sicht; wie weiter? Hausdiener werden? Sich aufhängen? Ein Manifest der Moderne verfassen, wie Hofmannsthal das gleichenjahrs mit dem Lord-Chandos-

Brief angeblich getan hat? Nichts dergleichen. Der Redende wird *wachen, lesen, lange Briefe schreiben* – er wird sich einschränken, Mäzene suchen und dichten. Vor sechzehn Tagen hatte Rilke Rodins Lebens-Grundregel *Il faut travailler, rien que travailler. Et il faut avoir patience* erfahren, es ist, lesen wir, inzwischen seine. Die Schlußwendung von den *Alleen*, in denen *die Blätter treiben*, rundet das Gedicht und dehnt die Berichtszeit in die nächste Zukunft, den Spätherbst; an Rodins Maxime halten wird Rilke sich noch gut dreiundzwanzig Jahre, bis zum Tod, den er als was beschrieben hat? als *Arbeit*.

RAINER MARIA RILKE
ICH FÜRCHTE MICH SO

Ich fürchte mich so vor der Menschen Wort.
Sie sprechen alles so deutlich aus:
Und dieses heißt Hund und jenes heißt Haus,
und hier ist Beginn und das Ende ist dort.

Mich bangt auch ihr Sinn, ihr Spiel mit dem Spott,
sie wissen alles, was wird und war;
kein Berg ist ihnen mehr wunderbar;
ihr Garten und Gut grenzt grade an Gott.

Ich will immer warnen und wehren: Bleibt fern.
Die Dinge singen hör ich so gern.
Ihr rührt sie an: sie sind starr und stumm.
Ihr bringt mir alle die Dinge um.

WALTER MÜLLER-SEIDEL
SPRECHEN VON DEN DINGEN

Ein Gedicht der Jahrhundertwende, aus dem Furcht und Bangen spricht, und ein Gedicht, das warnen will. Veröffentlicht wurde es 1899 in dem Versbuch »Mir zur Feier«, entstanden ist es zwei Jahre zuvor, nach der Auskunft Ernst Zinns: in Berlin-Wilmersdorf am 21. November 1897.

Mit seinen Gebärden des Bangens und Warnens steht das Gedicht quer zur Zeit und ihrem Fortschrittsglauben – eine unzeitgemäße Betrachtung. Die Welt wird nicht vorbehaltlos bejaht – so wenig wie Vergangenheit beschworen wird. Die gewisse Ratlosigkeit, die zwischen den Zeilen steht, fällt auf. Sie ist für die beginnende Moderne kennzeichnend, weil sich die Wirklichkeit mit den Maßstäben ästhetischer Vollkommenheit immer weniger »bewältigen« läßt. Aber kennzeichnend erst recht ist das vielfach gestörte Vertrauen in die Sprache.

Auch in diesem Gedicht ist es erkennbar, und daß es ein Dichter ist, der Furcht vor dem Wort der Menschen äußert, zeigt an, wie wenig sich das Selbstverständliche noch von selbst versteht. Gilt solche Furcht auch dem Wort der Dichter – derjenigen, die mit ihm Herrschaft ausüben und gebieten?

An Stefan George zu denken liegt nahe. Tatsächlich fühlte sich Rilke von ihm in jenem Spätherbst beeindruckt und bedrängt. Am 14. November war er ihm zum erstenmal begegnet, im Salon des Malerehepaares Lepsius. Von

Georges gebieterischen Versen spricht ein späterer Brief Rilkes; und das eigene Anderssein sucht er in einem Gedicht zu behaupten, das sich auffällig dem Ton des »Meisters« nähert: »Ich werde nie mich neigen vor der Strenge/ Der bleichen Bilder in dem tiefen Buche.« Dennoch reicht die Furcht vor dem Wort der Menschen über eine Beziehung wie diese weit hinaus. Vorbehalte gegenüber jenen sind einzuschließen, die alles überdeutlich oder eindeutig ausdrücken, die alles vorherwissen oder zu berechnen vorgeben.

Das Erscheinen der »Welträtsel« von Ernst Haeckel im Jahre 1899 stand unmittelbar bevor, als Rilkes Gedicht entstand. Es geht daher auch – und nicht zuletzt – um das Wort der Wissenschaft, in der die Lösbarkeit aller Probleme behauptet wird; und zur Wissenschaft gehört Entzauberung, wie es bei Max Weber heißt. Gegenüber einer solchen Kultur der eindeutigen Begrifflichkeit und der »Allwissenheit« werden hier die Dinge zur Sprache gebracht – die Natur, das Tier, die Gegenstände der Kunst.

Sie werden genannt, damit wir sie vernehmen oder sie singen hören, wie gesagt wird. Was heißen soll, daß sie nicht nur Objekte unseres Verfügens sind, sondern daß sie selbst etwas sind, als hätten wir es mit handelnden Subjekten zu tun. Von der Empörung der Dinge ist in einer der frühen Erzählungen Kafkas bezeichnenderweise die Rede. Aus dem veränderten Verhältnis zu ihnen erklärt sich der Ton gegen Ende des Gedichts, die vorwurfsvolle Anrede an alle, denen die Dinge nichts mehr bedeuten, die ihre Musik nicht mehr vernehmen: »Ihr rührt sie an: sie sind starr und stumm./ Ihr bringt mir alle die Dinge um.«

Solches Sprechen von den Dingen hat man vielfach mißverstanden: entweder als Dingmystik und damit als eine Art weltlicher Theologie oder auch als einen zivilisationsfeindlichen Rückfall in ein vorindustrielles Zeitalter – als sei es ausschließlich Aufgabe der Schriftsteller, im Strome der Zivilisation munter mitzuschwimmen, wohin er auch treibt.

In Wirklichkeit haben wir es, was die Dinge angeht, nicht nur bei Rilke mit einem Umdenken von epochaler Bedeutung zu tun, die darin beruht, daß Herrschaft über die Natur nicht mehr unangefochten gilt; daß man der Denkart derjenigen nicht mehr uneingeschränkt vertraut, die alles wissen, »was wird und war«. Der Bewußtseinswandel ist unbeschadet der poetischen Mängel, die man dem Gedicht nachsagen kann, ein Fortschritt: ein solcher nämlich nicht vom Menschen weg sondern zum Menschen hin.

RAINER MARIA RILKE
KOMM DU, DU LETZTER

Komm du, du letzter, den ich anerkenne,
heilloser Schmerz im leiblichen Geweb:
wie ich im Geiste brannte, sieh, ich brenne
in dir; das Holz hat lange widerstrebt,
der Flamme, die du loderst, zuzustimmen,
nun aber nähr' ich dich und brenn in dir.
Mein hiesig Mildsein wird in deinem Grimmen
ein Grimm der Hölle nicht von hier.
Ganz rein, ganz planlos frei von Zukunft stieg
ich auf des Leidens wirren Scheiterhaufen,
so sicher nirgend Künftiges zu kaufen
um dieses Herz, darin der Vorrat schwieg.
Bin ich es noch, der da unkenntlich brennt?
Erinnerungen reiß ich nicht herein.
O Leben, Leben: Draußensein.
Und ich in Lohe. Niemand, der mich kennt.

[Verzicht. Das ist nicht so wie Krankheit war
einst in der Kindheit. Aufschub. Vorwand um
größer zu werden. Alles rief und raunte.
Misch nicht in dieses was dich früh erstaunte]

RALF ROTHMANN
ABSOLUTHEIT

Mit Hilfe von Konventionen, schrieb Rilke in den Briefen an einen jungen Dichter, habe man alles nach dem Leichten hin gelöst, ja, nach des Leichten leichtester Seite. Es sei aber klar, daß man sich, wie jedes Lebendige, das seiner Vervollkommnung entgegenstrebt, an das Schwere halten müsse. »Daß etwas schwer ist, muß uns ein Grund mehr sein, es zu tun.«

Das Gedicht, seine letzte Eintragung im letzten Taschenbuch, dokumentiert: Er hat sich an das Schwerste gehalten, an die Bejahung des eigenen Endes – und der unsagbaren Leiden, die damit zusammenhingen. Eine Bejahung ohne Furcht oder Verbitterung, wie man liest, und das Staunen über Wucht und Wut der Krämpfe scheint aus einer unverwundbaren Mitte zu kommen.

Weniger, weil es ein Entwurf ist und von ihm, im Fall seines Überlebens, so nicht publiziert worden wäre, müßte ein germanistisch-philologisches Vermessen der Zeilen befremden. Jemandem, der sich kaum noch kennt vor Qual, zählt man nicht die Silben seiner Sätze nach. Und doch, die Kunst dieser Verse verblüfft auch dann, wenn man bedenkt, daß hier einer spricht, der sich ein Leben lang zum Ausdruck erzogen hat und letztlich, was die Absolutheit seiner Existenz betrifft, selbst Ausdruck war: einer Kraft, deren Bestimmung seit jeher das ist, was man in der Antike »den Gott schmücken« nannte.

Rilkes Diktion, die oftmals halsbrecherische Hochsprache, rief immer schon Spötter auf den Plan – und dieses Fragment beschämt alle. Denn trotz seiner Bravour bleibt es die wahrhaftigste Äußerung, zu der ein Mensch fähig ist: Schmerzenslaut. Und es verkörpert das Verstummen.

Stets hat mich die Inbrunst des Anfangs erstaunt. Die rhythmische Logik dieser Zeile entspricht der eines Liebesgedichts (so wird ein lange Erwarteter empfangen), und Bejahung, auch und gerade die des Unvermeidlichen, ist schließlich eine Form der Liebe. Man glaubt einen Puls schlagen zu hören in den Versen: Kraftvoll und schnell bis zum doppelt erklingenden »Grimm«, wird er zur Mitte hin unregelmäßig, kürzere Sätze, der Atem stockt, und allein in der Zeile vor der Zäsur, im lakonischen »Und ich in Lohe. Niemand der mich kennt.«, ist eine Ermattung gestaltet, der man in ihrer Kunstfertigkeit kaum glauben mag.

Erst das erneute Anheben im Schlußteil nimmt ihr den verzweifelten Glanz; und erschüttert, weil es in Wahrheit der Ausklang ist, das Hinsinken – dessen »Misch nicht in dieses, was dich früh erstaunte« seltsam persönlich anmutet, fast privat, als hätte der Dichter die Umstehenden längst vergessen. Wobei er sich noch berichtigt, noch zur Klarheit ermahnt, während Licht und Sinne schwinden.

Nicht klagen solle man, schrieb Rilke fast zwanzig Jahre früher im »Requiem« für Wolf von Kalckreuth, sondern hart sich in die Worte verwandeln, damit Schicksal eingehe in die Verse. So betrachtet, kann das Fragment, wenige Tage vor seinem Ende notiert, vollkommener nicht sein. Es ist die Totenstille zwischen den Zeilen, die es zum Klingen bringt.

RAINER MARIA RILKE
LIEBES-LIED

Wie soll ich meine Seele halten, daß
sie nicht an deine rührt? Wie soll ich sie
hinheben über dich zu andern Dingen?
Ach gerne möcht ich sie bei irgendwas
Verlorenem im Dunkel unterbringen
an einer fremden stillen Stelle, die
nicht weiterschwingt, wenn deine Tiefen schwingen.
Doch alles, was uns anrührt, dich und mich,
nimmt uns zusammen wie ein Bogenstrich,
der aus zwei Saiten *eine* Stimme zieht.
Auf welches Instrument sind wir gespannt?
Und welcher Geiger* hat uns in der Hand?
O süßes Lied.

---

* Hier stand zunächst »Spieler«. Rilke änderte 1918/19.

GERTRUD HÖHLER
KLIMA DES SCHICKSALS

Ist es Liebe, die hier spricht? Ein Loblied auf die Unzertrennlichkeit der Liebenden, Sehnsuchtsstrophe des Entfernten in Zeiten der Trennung? Hingabe durchtränkt diese Verse; unwiderstehlich klassisch klingt der musikalisch hingeseufzte, vielzitierte erste Satz: Verschmelzungsruf eines erfüllten Liebenden.

Die sanfte Melodie dieses Liebesrufes trägt auch weiter, er bleibt »schön«, wenn der Leser die dunklen Ahnungen überspielt, die von der rätselhaften Gedichtmitte ausgehen: Fluchtimpulse des Ergriffenen, Einsamkeitssehnsüchte klingen hinter dem klagenden »Ach« der vierten Zeile auf.

Täuschte die Hingabe der verführerischen Eingangszeilen? Aber sie meldet sich wieder, sammelt sich im virtuosen Schlußbild, das den Gleichklang der Seelen als geheimnisvollen Akkord feiert: Instrument und Spieler bleiben den gleichschwingenden Seelen unerforschlich. Dennoch: Der Sänger dieser Verse möchte einzeln sein, er möchte diesen rätselhaften Zusammenklang verlassen, der bei jedem Außenreiz die beiden Liebenden in gleiche Schwingungen versetzt. Wem schreibt der junge Dichter Rilke diese Verse? Vielleicht seiner Frau, mit der er damals, Mitte März 1907, von Capri aus viele Briefe wechselt.

Längst war er dem Gleichklang mit dieser Frau auf die ihm eigene sanfte Art entflohen. Was in seinem dichterischen Vermächtnis von 1921, dem »Testament«, als schmerzerfüllte Lebensklage aufklingt: »diese Angst vor dem Geliebtwerden«, das durchzieht schon diese frühen Verse. Die Geliebte, umarmt durch das vertrauliche Liebesgeständnis des ersten Satzes, ohnmächtig geliebt, so will es scheinen, steht eigentlich als Hindernis im Weg. Die »Dinge« sind verstellt, die Aufgaben scheinen unerreichbar im Schatten der Liebenden. Der so in Bann Geschlagene möchte sich verstecken; wo niemand nach ihm sucht, wo niemand ihn erkennen kann, keiner sich auskennt, wo niemand ruft, dort möchte er Zuflucht finden. Es soll ein Ort sein, der vom Zauber der Liebenden frei ist: nichts darf hierher die verführerischen Schwingungen der Frauenseele melden.

»Doch«: das Unisono der Seelen widerlegt des Dichters Sehnsucht nach Heimkehr zu sich selbst. Unkenntliche Mächte scheinen im Spiel, die Gesetze des Fühlens liegen nicht in der Verfügung der Liebenden. Zweifach fragend begann der Sänger, doppelt fragend will er enden – da drängt sich noch ein lapidarer Satz an den Schluß, kürzer als alle Zeilen diese letzte: »O süßes Lied.« Nicht: O süße Liebe. Der Künstler spricht, nicht der Liebende. Das Geschaffene steht über dem Gefühl, es schenkt erkennbare Gestalt, wo das Erlebte undurchschaubar, rätselhaft bedrängend blieb. Wie er sich selbst rettet aus den »Bemächtigungen der Liebe«, so hebt er die Rätsel der Hingabe auf in der Form.

Jubel und Klage sind eins in diesem Gedicht; die »Tröstungen« der Liebe verquicken sich unlösbar mit ihrer Dämonie. Schon ist in diesem frühen Werk Rilkes Lebensproblem behutsam ausgebreitet: »die Liebe«, sagt er später, »ist das eigentliche Klima des Schicksals.« »Gab es jene Liebende, die kein Hindernis war, die ihn nicht verlangsamte und ablenkte in die Aufenthalte der Liebe?« Die »Speerspielerin Einsamkeit«, zu der er immer wieder schmerzgepeinigt flieht, von Anteilnahme zerrissen, läßt dann das geflohene Erlebnis im Kunstwerk »überstehn«.

Die Gestaltung als »Aufgabe«, die Erleben unerbittlich ausgrenzt: ein altes Künstler-Lebensthema. Das Gedicht des Capri-Frühlings von 1907 zeigt beides noch dicht verschlungen: Staunen, Hoffnung und Furcht. Noch sind die gegenläufigen Wünsche gleich stark: daß die Harmonie mit der Liebenden ihn überwältigen möge und daß ihm die Flucht in die Einsamkeit gelänge.

Dies war der Zwiespalt seines Lebens. »Wohnen in den Umarmungen kann nur der, der auch in ihnen sterben darf«, hat er später, geklärter und ergeben in sein Teil, geschrieben. Singend sah er sich als den Überwinder des Vergänglichen: »Gesang ist Dasein.« O süßes Lied.

RAINER MARIA RILKE
MAGIE

Aus unbeschreiblicher Verwandlung stammen
solche Gebilde –: Fühl! und glaub!
Wir leidens oft: zu Asche werden Flammen;
doch, in der Kunst: zur Flamme wird der Staub.

Hier ist Magie. In das Bereich des Zaubers
scheint das gemeine Wort hinaufgestuft ...
und ist doch wirklich wie der Ruf des Taubers,
der nach der unsichtbaren Taube ruft.

GÜNTER KUNERT
KUNSTSTÜCKCHEN

Heute erscheinen uns Gedichte von Rilke oft überspannt, outriert, manchmal die Grenze zu unfreiwilliger Komik, zum Kitsch gerade noch angestrengt wahrend. Aber so liest jede Zeitgenossenschaft anders. Magie und Zauber – Worte, welche wir ohne Gänsefüßchen kaum auszusprechen vermögen, stehen hier noch in fragloser Legitimität, und legitim sind sie ja auch, obschon eher in einem kulturhistorischen als in einem künstlerischen Sinne. Übertreibend ausgedrückt: Jeder Dilettant des Metiers ist über den Ursprung der Lyrik »bestens« informiert. Ihre Quelle entspringt archaischem Denken, Animismus und Geisterbeschwörung, Götteranrufung und Verfluchung: also einer sprachlichen Praxis, mittels derer der Adept auf seine Wirklichkeit Einfluß zu nehmen gedachte. Die Ethnologie weiß davon manches ungereimte Lied zu singen. So wirkt der Titel »Magie« für den im Gedicht evozierten Akt tautologisch, nicht zuletzt weil das Darstellungsmittel mit dem Dargestellten zusammenfällt: Als handele es sich um ein Zauberkunststück zur Demonstration von Zauberei.

Trotz alledem: Selbst in unserer Epoche wissenschaftlich geprägter Rationalität leben Gedichte immer noch vom Saft aus ihren frühen Wurzeln. Ihr Genuines besteht einfach darin, durch assoziative Bildkombinatorik Vorstellungen und Empfindungen zu erwecken, die durch kein andersgeartetes Reizmittel hervorrufbar wären. Insofern sind Gedichte tatsächlich »wirklich wie der Ruf des Taubers, der die Taube ruft«. Ja, ich vermute, die Latenz von Gefühlen wird überhaupt erst vom Gedicht angeregt. Das »hinaufgestufte Wort« selber schafft sich den Empfänger, welcher ohne diesen »Anruf« gar nicht zur entsprechenden Reaktion imstande wäre. Etwas paradox gesagt, produziert der Brief sich seinen Adressaten. Das Gedicht zeugt den Leser. Rilkes Achtzeiler, eine kurzgefaßte Poetologie, die, wie alle ihre Gattungsgenossinnen, die »unbeschreibliche Verwandlung« zu beschreiben unternimmt, ist zugleich ein Lehrbeispiel für Hugo Friedrichs »Struktur der modernen Lyrik«, wo der Name Rilke nicht ein einziges Mal vorkommt. Christliche Bildwelt (Anrufung des Heiligen Geistes im Ruf nach der unsichtbaren Taube) und »leere Idealität« entsprechen einander: »Das Gedicht bewegt sich in einem geläufigen Schema platonischer und christlich-mystischer Herkunft. Nach diesem Schema steigt der Geist in eine Transzendenz auf, die ihn so verändert, daß er rückblickend die Hülle des Irdischen durchdringt und dessen wahres Wesen erkennt. Es ist das Schema der – christlich so benannten – *ascensio* oder *elevatio*.« Und resümierend fährt Friedrich fort: »Von Gott ist nicht mehr die Rede. Wir erfahren auch nicht, welcher Art die nunmehr verstandene Sprache der Blumen und Dinge wäre. Das Ziel des Aufstiegs ist nicht nur fern, sondern leer, eine inhaltslose Idealität. Sie ist ein bloßer Spannungspol, hyperbolisch angestrebt, aber nicht betreten.«

Was hier auf Baudelaire gemünzt wird, trifft ebenso auf Rilke zu: weder wird der Ruf des Taubers in irgendeiner Weise definiert noch die Antwort der unsichtbaren Taube erwartet. Die Säkularisierung ist perfekt, Christentum der

Fundus für Metapher und Wortwahl. Geblieben ist der Lyrik ihr eingeborener Gestus, vom Unsagbaren in Gleichungen und Gleichnissen reden zu müssen, obwohl das Unsagbare inzwischen auch unglaubhaft geworden ist. Aber sie, die Lyrik, kann, um ihres Weiterbestehens willen, nicht aufhören, so zu tun, als wäre anstelle des Garnichts ein Etwas. Aus schieren Existenzgründen muß sie etwas vortäuschen, was aus anderen Daseinsbereichen längst verschwunden ist: die besagte Transzendenz nämlich.

»Hier ist Magie«, schreibt Rilke, aber wir, im Stande der verlorenen Unschuld und eines deprimierenden Aufgeklärtseins, wissen, daß Magie nur eine Sache geschickter Taschenspielerei ist.

RAINER MARIA RILKE
NOCH FAST GLEICHGÜLTIG . . .

Noch fast gleichgültig ist dieses Mit-dir-Sein . . .
Doch über ein Jahr schon, Erwachsenere, kann
es vielleicht dem Einen,
der dich gewahrt, unendlich bedeuten:
Mit dir sein!

Ist Zeit nichts? Auf einmal kommt doch durch sie
dein Wunder. Daß diese Arme,
gestern dir selber fast lästig, einem,
den du nicht kennst, plötzlich Heimat
versprechen, die er nicht kannte. Heimat und Zukunft.

Daß er zu ihnen, wie nach Sankt-Jago di Compostella,
den härtesten Weg gehen will, lange,
alles verlassend. Daß ihn die Richtung
zu dir ergreift. Allein schon die Richtung
scheint ihm das Meiste. Er wagt kaum,
jemals ein Herz zu enthalten, das ankommt.

Gewölbter auf einmal, verdrängt deine heitere Brust
ein wenig mehr Mailuft: dies wird sein Atem sein,
dieses Verdrängte, das nach dir duftet.

ECKART KLESSMANN
KÜNFTIGE LIEBE

Wir wissen nicht, an wen Rilke diese Anfang Juni 1924 in Muzot geschriebenen Verse gerichtet hat, wenn sie denn wirklich einer biographisch faßbaren Frau gegolten haben sollten. Es liegt nahe, an die damals achtzehnjährige Erika Mitterer zu denken, die den Dichter im Mai mit einem Briefgedicht überrascht hatte, auf das Rilke erwiderte, aber die Forschung hat dieses nahezu unbekannt gebliebene Gedicht nicht in den Umkreis der Mitterer-Gedichte einordnen wollen. Zu seinem Verständnis sind diese Umstände auch nicht wichtig.

Ein offenbar schon älterer Mann spricht zu einem jungen Mädchen, noch nicht ganz ausgereift (»über ein Jahr schon, Erwachsenere«). Noch ist sich die Angesprochene ihres Körpers nicht ganz bewußt, denn »diese Arme, / gestern dir selber fast lästig«, deuten auf die Unsicherheit des noch jungen Körpers, der mit sich noch nicht eins geworden ist.

In diesem Gedicht geschieht etwas Merkwürdiges, ja höchst Ungewöhnliches: Getreu der Frage »Ist Zeit nichts?« wird nur von Zukunft gesprochen und dem möglichen (»vielleicht«) Gegenüber, das nicht Ich heißt, sondern »einer« oder »er«. Ein Liebesgedicht – das ist es doch wohl – verzichtet auf das, woraus ein Liebesgedicht sonst lebt: Gegenwart, Nähe.

Das »Mit dir sein« ist – sofern Gegenwart – »noch fast gleichgültig«, es gewinnt seine Bedeutung erst im Kom-

menden: »Doch über ein Jahr schon, Erwachsenere …« Worin liegt das Glück der Liebenden, wenn nicht in den Armen des anderen? Aber erst künftig werden diese Arme des Mädchens »Heimat und Zukunft« dem Geliebten verheißen können, und der muß nicht der Sprechende sein.
Der Wie-Vergleich mit dem spanischen Wallfahrtsort Sankt-Jago di Compostella wirkt durch die Gewichtigkeit der Metapher etwas fremd in dieser Umgebung aus einfacher Rede, wie ja überhaupt in dieser letzten Phase in Rilkes Schaffen, nach den Duineser Elegien, seine Sprache viel von ihrem früheren Prunk einbüßt und oft erstaunlich schlicht ist; vielleicht haben die Reminiszenzen des Dichters an Spanien ihm dieses Bild nahegelegt.
Der Weg zur (zum) Geliebten, wir wissen's, gleicht immer dem »härtesten Weg«. Wie viele Umwege müssen Liebende gehen, bis sie einander begreifen, bis einer versteht, »daß ihn die Richtung / zu dir ergreift«, bis ein Herz »ankommt«. Zeichen werden gegeben und nicht oder falsch verstanden, Sprache und Gesten tasten sich vorsichtig vor, sich dem anderen behutsam verständlich zu machen.
»Gewölbter auf einmal, verdrängt deine heitere Brust …« – das klingt gelöst und nach leiblicher Gemeinsamkeit, und es mag auch den Durchbruch der Liebe bedeuten, wenn zwei einander endlich erkennen, wenn die Geliebte »sein Atem« wird und die Kontur der »heiteren Brust« dem Duft der Geliebten entspricht, »dein Wunder«.
Diese Verse enthalten alle Zärtlichkeit eines sehr gegenwärtigen und dabei träumerisch distanzierten Liebesgedichts, aber sie täuschen die Zeit, indem sie das Vergehende mit dem Künftigen verknüpfen. Nichts ist, alles

wird sein. Das Wunder gelingt. Das Liebesgedicht verspricht »Heimat und Zukunft«, Ziel aller Liebe, im leisen zärtlichen Atem.

RAINER MARIA RILKE
ROSE, OH REINER WIDERSPRUCH

Rose, oh reiner Widerspruch, Lust,
Niemandes Schlaf zu sein
unter soviel Lidern.

WOLFGANG LEPPMANN
ZAUBERWÜRFEL

Die berühmte Inschrift, die Rilke beim Abfassen seines Testaments im Spätherbst 1925 als Epitaph entwarf – sie ziert bis heute seinen inzwischen recht verwitterten Grabstein im Kirchhof von Raron –, ist kurz, aber alles andere als bündig. Gewiß, es sind nur zwölf Wörter, die einen einzigen, in Appositionen gegliederten und über drei Zeilen verteilten Satz bilden. Aber so leicht dieser Satz zu lesen und jedes Wort in seiner syntaktischen Funktion zu erfassen, so schwer ist es, dem Ganzen eine eindeutige, keiner weiteren Erklärung bedürftige Aussage zu entnehmen. Von seiner Originalität und scheinbaren Einfachheit fasziniert, hat die Nachwelt an diesem Epitaph wie an einem Zauberwürfel herumgedreht im Bemühen, das in ihm enthaltene »Problem« zu lösen: mit dem Ergebnis freilich, daß es nicht aufgeht und wohl auch nicht gänzlich aufgehen soll.

Untersucht man zum Beispiel die Schlüsselworte im Hinblick auf den Gebrauch, den Rilke anderswo von ihnen macht, dann schillert schon die »Rose« in vielen, über naheliegend-traditionelle Symbole (etwa für Liebe oder Schönheit oder Tod) hinausgehenden Bedeutungen. Hier sollten wir sie uns vielleicht als Sinnbild des noch aus dem Grabe heraus nachwirkenden Dichters vorstellen wie in dem vielzitierten Sonett, in dem es heißt: »Errichtet keinen Denkstein. Laßt die Rose / nur jedes Jahr zu seinen Gunsten blühn. / Denn Orpheus ist's.« Bei »reinem« Widerspruch haben wir wohl an einen unversöhnten, auf Koexistenz anstatt Ausgleich angelegten Kontrast, bei »Lust« hingegen an eine Bejahung des Lebens auch angesichts des Grabes zu denken. (So ungewöhnlich das Wort »Lust« auf einem Epitaph erscheint, so überliefert, ja banal wirkt die Metapher des Schlafes für den Tod.)

Wer aber ist der »Niemand«, von dessen Schlaf oder viel mehr Nichtschlaf hier die Rede ist? Unter Rückgriff auf ein kurz vor der Grabinschrift verfaßtes Fragment in französischer Sprache erklärt man »Niemandes Schlaf« gern als einen Zustand, in dem die Rose für sich und um ihrer selbst willen blüht, ohne Bezugnahme auf den Toten, aus dessen Grab sie ersprießt. So lassen sich die aus Parallelstellen gewonnenen semantischen Fäden beliebig weiterspinnen, ohne daß sie sich zu einem festen Gewebe zusammenschlössen – geschweige denn zu einem, das das Gewicht einer jener »letzten Wahrheiten« ertrüge, die man damals noch zur Erbauung oder Ermahnung der Nachkommen in Grabsteine einmeißelte.

Wir sollten es weniger philosophisch nehmen und uns auch am Wohlklang dieser Zeilen erfreuen, wobei wir beim Lautlesen einen Übergang von dunklen zu hellen Vokalen und von einem anfangs durch Kommata gehemmten zu einem freien Sprachduktus finden. In dieser Verschränkung des Stockenden mit dem Fließenden und des Widerspruchs mit der Lust ist schon das Ineinandergreifen von Tod und Leben angedeutet, das für diesen Dichter eine Selbstverständlichkeit darstellte.

Für ein zwangloses Übergehen in einen Tod, der das Leben nicht wie ein Schlußpunkt beendet, sondern es wie ein Gedankenstrich auf anderer Ebene weiterführt, spricht auch der oft übersehene Umstand, daß Rilke sich anstatt eines neuen Grabsteins einen alten gewünscht hatte, von dem man die früheren Inschriften entfernen mußte, bevor die seinige angebracht werden konnte. Bei einem solchen, von einem Toten an den anderen weitergereichten Stein kann man in der Tat von »Niemandes Schlaf« sprechen – ohne daß diese Zeilen damit restlos ausgedeutet wären. Wo steht übrigens geschrieben, daß die Lyrik immer Fragen beantworten muß? Liegt ihr Wert manchmal nicht gerade darin, daß sie sie stellt und die Antwort uns überläßt?

RAINER MARIA RILKE
TRÄNENKRÜGLEIN

Andere fassen den Wein, andere fassen die Öle
in dem gehöhlten Gewölb, das ihre Wandung umschrieb.
Ich, als ein kleineres Maß und als schlankestes, höhle
mich einem andern Bedarf, stürzenden Tränen zulieb.

Wein wird reicher, und Öl klärt sich noch weiter im Kruge.
Was mit den Tränen geschieht? – Sie machten mich schwer,
machten mich blinder und machten mich schillern am Buge,
machten mich brüchig zuletzt und machten mich leer.

HARALD HARTUNG
DIE SCHÖNE ERSCHÖPFUNG

»Ich weiß, es kann eine ›Reaktion‹ geben«, schreibt Rilke nach der Vollendung der Elegien und Sonette an Lou. Jene Reaktion stellt sich ein, zunächst als diffuses Unwohlsein, in der Form unbestimmter körperlicher Störungen. In diversen Behandlungen sucht der Dichter Heilung und Aufschluß über seine Krankheit. So verbringt er ab Ende August 1923 vier Wochen im Sanatorium Schöneck am Vierwaldstättersee. Eine verfehlte Kur; aber er gewinnt ihr etwas an Produktion ab. Einer Dame, die er kennenlernt, Elisabeth Salomon, der späteren Frau Friedrich Gundolfs, widmet er »Zwei Gedichte«.

Das erste, »Ex voto«, ist so etwas wie sublime Parodie auf den Brauch der Gläubigen, unter dem Heiligenbild einen Dankspruch mit der Abbildung des geheilten Körperteils anzubringen. Da ihm selbst sein Krankheitsbild unklar ist, richtet er die Aufforderung an die Dame: *Nimm mich ganz an dein Bild: Vielleicht siehst du's an mir*. Erotische Koketterie oder ein versteckter Hilferuf? Wie immer: »Ex voto« bleibt dichterisch ein Spiel mit der Konvention. »Tränenkrüglein« dagegen ist wahrhaft eine Weihegabe.

Man darf an die kleinen Gefäße aus Glas oder Ton denken, wie sie in der Antike als Grabbeigaben üblich waren. In ihnen heiligte der Mensch seine Trauer und begrenzte sie zugleich, indem er ihr ein Maß abgewann. Es war auch die Meinung der Totensagen, daß übermäßige Trauer die

Ruhe der Toten störe. In Bechsteins Märchen vom Tränenkrüglein erscheint das gestorbene Kind der Mutter, die drei Tage und drei Nächte geweint hatte. In den Händen trägt es ein übervolles Krüglein und bittet die Mutter, nicht mehr zu weinen. Sonst werde das Krüglein überfließen, und es werde »keine Ruhe haben im Grabe und keine Seligkeit im Himmel«.

Wie immer, wenn Rilke ein Thema oder Motiv aufgreift, gibt er ihm eine neue Wendung. Zwar benutzt das Gedicht den Reim, doch seine daktylischen Langzeilen haben antikischen Ton und erinnern an Epigramme, wie sie in der Antike als Aufschriften auf Weihgeschenken, Standbildern, Grabmälern erscheinen. Rilkes Tränenkrüglein freilich gibt sich selbst die Aufschrift. Es spricht auch nicht von den Toten oder den Trauernden, sondern buchstäblich in eigener Sache.

Es will anders sein als die nützlichen Gefäße für Wein und Öl und setzt sich nicht ohne Stolz gegen die »anderen« und ihr Menschenwerk ab. Es begreift sich als selbsterschaffen, als Ding, das sich selbst zu seiner Aufgabe geformt hat: *stürzenden Tränen zulieb*. Die zweite Strophe spricht vom Preis dieses Tränendienstes. Er ist hoch, besser: er *war* es. Mitten im Vers geschieht der Umschlag: *Was mit den Tränen geschieht? – Sie machten mich schwer*. Gefragt wird in der Gegenwart, doch die Antwort kommt schon aus dem Vergangenen. Tränen sind nicht zu konservieren; sie verdunsteten zu schillernden Salzen, zersetzten das Gefäß und ließen es leer zurück.

Also liebte Rilke die Tränen nicht? Liebte er die Klage nicht? Doch – nur hatte er sie bislang nicht isoliert. *Nur im Raum der Rühmung darf die Klage / gehn, die Nymphe des geweinten Quells*, verkündet eines der Orpheus-Sonette. Nun aber, kaum daß die große Sinnstiftung geleistet ist, beginnt die Erosion des schönen Zusammenhangs. Der Chemie der Tränen ist das gebildete Gefäß nicht gewachsen. Die Klage »erschöpft« es, läßt es leer zurück. Sagt also das »Tränenkrüglein«, was der Dichter selbst nicht zu sagen wagte?

Das Gedicht verweigert die Antwort. Es delegiert die Klage. Das Tränengefäß, lädiert und leer, spricht – trotzdem, immer noch – zu uns herüber. Aber natürlich spricht nicht ein bestimmtes antikes Fundstück, sondern das Ding aus Worten, das seine Klage in makellosen Versen aussagt. Der Dichter, selbst wenn er seine Erschöpfung besingt, schenkt immer noch aus der Fülle.

RAINER MARIA RILKE
WANDELT SICH RASCH AUCH DIE WELT

Wandelt sich rasch auch die Welt
wie Wolkengestalten,
alles Vollendete fällt
heim zum Uralten.

Über dem Wandel und Gang,
weiter und freier,
währt noch dein Vor-Gesang,
Gott mit der Leier.

Nicht sind die Leiden erkannt,
nicht ist die Liebe gelernt,
und was im Tod uns entfernt,

ist nicht entschleiert.
Einzig das Lied überm Land
heiligt und feiert.

JOACHIM KAISER
UNBEGREIFLICHES LEIDEN UND KUNSTSCHÖNES

Man liest die erste Strophe dieses – wie sagte doch Gottfried Benn irgendwo? – »fast unverzeihlich schönen« Gedichts und ist sogleich ergriffen vom zarten, visionären A-Dur-Klang. Ganz unmittelbar, noch diesseits angestrengter analytischer Nachprüfung, stellt sich jene »Emotionsgewißheit«, jenes »Neugierigwerden«, jenes Gefühl des »Griffs nach der Kehle« her, worauf es in der Kunst, zumal in der Lyrik, vor allem andern ankommt. So meisterhaft wie unauffällig macht Rilke in der ersten Strophe den Vokal a zum Hauptton: Vom »W*a*ndelt« über »r*a*sch« bis zu den »Wolkengest*a*lten«, welchen dann in der vierten Zeile das »heim zum Ur*a*lten« majestätisch kadenzierend, archaisch originell und tief beruhigend entspricht.
Das ist der Rilkesche Zauber, den der Parodist Robert Neumann nach Kräften zu blamieren suchte (»Durchklirrt die Gefahr und schirrt seine Stute. Und der ganzen staunenden Mädchenschaar – ihr girrt noch geblufft über Tag und Jahr der Rilkesche Rhythmus im Blute«). Den aber immerhin Musil mit der Feststellung feierte, Rilke habe »das deutsche Gedicht zum erstenmal vollkommen gemacht«. Was hebt nun Rilkes XIX. Sonett sternenweit hinaus über die blöde Neumann-Formel vom Bluff? Es ist der Umstand, daß hier die Sprache, wie es im lyrischen Wortkunstwerk sein soll, einerseits ihr tönendes Eigenleben führt, in eigener Sache rauscht. Aber sie be-rauscht nicht nur: sie teilt zugleich ein Weltbild, eine charakteristisch gestufte Ordnung der Dinge mit.

Um dieses Weltbild, diese Ordnung der Dinge zu erkennen, braucht der Leser kein Kenner antiker oder mittelalterlicher Philosophie zu sein, wo das Dauernde und Wesenhafte dem Besonderen, Zufälligen, Veränderbaren in strenger Hierarchie übergeordnet erschien. Der Sonett-Text verdeutlicht sein Daseinsmuster hinreichend. Weltliches Treiben wandelt sich so rasch wie Wolken – doch das Vollendete fällt in den Bereich des Alten, Wahren. Die zweite Strophe bezieht Orpheus in dies Spannungssystem ein. Vor allem Wandel und Getriebe »währt« die Kunst. Des Orpheus Gesang. Ob da vielleicht sogar eine Dreidimensionalität gemeint ist, der zufolge Orpheus' Kunst, als »Vor-Gesang«, gleichsam zuallererst da war, braucht nicht eindeutig entschieden zu werden. Die zweite Strophe und die beiden letzten Verse des Sonetts deuten es zumindest an.

Schön und gut – denkt man: was für eine treffliche, scholastische Ideen-Pyramide. Nur, was hat diese perfekte Orpheus-Ontologie, die unterstellt, alles sei von Gott fabelhaft sinnvoll geordnet, mit uns zu tun? 1915 schrieb Rilke in einem Brief: »Wenn wir im Lieben unzulänglich, im Entschließen unsicher und dem Tod gegenüber unfähig sind, wie ist es möglich, dazusein?« Genau diese Einwände, diese ewigen Felsen des Atheismus, nimmt das Sonett in seine Kunstfeier hinein. Und zwar im ersten Terzett, dem genialen und lakonischen Höhepunkt des Gedichtes. »Nicht sind die Leiden erkannt« – kann dies etwas anderes meinen, als daß wir armen Erdenbürger keinen Sinn in den Leiden zu sehen vermögen, die uns ein unbegreifliches Fatum zumutet? »Nicht ist die Liebe gelernt.« Was im Korinther-Brief über die Liebe steht, dem hat die Menschheit nie zu entsprechen vermocht. Und schließlich: Orpheus durfte zwar den Versuch wagen, Eurydike aus dem Totenreich zurückzuholen. Doch ob der Tod etwas Endgültiges ist, ewige Entfernung, oder nur Wandlung – uns bleibt es verschleiert.

Doch das Lied überm Land, so will es der Künstler Rilke, heiligt und feiert trotzdem. Macht ein herbes Dasein überstehbar. Man merkt es der Anmut dieser Verse an, daß Rilke, nach langer Qual mit den Duineser Elegien, seine Sonette an Orpheus 1923 rasch und wie in einem Zuge niederschrieb.

RAINER MARIA RILKE
WILDER ROSENBUSCH

Wie steht er da vor den Verdunkelungen
des Regenabends, jung und rein;
in seinen Ranken schenkend ausgeschwungen
und doch versunken in sein Rose-sein;

die flachen Blüten, da und dort schon offen,
jegliche ungewollt und ungepflegt:
so, von sich selbst unendlich übertroffen
und unbeschreiblich aus sich selbst erregt,

ruft er dem Wandrer, der in abendlicher
Nachdenklichkeit den Weg vorüberkommt:
Oh sieh mich stehn, sieh her, was bin ich sicher
und unbeschützt und habe was mir frommt.

ULRICH FÜLLEBORN
NACHDENKEN ÜBER DAS GLÜCK

Selbst wer mit Rilkes Lyrik vertraut ist, mag von diesem »Wilden Rosenbusch« überrascht sein. Sprachgebung und lyrische Bewegtheit, motivliche und gedankliche Verwobenheit mit des Autors Gesamtwerk weisen den Text zwar als unverkennbar Rilkesch aus. Aber irritierend wirken die Leichtigkeit und Unbekümmertheit, mit der die Mittel eingesetzt sind, der Zauber, der von dem schlichten Naturbild ausgeht, und die naive Direktheit, in der sich dessen Sinn äußert.

Beglückend und unmittelbar überzeugend: vor den »Verdunkelungen« des Hintergrundes die heitere Erscheinung »reinen«, anfänglichen Daseins. Die lyrischen »Beschreibungen« bleiben alle dem Phänomen des wilden Rosenbuschs zugeordnet, lassen sich aber zwanglos auf menschliche Existenzmöglichkeiten übertragen – ein Exempel als Vor-bild. Wäre es nicht ein hohes Glück der Erdenkinder, »schenkend« aus sich herauszugehen, sich hingeben zu können und sich dabei nicht zu verlieren, sondern bewußt-unbewußt dem eigenen Daseinsgrund verhaftet zu bleiben, in ihn »versunken« zu sein und zugleich sicher in der Welt »dazustehen«? Ein solches Dastehen wird uns als die Bedingung suggeriert für ein um so bewegteres, »erregteres« inneres Leben – ein Leben zudem, das wie von selbst nach außen, in die Blüten, drängt. Die insistierenden negativen Wendungen »ungewollt«, »ungepflegt« und »unbeschützt« rücken das Naturbild weit von unserer üblichen Lebenspraxis ab. Desto mehr hören wir einen Appell und ein Versprechen heraus. Den Appell, uns von der Vergötzung des Willens und aller äußeren Existenzangst zu befreien; das Versprechen, daß das endliche Dasein sich in seiner Lebendigkeit selbst zu übersteigen und eine andere, »unendliche« Qualität aus sich hervorzubringen vermöchte.

So viel überschwenglicher Glücksmöglichkeit stellt das Gedicht nun aber den einsamen Wanderer, seine »abendliche Nachdenklichkeit«, entgegen. *Was* ihn nachdenklich macht, erfahren wir nicht. Eine »Leerstelle«, so der Fachausdruck, verweist den Leser ganz auf sich selbst, provoziert sein eigenes Nachdenken über das Glück, das der Rosenbusch verspricht.

Das ist das eine, Wichtigere; ein anderes wäre es, sich an den Autor um nähere Auskunft zu wenden. Denn er hat sich selbst mit der Figur des Wanderers anonym und diskret in das poetische Bild des Gedichts eingebracht. Die Verse gehören zu der Naturlyrik, die im Frühling 1924 auf Rilkes Spaziergängen im Walliser Tal nahe dem Schlößchen Muzot in deutscher oder französischer Sprache entstand. Dort waren zwei Jahre zuvor die »Duineser Elegien« vollendet und die »Sonette an Orpheus« geschrieben worden, womit dem werkgeschichtlich späten Gedicht vom wilden Rosenbusch eine eigene Bedeutungsfülle zuwächst.

Als modernem Lyriker war Rilke die hochgezüchtete, vielblättrige und unfruchtbare Gartenrose, der »unerschöpfliche Gegenstand«, zum prominentesten Kunst- und Daseinssymbol überhaupt geworden, von den reich instrumentierten Rosengedichten der mittleren Schaffenszeit bis zu dem französischen Zyklus *Les Roses* von 1924 und seinem enigmatischen Grabspruch. Da mußte es ihn als einsamen Wanderer im Wallis schon nachdenklich stimmen, wenn ihm plötzlich im Bilde der wilden Rose mit ihren »flachen«, kunstlosen Blüten die Möglichkeit eines Daseinsglücks aufging, dem sich alles das in reiner Spontaneität schenkt, was er mit seiner Kunst in angespanntester existentieller »Leistung« erstrebt hatte.

War es etwa erreicht, wenn er jetzt diese heitere, fast schwerelos scheinende Naturlyrik schrieb? War es einem spätzeitlichen, »sentimentalischen« Bewußtsein noch möglich, die »unsichere« Wanderexistenz in der Zeit mit einem naturhaft-idyllischen Daseinsglück zu versöhnen? – Solche Gedanken, die man bei dem Wanderer-Dichter von 1924 vermuten darf, bewegen sich deutlich in den Bahnen Schillers und Goethes. Auch darauf war man wohl als Leser Rilkes nicht unbedingt gefaßt.

FERDINAND HARDEKOPF
ZWIEGESPRÄCH

Doctor Schein und Doctor Sinn
gingen ins Café;
Schein bestellte Doppel-Gin,
Sinn bestellte Tee.

Seitlich von dem Plauderzweck
Nahmen sie dabei:
Schein – verlognes Schaumgebäck;
Sinn – verlornes Ei.

Dialog ward Zaubertext,
Nekromantenspiel;
Zwieseits wurde hingehext,
Was dem Geist gefiel,

Was dem Sinn Erscheinung schien,
Was der Schein ersann.
Schein gab Sinn, und dieser ihn,
Und die Zeit verrann.

Und die Stunde kam herein
Leis' des Dämmerlichts.
Schein verging zu Lampenschein,
Sinn verging zu Nichts.

EVA DEMSKI
ABSCHIEDSGEDICHT

Ein Blick zurück, ein eher beiläufiger Blick über die Schulter in eine kleine Welt, die, zusammen mit der großen, fast unbemerkt versunken ist: das Caféhaus. Außer ein wenig pflichtschuldiger Trauer, verklärter Beschreibung und der Ahnung einer anregenden Mischung von geistiger und körperlicher Erfrischung ist nichts davon übriggeblieben. Hier aber öffnet es sich unverklärt, von seinem Untergang noch nichts ahnend; ein Gedicht wie ein Raum: Ferdinand Hardekopfs »Zwiegespräch«.

Die Szenerie verliert sich im Dunkel, der Text richtet sich wie eine Lampe auf einen Tisch, an dem zwei sitzen und reden. Der Raum kann nur das Caféhaus sein, der Inbegriff, die Idee aller Caféhäuser, sei es in Berlin oder in Wien, und die beiden, die vom Gedicht beleuchtet an diesem Tisch sitzen, sind die Idee des Caféhausgängers, das müßiggängerische, schwatzende, räsonnierende Ich samt seinem Gegen-Ich: Doctor Sinn und Doctor Schein.

Wir wissen: Hardekopf läßt uns einen Blick in einen Raum tun, der für immer verloren ist. Obwohl er ihn uns nicht zeigt, kennen wir alle seine Einzelheiten, die man nicht nachbauen kann – aber wie ist es mit den zwei Herren, die so schattenhaft dasitzen? Sind sie mit untergegangen, damals, als alles in Scherben fiel? Oder kann man ihre Nachfahren treffen, leise, leichte Speisen und scharfe Getränke zu sich nehmend und in einen Dialog versunken, von dem der Dichter uns den Inhalt nicht verrät, die Form aber neiderregend vorführt: *Zwieseits wurde hingehext / Was dem Geist gefiel* – haben wir in letzter Zeit welche gesehen, bei denen uns solche Zeilen in den Sinn gekommen wären? Nicht wirklich: Das versunkene, ineinander versunkene Paar der Doctores Schein und Sinn bietet ein stilles, anmutiges Bild – *Und die Zeit verrann.*

Heutzutage sorgen ihre Nachfahren für Lautstärke, ob es sich nun um Schein oder Sinn handeln mag, Hörbarkeit und Sichtbarkeit sind wichtig, auch wenn Unsinn zum Vorschein kommt. Die Wahl der Speisen allerdings aus der zweiten Strophe mutet vertraut an und könnte auch heutigentags so getroffen werden.

Spät, aber um so dringlicher die Frage: Wer war der Dichter? »Leichtigkeit, Anmut und Ironie« hat ihm Peter Panter alias Kurt Tucholsky attestiert, das sind in Deutschland verdächtige Tugenden und haben schon manchem den Weg in den innersten Kreis des literarischen Himmels verstellt. Gelebt hat Hardekopf von 1876 bis 1954, in Oldenburg ist er geboren, in Leipzig ging er zur Schule, Berlin wurde seine Stadt und Frankreich und die Schweiz sein Exil. Das ist exemplarisch für unser Jahrhundert und die Wege seiner Dichter. Er war ein Zeitungsschreiber und Essayist, einer, der die kleine Form gewählt hat – und heute kennt ihn keiner mehr. Das Leichte, Anmutige, das er verkörpert, hat die Eigenschaft, ebenso leicht und anmutig zu verwehen, weil nur wenige es festhalten mögen.

In diesem Zwiegespräch, mit dem Hardekopf hier ins Gespräch gebracht werden soll, läßt er seine Figuren zum Schluß sich auflösen wie eine Geistererscheinung – und das ist nicht nur ein zarter Hieb, ein fast schmerzloser Hieb gegen jene Art von Gesprächen, bei denen man sich später nur wenig an den Schein und gar nicht mehr an den Sinn erinnern kann, sondern auch eine fast E. Th. A. Hoffmannsche Vision. Wieder das Wort »leise« – und heute gelesen, klingt es wie ein Abschiedsgedicht.

RUDOLF BORCHARDT
AUF DIE RÜCKSEITE EINES HANDSPIEGELS

Spiegel, wenn dich ihre Augen streifen,
Flüstr' ihr zu und immer zu:
»Niemals stand ein Wunder so wie du
Eingefaßt von diesem bleichen Reifen.«

Hauch ihr, daß er nur durch ihre Miene
Seinen Inbegriff enthält:
Daß gleich einer Wildnis in ihn fällt,
Was von ihr zu ihr nicht widerschiene.

Blink ihr unser Glück, in uns zu fassen
Alle Strahlen, die sie warf:
Dunkl' ihr des, der nie behalten darf,
Unergründlich trübes Gleitenlassen.

Aber schweig ihr, wenn sie vor dir trauert:
Zeig ihr, wenn sie zu dir kehrt,
Das Gesicht, das danken mich gelehrt
Der Minute Fülle, die nicht dauert.

RALPH-RAINER WUTHENOW
REFLEKTIERTE SPRACHE, SPIEGELNDES GEDICHT

Auf den ersten Blick schon erkennbar und auf den zweiten noch nicht aufzuschließen, besitzen die Gedichte Rudolf Borchardts einen stark hermetischen Charakter, noch was als die Rhetorik dieses bedeutenden Redners erscheint, ist nicht unmittelbare Anrede, sondern Reflexion der Sprache im Gedicht, das hat verlernen müssen, naiv zu sein.
Im Ton, im Vorgehen, in der raffinierten Verschlüsselung erscheint das Gedicht, das hier »Auf die Rückseite eines Handspiegels« geschrieben wird, als ein Widmungsgedicht, wie Borchardt deren mehrere geschrieben hat (»Mit den Schuhen«, »Mit einer griechischen Kette«), das hinter sich eine lange, eine gesellschaftliche Tradition hat. Aber die sonst eine Gabe begleitenden Huldigungsverse werden hier zum Liebesgedicht, in dem die Anrede an den das Antlitz der Geliebten spiegelnden Gegenstand die nur andeutungsweise durchbrochene konsequente Ich-Verschweigung gestattet. Dem Gebrauchsgerät auf dem Putztisch wird das Rollengedicht gewissermaßen eingeschmeichelt, doch wird dieses als solches nicht voll verwirklicht.
Die direkte Anrede erfolgt auf einem Umweg, der Entfernung herstellt, als wäre die Nähe nicht zu wagen oder zu bewahren. Dabei werden geistreich-epigrammatische Wendungen in den umarmenden Reimstrophen zum Concetto erhöht: des Spiegels Leere wird sinnvoll erst dadurch, daß sie das in ihn sich legende Bild erwarten darf. Die Anrede ist durchsetzt, ja, getragen von sich häufenden

Imperativen, die den Charakter einer drängenden Aufforderung gewinnen: flüstr', hauch zunächst, dann blink, dunkl', schweig und zeig – was kaum vernehmbar gesprochen worden war, gilt wenig angesichts des Bildes, das immer neu erscheinen soll. Um dieses Bild allein geht es; die gespiegelte Geliebte ist nicht allein das Wunder, wie der Topos es vorschlägt, alles andere, was den Spiegel füllen könnte, was zwischen Gegenstand und Spiegelbild hin- und widerscheinen wollte, wird, wie die Hyperbel es verheißt, zur Wildnis.

Unfaßbar scheint zunächst das besitzanzeigende Fürwort im Plural zu Beginn der dritten Strophe: der Liebende identifiziert sich mit dem Spiegel, dem es ein Glück sein soll, ihren, der Schönen, ganzen Glanz zu fassen; doch soll er ihr auch vorenthalten, was die Unfähigkeit dessen ist, der nicht festhält, was sich in ihn legt, der das Bild wohl einrahmt, aber nicht bewahrt. Auf einem Umweg wird gestanden, was verborgen bleiben sollte, Trennung deutet sich an. So aber wird, was verschwiegen werden sollte, als zu Verschweigendes vernehmbar gemacht.

Die letzte Strophe bezieht sich dann wieder auf die erste zurück: jetzt wird dem Gerät der Auftrag zuteil, zu verbergen, was die Geliebte statt an Glanz an Trauer in den Spiegel legen könnte, er soll sich, was er doch nicht vermag, ihrem Schmerz verweigern. Wie in der vorhergehenden Strophe deutet der Doppelpunkt nunmehr auf einen Gegensatz: *das* Gesicht nur soll widerscheinen, das den Sprechenden beglückte, mit Dankbarkeit erfüllte, angesichts des Einmaligen, das nicht bleiben kann und das der Spiegel paradoxerweise wiederholen soll, als hätte ihm der so heftig Wünschende Gewalt eingehaucht, als würde nun der Spiegel selbst zum Bild, das dem Vorübergehenden

Dauer verleiht – wie das Gedächtnis, dem die ›Fülle der Minute‹, die vergangene, nicht mehr vergeht.
So soll der Spiegel verhüllen, was er nicht-haltend entgleiten läßt, er soll bewahren, was als Vergehendes für die kürzeste Frist die ganze Fülle heißen konnte, die man sonst auch das Glück nennt. Gewährt der Spiegel so Bewahrung im Verzicht? Er tut es, wenn er die Sprache spiegelt, wie die Textur des Gedichtes dies will. Denn auf das Gleichnis von Spiegel und Sprache sind diese Verse gestellt, in denen dem Spiegel zugemutet wird, was er nicht vermag und was die Sprache wiederum leistet, indem sie dies vernehmbar macht – als das Unmögliche, das es für sie nicht gibt.

RUDOLF BORCHARDT
DAS MÄDCHEN LIEST DAS BUCH UND SPRICHT

Dies ist nicht so laut zu sagen,
  Was von so Berauschtem Dein ist –
Solch ein Glühen ob es mein ist, –
  Stumm, nur stumm! wenn sie Dich fragen,

Denn es war im zu Verwirrten,
  Daß es uns so überblühte,
Daß es aus den Nächten sprühte
  Mit den Sternen wie sie schwirrten, –

Daß es stand in jeder Stunde,
  Uns umfing wie ein Vertrautes!
Aber nun wie fremde schaut es!
  Nun wie sprichts, mit welchem Munde:

Nun Dus wie mit Händen fingest,
  Stumm, wie stumm ist meine Seele!
Auf und ab durch meine Kehle
  Übermannt michs, daß Du singest!

Ja mit Worten, die wir wagen,
  Nur geheimnisvoller scheint es:
Dunkel lacht es; dunkel weint es;
  Keinem dürfen wir es sagen!

HANS CHRISTIAN KOSLER
SCHÖNER SCHEIN

Dieser Dichter, so urteilte einer seiner besten Kenner, Theodor W. Adorno, habe die Sprache beschworen, bis sie klirrend zu zerspringen drohte. Das klingt nach Gewalt ebenso wie nach Magie. Und in der Tat hat Borchardts Werk zwei Seiten: die eine, die sich auch in seiner Physiognomie abzeichnete, und mit Strenge, Anstrengung und Selbstzucht zu tun hat, daneben eine zweite, entgegengesetzte, in der Herrschaft, Dünkel und Anspruch abgelegt zu sein scheinen und die Dichtung dem Leser entgegentritt, als sei sie – wie ein Poem Borchardts überschrieben ist – »Im Gehen gesagt«.

Verse von solch elementarer Qualität, von solcher Unschuld und gleichzeitig vollendet in der Form, Verse, die nichts von Gebärde wissen, finden sich in den zwischen 1898 und 1903 entstandenen Jugendgedichten, zu denen auch das Gedicht »Das Mädchen liest das Buch und spricht« zählt. Unter dem seltsam unlyrischen, nach einer szenischen Anweisung klingenden Titel stehen Strophen, die sich durch ihren fließenden Rhythmus und ihre eingängigen, aber frischen Reime dem Gedächtnis schnell einprägen, ja die bei wiederholter Lektüre schon ausgesprochen vertraut wirken.

Aber wovon ist die Rede und wie lautet das Geheimnis, das das Mädchen offenbar mit dem Dichter teilt? Ist es das jungmädchenhafte Verliebtsein, ein unsicheres, vages, im Vorfeld eigentlicher Liebe befindliches Gefühl, das zu

schweigen gebietet und ihm die Worte einflößt: »Stumm, nur stumm! wenn sie Dich fragen«? Doch vor einem vorschnellen Verstehen dieses Gedichts sei gewarnt.
Nicht irgendein Mädchen läßt Borchardt die rätselhaften Verse sprechen, sondern eine bestimmte junge Dame. Borchardt hatte 1901 während eines Kuraufenthalts in Nassau die einundzwanzigjährige Margarete Ruer, eine Tochter aus gutem Hause, kennengelernt. Daß der junge Hochschulabsolvent mit seiner überspannten Einbildungskraft, seinen anglophilen und snobistischen Neigungen und mit seiner Bildung, durch die er selbst einen Hugo von Hofmannsthal in Verlegenheit brachte, Eindruck auf sie machte, steht außer Frage. Außer Frage steht freilich auch, daß er ihr als Mann völlig gleichgültig blieb.
Nicht im geringsten aber störte sich Borchardt an der Reserviertheit Margarete Ruers, die ihm innerhalb der gemeinsamen acht Wochen nur einen einzigen Handkuß gewährt haben soll. Er hatte sich gerade – wie es damals Mode war – mit Swinburne, Walter Pater und den Präraffaeliten beschäftigt und war vermutlich durch ein Gemälde von Edward Burne-Jones auf eine Sage aus der Artusrunde aufmerksam geworden, in der der vom Teufel und einer Jungfrau gezeugte Zauberer Merlin seinerseits von der Fee Vivian bezaubert wird, die sich dessen Künste zu eigen machte.
Keine Frage, Borchardt benötigte für die Sonette, Lieder und Sestinen, in denen er sich übte, eine literarische Vivian, und er hatte sie in dieser Zufallsbekanntschaft gefunden. »Wir machen das Buch Vivian und ich lege es auf Ihren Geburtstagstisch«, schrieb er in einem seiner Briefe hinterher, in denen er alle Töne – von der hingerissenen Ver-

ehrung bis zur spöttelnden Herablassung – posenreich beherrscht.
Was aber ist echt an all der Liebe und Leidenschaft, die der Dichter seiner Vivian zukommen läßt? Ebendies läßt Borchardt das Mädchen fragen, als es das »Buch Vivian« zur Hand nimmt: es sei nicht so laut zu sagen, man solle also besser darüber schweigen, was von dem »Berauschten« oder »Glühen« wirklich ihm oder ihr gehöre. Und schließlich: es scheine alles geheimnisvoller, als es wirklich sei. Mit dieser Vorgeschichte hat das Gedicht, das zunächst wie ein Liebesgedicht aussah, eine andere Bedeutung gewonnen. Der Sprachzauberer und Wortartist hat sich in dem sprechenden Mädchen keine Anbeterin, sondern ein kritisches, ihn durchschauendes Gegenüber geschaffen, dessen Urteil über ihn nicht viel anders lautet als das eines Walter Benjamin, der vor dem »ungeheuer Trügerischen des Einzel-schönen« in Borchardts Werk warnte.
Daß Borchardt seinen Hang zum Trügerischen selbst in Frage stellte, zeigt dieses Gedicht, das zudem von etwas anderem zeugt: just von der Schönheit des Trugs.

HERMANN HESSE
KNARREN EINES GEKNICKTEN ASTES

Dritte Fassung

Splittrig geknickter Ast,
Hangend schon Jahr um Jahr,
Trocken knarrt er im Wind sein Lied,
Ohne Laub, ohne Rinde,
Kahl, fahl, zu langen Lebens,
Zu langen Sterbens müd.
Hart klingt und zäh sein Gesang,
Klingt trotzig, klingt heimlich bang
Noch einen Sommer,
Noch einen Winter lang.

8. August

HANS BENDER
DAS LETZTE GEDICHT

Am 7. August 1962 schickte Hermann Hesse – mit Begleitzeilen für Walter Höllerer – die erste und zweite Fassung des Gedichts »Knarren eines geknickten Astes« an die Redaktion der »Akzente« in Frankfurt. Am Tag darauf, am 8. August, schrieb Hesse noch eine dritte Fassung. Erst mit ihr gab er sich zufrieden. Im Privatdruck »Hermann Hesse zum Gedächtnis«, den Siegfried Unseld zum Jahresende 1962 herausgab, konnte man nachlesen, was Hesse dieses Gedicht, sein letztes, bedeutet hat. Mehrere Maschinenabschriften hatte er angefertigt. Eine schickte er seinem Sohn Martin, eine legte er Frau Ninon aufs Zimmer. Sie fragte ihn – so berichtete sie in einem Brief an Unseld –, ob er das Gedicht heute, am 8. August, geschrieben habe. Er antwortete: »Nein, ich habe es am 1. August geschrieben. Aber erst heute ist es fertig geworden.«

Die Einsendung an die »Akzente« bewies zudem: Nicht nur das Gedicht war ihm wichtig; auch der Prozeß seiner Entstehung; die Korrektur, aus der die zweite Fassung sich geschält hatte. Die erste Fassung war noch ein herkömmliches Gedicht in drei vierzeiligen Strophen mit brav gereimten, melodisch taktierten Zeilen. »Das Knarren eines geknickten Astes« hatte ihm eine Erinnerung eingegeben: »Ich sah ihn Jahr um Jahr so hängen –«. Es hat ihm einen Trost vorgesprochen: »Man ist geknickt, noch nicht gebrochen –«. Die Schlußzeile artikulierte die Identifikation wie eh und je: »Was du gleich mir zu knarren hast.« Alliterationen waren eingesetzt, und ein paar Wörter zuviel, die den Klang harmonisieren, den Duktus glätten sollten.

Gleich die zweite Fassung wurde, obgleich Bild und Eingebung dieselben waren, zu einem überraschend anderen Gedicht. Alle Neuromantik war verflogen, aller Schmuck abgefallen. Aus dem wohlgeformten Lied war ein konzises, blockartiges, durchgeformtes Gedicht geworden, das den, der sich darin bekannte, in Laut und Schrift gegenwärtig machte. Die Korrekturen von der zweiten zur dritten Fassung waren dagegen nur gering. Das Adjektiv »rauh« war in »zäh« verändert, das »klingt bang« verlängert in »klingt heimlich bang«. Ferner war die Schlußzeile nun in zwei untereinandergestellte Zeilen geteilt. So wurde dem, der das Gedicht vor sich hinsprach, eine Atempause mehr gegeben: *Noch einen Sommer, / Noch einen Winter lang.*

Im Sinne Goethes war es ein »Gelegenheitsgedicht«. Hesse hatte – auch das berichtete jener Brief von Frau Ninon – im Winter 1961/62 eine Krankheit überstanden. So wandte er sich im Frühjahr und Sommer desto intensiver dem Leben zu. Das war für ihn die Natur, die Landschaft, der Garten, der Wald, der an das Grundstück in Montagnola grenzte und in dem er gern spazierenging und Holz sammelte. Dort konnte er das »Knarren eines geknickten Astes« gehört haben. Im Gedicht wurde es zum Sinnbild des Lebens und des trotzigen Aufbäumens des greisen Dichters gegen die kurze Frist, die ihm noch gegönnt war. Nach der dritten Fassung waren es nur noch ein paar Stunden. Am Morgen des 9. August 1962 starb Hermann Hesse.

HERMANN HESSE
LAMPIONS IN DER SOMMERNACHT

Warm in dunkler Gartenkühle
Schweben bunte Ampelreihn,
Senden aus dem Laubgewühle
Zart geheimnisvollen Schein.

Eine lächelt hell zitronen,
Rot und weiße lachen feist,
Eine blaue scheint zu wohnen
Im Geäst wie Mond und Geist.

Eine plötzlich steht in Flammen,
Zuckt empor, ist rasch verloht ...
Schwestern schauern still zusammen,
Lächeln, warten auf den Tod:
Mondblau, Weingelb, Sammetrot.

HERMANN BURGER
INSTASE UND EKSTASE

Selten tritt im Werk eines Dichters der Glücksfall ein, daß ein Text, und gar ein lyrisches Gebilde, die Summa seiner Ästhetik und Philosophie widerspiegelt. Man dächte, dies sei am ehesten einem Lehrgedicht vorbehalten, doch es können, wie Hesses »Lampions in der Sommernacht« zeigen, auch reine Stimmungsverse sein. Da geht es zunächst um nichts anderes als ein Sommerfest, bei dem ein paar Ampeln dekorativ in den Zweigen hängen, Früchte aus Kreppapier.

Das Adjektiv »geheimnisvoll« verrät freilich nichts Gutes, da wir spätestens seit Goethe wissen, daß man vom Unerklärlichen gerade nicht geheimnisvoll sprechen soll, und seit Mörikes Gedicht »Auf eine Lampe« ist uns bewußt, daß man »scheinen« im Sinne von »leuchten« und »ein Trugbild vermitteln« auffassen kann. Was meint Hesse nun: ist das sommerliche Gartenfest Illumination oder bloß Illusion? Nähere Auskunft gibt uns das Verb »senden« in der ersten Strophe, das an eine Botschaft denken läßt und einen Empfänger voraussetzt. Der mißt offenbar dem samtsatten Lichtzauber größere Bedeutung bei als dem Wein oder dem Gespräch. Wir haben es mit einem Romantiker zu tun, Farbklänge dominieren die zweite Strophe.

Einzig der blauen Kugel widmet der Dichter zwei Zeilen, er verweist implizit auf die »Blaue Blume« bei Novalis, und hier ist nun »scheint« als *videtur* aufzufassen, von der

Metapher her, vom expliziten »wie Mond und Geist« legitimiert. Es genügt also nicht mehr, die Stimmung zu kolorieren, wie das der junge Hesse auf dem Vierwaldstättersee getan hat. Auch der Mond ein Topos der Romantik, mit ihm ist werkgeschichtlich die Instase des Komponisten im Roman »Gertrud« verkörpert, sie verlangt nach dem Gegenpol der Ekstase in der dritten Strophe: »Eine plötzlich steht in Flammen«, und dies wiederum ist der Maler in »Klingsors letzter Sommer«, dessen Kerze an beiden Enden brennt.

Liest man »Lampions in der Sommernacht« von hinten her, stellt sich zunächst die Frage nach der Notwendigkeit von Vers 5 in Strophe 3, zumal er nur einen Dreiklang wiederholt. Aber erst dadurch läßt sich ermitteln, welche Ampel verbrannt ist: die weiße, jene, die, um es wortspielerisch zu sagen, nicht »Farbe bekannt« hat. Doch der Tod wird wie in der »Klingsor«-Novelle zum Brennpunkt der Existenz. Das Papiergebilde leuchtet nicht mehr indirekt, es verzehrt sich, indem es selber Feuer wird.

»Scheinen« kann man für die Brenndauer einer Kerze, »verlohen« nur in wenigen Sekunden. Mit dem Motiv des Flammentodes tritt der Expressionist Hesse, der in den zwanziger Jahren ungeschminkte »Bekenntnisdichtung« schrieb, gegen den Ästheten der früheren Periode an. »Zuckt« ist das einzige dynamische Verb in den drei Strophen. Doch Hesse wäre nicht der passionierte Maler gewesen, wenn er sich mit den Primärfarben Rot, Gelb und Blau zufriedengäbe.

Am Schluß nuanciert er: »Weingelb« deutet auf das gereichte Getränk, »Sammetrot« auf Damentoiletten. Im lächelnden Warten der Schwestern auf ihr Ende manifestiert sich eine »Siddhartha«-Haltung weniger indischer als stoischer Prägung. Mich hört die Frage nicht auf zu beschäftigen – und deshalb liebe ich dieses Gedicht –, was denn das bessere Los sei: auszuharren im Wissen um den Tod, das uns von jeder anderen Kreatur trennt, oder lichterloh unterzugehen. Dahinter steckt ein ziemlich vertracktes Problem: unseren Todesbeweis können nur die sterbenden Mitmenschen erbringen, weil wir sowohl nach christlicher wie nach agnostischer oder nihilistischer Auffassung »todsicher« nie in die Lage kommen werden, zu bestätigen: Ich bin gestorben. Was die überlebenden Lampions schauern macht, ist folglich eine höchst komplexe Induktion.

Doch damit bewegen wir uns im Spekulativen, was dem Lyrischen nicht angemessen ist. Die Ironie, also »erheuchelte Unwissenheit«, des Gedichts besteht denn auch darin, daß es sich jederzeit auf den konkreten Anlaß zurückziehen kann. Ein Windstoß, eine Panne, mehr nicht. Das macht seine besondere Leuchtkraft aus: daß das Allgemeine, das Philosophische, im harmlos Besonderen so spielerisch zur Anschauung kommt.

HERMANN HESSE
NEID

Wenn ich doch Banjo könnte spielen
Und Saxophon in einer Jazzband blasen,
Vortänzer sein in einem Nachtlokal,
Mit meiner Kunst in alle Herzen zielen,
Froh mich ergehn in Späßen und Ekstasen,
Der Ladenmädchen Held und Ideal!
Vergnügt in mein geschweiftes Blasrohr blies' ich
Und sänge zwischenein in hellem Jubel,
Grell und begeistert in den heißen Saal
Die wunderlichen Tonraketen stieß' ich,
Peitschte im Takt empor den trunknen Trubel
Und opferte mit Tanz dem Gotte Baal.

Dann wär ich hier nicht Fremdling mehr und Gast,
Wär einer von den Priestern der Astarte,
Heimat wär mir der tönende Palast,
Aus dem ich mich so oft bekümmert stahl,
Vor dem ich oft so lang beklommen warte.
Zu spät! Vorbei! Ich werde nie erreichen
Die Strahlenden, die Götter dieser Erde,
Einsam bin ich und schwach. Ich weiß, ich werde
Nie diesen Glücklichen und Künstlern gleichen,
Ein Fremdling muß ich sein und scheuer Gast,
Muß mich mit Zuschaun, Draußenstehn bescheiden,
Muß Tänzer, Banjo, Saxophon beneiden,

Muß traurig in die frohen Feste sehen
Und meiner Verse Leierkasten drehen,
Den andern lächerlich, mir selbst verhaßt.

ULRICH LAUTERBACH
KRISIS

Dieses Gedicht wurde, unter dem Titel »Der Intellektuelle«, einer breiteren Öffentlichkeit durch das heute schon legendär zu nennende Monatsmagazin »Uhu« der zwanziger Jahre bekannt, dessen Herausgeber Wert darauf legten, neben Karikaturen, Glossen, Reportagen und aktuellen Meinungsumfragen auch anspruchsvolle Kurzgeschichten und Gedichte prominenter Autoren anzubieten: von Arnold und Stefan Zweig, von Kästner, Klabund, Hesse und Zuckmayer. Heinrich Mann ließ sich zu einer Zeit-Diagnose überreden, Thomas und Klaus Mann steuerten Positionsbestimmungen der neuen Eltern und der neuen Kinder bei. Der wohl erstaunlichste Beitrag war Bertolt Brechts Radio-Hörspiel »Lindberghflug«.

Trotz der spürbaren ironischen Note habe – so Günter Kunert – die dominierende Rolle der Banalität, ja Trivialität zum Erfolg dieses »reinen Konsumartikels« (F. A. Z. vom 2. Februar 1980) geführt; er bemängelte dessen »Verlust … an historischem Indiz«. Dennoch bleibt der »Uhu« für uns ein unvergleichliches und unterhaltsames Dokument der goldenen Zwanziger. In diesem bunten Angebot reiner Zerstreuungen finden sich überraschenderweise auch einige bittere, zeitbezügliche Bekenntnisgedichte Hermann Hesses. Zunächst ist man geneigt, sie ironisch zu interpretieren, bei näherer Betrachtung aber erweisen sie sich als selbstquälerische, mit masochistischer Lust formulierte Protokolle einer beschädigten seelischen

Struktur. Sie haben die romantisch verbrämte, geschönte Wehleidigkeit und naturbezogene Larmoyanz seiner frühen Dichtungen weit hinter sich gelassen.
Mehrmals in den zwanziger Jahren hatte sich Hesse in psychoanalytische Behandlung gegeben. Als literarischer Niederschlag der Sitzungen gilt im allgemeinen der »Steppenwolf«. Weit schonungsloser in der Preisgabe und sprachlichen Fixierung verdrängter, allzu lang negierter Lust- und Trieb-Wünsche sind die Gedichte, die Hesse in dem Bändchen »Krisis« zusammengefaßt hat. Sie erschienen in einer einmaligen Auflage von tausend Stück, gedacht für den Kreis der »lieben Freunde«, die teilhaben sollten an »einer jener Etappen des Lebens, wo der Geist seiner selbst müde wird, sich selbst entthront und der Natur, dem Chaos, dem Animalischen das Feld räumt«. Dabei ging der Dichter in der Umkehrung der Werte so weit, daß er sich als lächerlichen Barbaren sah im Vergleich mit den Tango-Tänzern, Saxophonbläsern und Lebemännern, »Göttern dieser Erde«.
Bemerkenswert ist nun, daß Hesse in der unretuschierten Beschreibung der radikalen Verhaltenswende und Analyse – in diesem Falle ist der Begriff in mehrfacher Weise legitim – zugleich den Zeitgeist und die aktuelle Zeitwirklichkeit der Zwischenkriegsjahre dokumentiert hat. »Asphaltliteratur« hieß das ambivalente Neuwort, mit dem die Autoren der verketzerten oder lustvoll genossenen neuen Realität gerecht zu werden versuchten. Gedichte erhielten dabei die Funktion der »Gebrauchslyrik«, in der unter anderem auch die Verlockungen und die Wonnen großstädtischer Gewöhnlichkeit ihren Platz hatten.
Viele der in dem Band »Krisis« zusammengetragenen

Verse sind nichts als locker gefügte, mechanisch hingeleierte Augenblicksspiegelungen. Hesse tat gut daran, die meisten von ihnen in den gesammelten Gedichten auszusparen. Für »Neid« gilt das nicht. Die rücksichtslose Selbst- und Zeit-Analyse hätte als Dokument einer wichtigen Entwicklungsphase des Dichters und der Literaturgeschichte den ihr gebührenden Platz finden sollen.

HANS CAROSSA
HEIMLICHE LANDSCHAFT

Reich verstreute Tempeltrümmer
Glühen gelb im Sonnenbrand.
Ginsterbüsche zwischen Säulen
Ziehen Gold aus heißem Sand.

Edle Schmetterlinge zieren
Marmorhaupt und Marmorschoß.
In des Gottes Achselhöhle
Wuchert blühend grünes Moos.

Eine silbergraue Schlange
Liegt zerbrochen starr im Staub.
Kinder knien zu ihr nieder,
Decken sie mit Walnußlaub.

Und schon steigen aus dem Boden
Harte Käfer scharenweis,
Toten Leib zurückzutragen
In der Wesen heißen Kreis.

LUDWIG HARIG
HEILE WELT, VERHEERENDE ZEIT

Carossas römische Verse in vierhebigen, spröden, streng gehämmerten Trochäen habe ich in der 1943 von Werner Riemerschmid und Karlheinz de Bruyn (übrigens einem Bruder des Schriftstellers Günter de Bruyn) im Münchner Verlag Karl Alber herausgegebenen Anthologie »Italien im deutschen Gedicht« zum erstenmal gelesen. Und in den Aufzeichnungen aus Italien, beliebig zitiert, fand ich einen Satz wie diesen: »In einer Gartenwiese blühte wilder Mohn in dichten Büschen; er hat hier ein dunkleres Rot als im Norden.«
Im gleichen Jahr, am 12. Oktober 1943, wurde Willi Graf, der Saarbrücker Freund der Geschwister Scholl, in Stadelheim mit dem Fallbeil hingerichtet. »Kannst Du Dir vorstellen, daß ich hier einen Sommer und Herbst verlebt habe, ohne Blumen angeschaut oder den Duft von ihnen verspürt zu haben?« hatte er an seine Freundin Marita Herfeldt aus Rußland geschrieben, das Erlebnis einer Blume sei ihm »in dem Ablauf erschütternder Schauspiele von unbarmherziger Wucht« versagt geblieben.
Was hat Carossas Beschwörung einer römischen Ruinenlandschaft und eines Büschels blühenden Mohns mit Willi Grafs Blumensehnsucht und seinem Opfertod als Widerstandskämpfer der »Weißen Rose« zu tun? Und was reizt mich heute an einem klassizistischen Gedicht und an Willi Grafs Interesse für solcherlei Dichtung, die er wohl selbst noch aus Carossas Mund gehört hat, als er am 5. Mai 1942

dessen Lesung in München besuchte? Es ist die Wechselbeziehung von hehrer, heiler Welt und verheerender, heilloser Zeit, ist der zwanghaft wirkende Zusammenhang von sich selbst heilender Natur einerseits und unheilbarem Geistesverfall andererseits, erzeugt vom befreienden Lese- und Lernbedürfnis konträr zur Wahrnehmung zerstörerischer Realität im Kopf eines jungen Menschen, das Mit- und Ineinander von Kunst und Leben, von Schein und Sein.

In Carossas Gedicht spricht sich das unerschütterliche Stirb und Werde aus: Alte Tempel samt Säulen und Marmorbildern liegen in Trümmern, doch aus dem Schutt grünt und blüht es; eine Schlange liegt tot im Staub, Käfer kommen und verzehren den Leib. So hinfällig Kunst und Leben auch sein mögen, so beständig ist das ihnen innewohnende Gesetz ewiger Wiederkehr. Im Kreislauf ineinandergreifender Kräfte geht das eine aus dem anderen unerschöpflich hervor. Die Welt bleibt heil. Carossas Gedicht, ein Musterstück sinnstiftender Urbilder, ist zugleich auch ein poetisches Beispiel für Seelentrost und Lebenshilfe.

Als solches haben die Freunde der »Weißen Rose« die Bücher Carossas geradezu verschlungen. Willi Graf schreibt an Marita Herfeldt von zuchtvoller Sprache, von einem Sinn, der ihn berühre, an seine Schwester Anneliese, Carossa sei sehr zart, etwas verschämt und schüchtern, doch bei ihm könne man »die Ehrfurcht vor ernsten Dingen« lernen. Er empfiehlt ihr die Lektüre Carossas, damit sie in »das Innerste seiner Dichtung« eindringen könne. Im »Jahr der schönen Täuschungen« finde er Ruhe. Graf spricht von Linien, Ordnungen, von Maß und Form: Häufig geschmähte, auch als Attribute sekundärer Tugenden mißachtete Werte, hier auf einmal, im Widerstand gegen das Zerstörerische, Chaotische, gegen den inhumanen Geist der Zeit, gewinnen sie ganz neue, die festigende Bedeutung des Rettenden.

An Carossas Gedicht »Heimliche Landschaft« knüpft sich ein tiefkatholisches Heilsdenken, auch das Elitedenken gegen jede Art von Abstumpfung und Gleichgültigkeit. Die Mitglieder der »Weißen Rose« waren katholische Schöngeister, ihr Aufstand war eine Empörung des Herzens, eine Verschwörung gegen alles Primitive, Grobe, Brutale. Es war kein parteipolitisches, kein analytisch vorbereitetes, kein rational geplantes und strategisch durchgeführtes Komplott, es war ein Widerstand aus dem Geist der schönen Kunst heraus. In verheerender Zeit verlangt man offensichtlich nach heiler Dichtung, Katastrophenliteratur gedeiht in sicheren Verhältnissen.

GEORG KAISER
DER SPIEGEL

Aus weitem Spiegel kam ich mir entgegen.
Ich sah die Landschaft, die sich fern verlor –
das graue Meer, sein stürmendes Bewegen,
und öde Inseln hinterm Nebelflor.

Ich sah die Pracht der Sonnenhorizonte
mit jedem Strahl ein Flammenjubelruf –
ich sah dies Werk, das nie ermüden konnte,
wie sich die Welt mit neuem Tag erschuf.

Ich bin es doch, dem alles dies gewesen
einmal in weggerückter Lebenszeit –
wie Kranke, die von taubem Sinn genesen,
bin nochmal ich zum Widerbild bereit.

Ich will mich mit dem Spiegel-Ich vereinen
und stehe vor der dünnen Scheibe dicht –
doch keine Mauer konnte breiter scheinen
als diese Glaswand, die ein Finger bricht.

WALTER HINCK
SELBSTBEGEGNUNG

Narkissos, so berichtet die antike Sage, erblickte sich selbst im Wasser einer Quelle und verliebte sich in sein Spiegelbild. Vielfach abgewandelt wandert das Spiegelmotiv durch die neuzeitliche Literatur. Ein Zeitgenosse Georg Kaisers, Franz Werfel, wendet in seinem Drama »Spiegelmensch« die Selbstverliebtheit des Narziß ins Gegenteil: aus Selbsthaß schießt der junge Thamal in sein Spiegelbild, und aus dem Rahmen springt sein anderes Ich, der mephistophelische Spiegelmensch.
Den Dramatiker Kaiser fasziniert die Zwillingsversion: das Doppelgängermotiv, dem wir nicht erst in der späten Bearbeitung des Amphitryon-Stoffes begegnen, sondern schon in zwei früheren Stücken. Ein Milliardär, auf der Flucht vor der Wirklichkeit und sich selbst, überläßt seine Pflichten gegenüber der Öffentlichkeit einem Doppelgänger (»Koralle«, 1919). Realität und Illusion durchdringen sich für den Verwandlungskünstler Oliver, der im Auftrag einer Dame deren ungetreuen Liebhaber darstellt und beim Rollenspiel im völligen Persönlichkeitstausch sich selber vergißt und verliert (»Zweimal Oliver«, 1926). Auch in Kaisers Gedicht »Der Spiegel« geht es um die Identität der Person. Der Spiegel wird zum Ort der Selbstbegegnung. Aber die Selbstannahme will nicht mehr gelingen.
Georg Kaiser hat sich dem Gedächtnis seiner Zeitgenossen als Dramatiker, nicht als Lyriker eingeprägt. Erst am Ende

seines Lebens, in den Jahren zwischen 1943 und 1945, entsteht »Das Werk Gedichte«, zu dem »Der Spiegel« gehört. Kaiser konnte das öffentliche Schweigen, in das ihn nach 1933 Goebbels' Kulturpolitik verbannt hatte, auch im Schweizer Exil nicht durchbrechen. Denn selbst dort blieb er von den Bühnen so gut wie exiliert. Zum Lyriker wird er als der echolose, vom Ort der Mitteilung abgeschnittene Bühnenautor. Der Dramatiker zieht sich zurück in den Monolog. Im Gedicht »Der Spiegel« spitzt sich die Monologsituation noch einmal zu: in der Vergeblichkeit des Versuchs, mit dem Spiegel-Ich in unmittelbare Berührung, mit sich selbst ins Einverständnis zu kommen.

Der Spiegel, der dem Menschen sein eigenes Gesicht entgegenhält, ist immer auch ein Mittler der Wahrheit, der Selbsterkenntnis. In Kaisers Gedicht holt er überdies, als Werkzeug der Erinnerung, Vergangenheit wieder zurück. Mit dem früheren Ich treten Landschaften und elementare Ereignisse ins Bild, Symbole der Lebenssituationen und der eigenen Schöpferkraft.

Gerade deren schroffe Gegensätzlichkeit ist Chiffre der Lebensgeschichte Kaisers, einer Biographie mit allen Höhen und Tiefen, gespannt zwischen Luxuswohnung und Gefängniszelle, zwischen Tagen des Überflusses und der Not, der europäischen Erfolge und der erzwungenen Einsamkeit in Grünheide bei Berlin – einer Lebensgeschichte voller Widerstände, denen das dichterische Werk abgerungen werden mußte. Und noch heilbar – die Krankheit steht als Bild für den Verlust der Identität und das Genesen für die Hoffnung, sie zurückzugewinnen –, noch schließbar scheint der Riß zwischen der früheren und der jetzigen Existenz.

Aber das Trennende ist zu mächtig. Kaiser, der verbannte,

nicht mehr gehörte, echolose Schriftsteller, vermag seine Persönlichkeit nicht mehr als ein Ganzes zu erleben. Er ist sich selbst ein anderer geworden.

Doch weist dieses Gedicht über die autobiographische Aussage des Schriftstellers Kaiser hinaus in die Situation seiner Mitopfer, der in die Isolation, ins Exil Verstoßenen. Das Spiegelbild, durch das einst Narziß sich selbst verführte, hier enthüllt es nur noch Selbstentfremdung.

ERICH MÜHSAM
DER REVOLUZZER

Der deutschen Sozialdemokratie gewidmet

War einmal ein Revoluzzer,
im Zivilstand Lampenputzer;
ging im Revoluzzerschritt
mit den Revoluzzern mit.

Und er schrie: »Ich revolüzze!«
Und dic Revoluzzermütze
schob er auf das linke Ohr,
kam sich höchst gefährlich vor.

Doch die Revoluzzer schritten
mitten in der Straßen Mitten,
wo er sonsten unverdrutzt
alle Gaslaternen putzt.

Sie vom Boden zu entfernen,
rupfte man die Gaslaternen
aus dem Straßenpflaster aus,
zwecks des Barrikadenbaus.

Aber unser Revoluzzer
schrie: »Ich bin der Lampenputzer
dieses guten Leuchtelichts.
Bitte, bitte, tut ihm nichts!

Wenn wir ihn' das Licht ausdrehen,
kann kein Bürger nichts mehr sehen.
Laßt die Lampen stehn, ich bitt!
Denn sonst spiel ich nicht mehr mit!«

Doch die Revoluzzer lachten,
und die Gaslaternen krachten,
und der Lampenputzer schlich
fort und weinte bitterlich.

Dann ist er zuhaus geblieben
und hat dort ein Buch geschrieben:
nämlich, wie man revoluzzt
und dabei doch Lampen putzt.

GERTRUD FUSSENEGGER
DER TREUE LAMPENPUTZER

Selten hat mich ein Gedicht so erheitert wie dieses, weil damals, als ich es zum erstenmal las, bei uns an allen Ecken und Enden, doch – wie mir schien – ohne ausreichende Gründe, das Revoluzzern geprobt wurde. So empfand ich mich im Einverständnis mit dem braven Lampenputzer, mit seinen Ängsten, Protesten und Kümmernissen.
Als ich mich später etwas näher mit dem Autor Erich Mühsam einließ, verging mir freilich die Erheiterung, und ich erkannte meinen Irrtum: Mühsam, dieser Heimatlose, auf radikale Utopien Fixierte, stand ja gar nicht auf der Seite seines Helden, im Gegenteil. Der Untertitel hätte mich schon eines Besseren belehren können! Mühsam erhob bitter gekränkte Anklage gegen jene, die sich's in seinen Augen genug sein ließen an der revolutionären Geste (Mütze auf dem linken Ohr), genug am Schein der Gefährlichkeit, genug an einer begrenzten Solidarität, die an den Barrikaden endete und sich davonmachte, als das »gute Leuchtelicht« aufklärerischer Humanität von anarchischer Wut in Trümmer geschlagen werden sollte. Mühsam war der Meinung, daß die deutsche Sozialdemokratie die Chance der Gesellschaftsveränderung in lampenputzerischer Kleinkariertheit vergeben habe, und er verzieh ihr das nie, bis zu seinem bitteren Ende, 1934, im KZ Oranienburg.
Doch zur Ballade selbst: acht Strophen zu je vier Zeilen, durchwegs gereimt nach dem Schema aa/bb. Die ersten

Strophen kommen wie im Marschschritt daher, aufmüpfig, dynamisch, ein wenig pueril auftrumpfend mit ihren gehäuften tz, zz und ihren vielen u, o, ü. Ab Strophe 4 flacht der Rhythmus ab, so als würde er durch das Ausscheren des armen Lampenputzers gebremst, der in seiner Bedrängnis sogar in eine Art Kindersprache verfällt: »... dieses guten Leuchtelichts. Bitte, bitte, tut ihm nichts!«

Selbst an die Bürger denkt er noch, der Brave, denen man das Licht (Licht der Aufklärung?) nicht ausdrehen dürfe. »Doch die Revoluzzer lachten, und die Gaslaternen krachten...« So banal das klingt, so schallen diese Zeilen doch von der Lust des Autors an revolutionärer Realität. Dafür gerät ihm dann das weitere Schicksal des Lampenputzers zu einem elegischen Abgesang, der sich in den ersten Zeilen der letzten Strophe – vor allem in den zwei sanft gedehnten Partizipien »geblieben« und »geschrieben« – sozusagen selbst hinauswinkt aus dem Raum frischfröhlich agierender Solidarität ins Abseits des Theoretikers, in die Klause des grübelnden Bücherwurms, der das für Mühsam Absurde leisten und Versöhnung erdenken will zwischen lampenputzerischer Pflichttreue und Revolution, zwischen Ordnung und Herrschaftsabbau.

Mühsams politische Ideen waren sicher ganz unrealistisch. Dennoch hat er in dieser politischen Ballade ein Stück Realität überliefert, ein Stück deutscher Geschichte, Entzweiung von Links und Ultra-Links.

RUDOLF ALEXANDER SCHRÖDER
STANZE AUS
DEM LIEDERZYKLUS »ELYSIUM«

Nur mit meines Fingernagels Rande
Deines Scheitels letztes Haar berührte
Gar zu gern ich noch in diesem Lande.

Und wenn mich der dumpfe Wind entführte
An die leeren Küsten, käm ich doch
Nicht als einer, dem nur Trost gebührte,

Weil ich, da ich lebte, einmal noch,
Einmal eine Seligkeit verspürte.

KARL KORN
DAS GRAUE VERDÄMMERN DER SCHATTEN

Der Dichter, der 1905 den Zyklus »Elysium« veröffentlichte, war siebenundzwanzig Jahre alt. Hugo von Hofmannsthal und Rudolf Borchardt waren dem jungen Herrn aus Bremen, mit Alfred A. Heymel Begründer der Schwabinger Literaturzeitschrift »Die Insel«, aus der später der Inselverlag entstand, lebenslang zugetan und er ihnen. Rudolf Alexander Schröder (1878-1962) hat eines der reichsten lyrischen Gesamtwerke unseres Jahrhunderts hinterlassen. Er ist kaum auf einen Nenner zu bringen: Poeta doctus, Erlebnislyriker in der Tradition Goethes, Spruchdichter, geistlich und weltlich, Eklektiker – wer und was war er?

Hofmannsthal hat über das Werk gesagt, es sei bereits mit der ersten Gedichtreihe »Elysium« völlig dagewesen, sein Inhalt und Gehalt sei »unbedingte Gegenwart wie vor dem Auge der unterweltlichen Richter«.

Schröder, der Gelegenheitsdichter im Goetheschen Sinne war, hat vielleicht mit der merkwürdigen, fast dreißig Jahre später veröffentlichten Erzählung »Reiseandenken aus dem Harz« (zuerst in der »Literarischen Welt« 1932) das Rätsel seiner frühen Gedichte aus der Schattenwelt gelichtet. In dieser autobiographisch getarnten Brieferzählung an einen Freund geht es um die erste, erschütternde Erfahrung des Jünglings mit dem »allgemeinen Schrecken der Welt und des Lebens« und dem Grauen, das durch die

»unterweltliche Transzendenz« angerührt wurde. Der Jüngling war in den Sommerferien einer zehn Jahre älteren, strahlenden Todgeweihten begegnet. Ein genialer Kunstgriff, daß der Tod aus einem Erinnerungsfoto plötzlich den Betrachter gleichsam anspringt. Mit dem Wort unterweltliche Transzendenz sind das biographisch formulierte Erlebnis und der im Umkreis des jungen Hofmannsthal evidente literarische Einfluß der Dekadenz um die Jahrhundertwende auf den Begriff gebracht. »Elysium«, aus dessen erstem Buch die Stanze mit der originellen Reimfolge »a b a b c b c b« stammt, ist der ironische Titel für den Hades, den der Dichter als den Ort eines dahindämmernden, abgestorbenen Schattenlebens begreift. Der Moment der Stanze ist der Übergang, ein letztes Verharren, aber nicht als Episode, sondern als Existenz auf der Grenze zum entwesten Leben der Schatten, wie die in drei Büchern versammelten Gedichte des Zyklus durchweg das Thema der blassen Scharen, »Ihr ohne Sinn!«, vielfältig variieren.

Die Stanze liegt gleichsam unmittelbar vor Charons Nachen und dem Trank aus Lethe. Es ist ein letztes Verhalten in der Zone zwischen »diesem Lande« und den »leeren Küsten«, an die das Ich bald entführt werden wird. Das Schattenreich ist mit für Schröder typischen knappsten szenischen und sprachlichen Funden bezeichnet, wie man sie in der dreißig Jahre später konzipierten »Ballade vom Wandersmann« – auch sie ein Gedichtzyklus – wieder antrifft.

Der Ton der Stanze liegt auf dem noch einmal aufschäumenden Leben. Da klingt das Norddeutsch-Vollblütige zugleich mit eminenter Sensibilität auf. Es ist wie eine letzte Nagelprobe, höchste Steigerung von Lebensglück,

»einmal noch, einmal eine Seligkeit« vor dem Hingang in das graue Verdämmern der Schatten, das den Dichter in den anderen Gedichten des Zyklus geradezu fasziniert. Die Intensität wird durch die äußerste Zuspitzung von Bild und sprachlichem Ausdruck, »Rand des Fingernagels«, der »das letzte Haar deines Scheitels berührt«, erreicht. Dem entspricht in den beiden letzten Versen das »einmal noch, einmal eine Seligkeit«. Das Gegenbild des Schattenreichs (der dumpfe Wind, die leeren Küsten) ist spannungssteigernd in das Mittelstück der Stanze hineingenommen.

Typisch schrödersch das prosodisch-metrische Kunststück der Verschränkung der Verszeilen über den Rand hinaus (das Enjambement). So läuft der Satz des ersten und des zweiten Dreizeilers über die Schwelle des Rhythmus hinweg. Diesen Kunstgriff hat Schröder als Odendichter, alkäisch oder sapphisch, zumal als kongenialer Übersetzer des Horaz, meisterhaft beherrscht. Da werden Metrum und Reim durch weit ausgezogene Sprachbögen nicht etwa aufgehoben, sondern durch Gegengewichte austariert, überwölbt. So entsteht die von Hofmannsthal gepriesene »äußerste Gespanntheit der Form«. Sie ist das Korrelat zu Schröders Vision des Daseins. Kraft, Zartheit der Empfindung, der elegische Grundton und souveräne Formbeherrschung halten einander die Waage. Diese Momente sind es, die des zu Unrecht vergessenen Dichters lyrisches Werk nicht in formalistische Bildungsspielerei oder Epigonentum abgleiten lassen.

RUDOLF ALEXANDER SCHRÖDER
VOM GLÜCK DER UNTRÖSTLICHKEIT

Ich wühle mich in Gram und Mißmut ein;
Ich mag nicht mehr. Laßt, Freunde, mich allein.
Euch blüht der Tag, die Sonne dünkt euch hold;
Und Glück der Jugend ist euch noch im Sold.

Was wißt ihr, was es heißt: verloren sein?
Was kennt ihr nur das Traumbild solcher Pein?
Bleibt fern von dem, der wie Gewitter grollt,
Und den ihr quält, wenn ihr ihn trösten wollt.

Ich weiß, an welchem Ort ich bleiben will,
Um meine Trauer mit mir selbst zu teilen,
Fern von der Welt Geschwätz und Lästerungen.

Im Walde meiner Lieder weil ich still;
Dort springt ein Quell; und mag er mich nicht heilen,
So ist doch Labung seinem Mund entsprungen.

WERNER FULD
ANDENKEN AN EINE VERSTORBENE

Die Melancholie ist das Glück der Untröstlichkeit; wer sich ihr anvertraut, leidet mit Lust. »The Pleasures of Melancholy« lautete 1747 der Titel einer Gedichtsammlung Thomas Wartons, der den drei Jahre zuvor erschienenen »Pleasures of Imagination« von Mark Akenside einverständig antwortete. Beide gehören zusammen: Melancholie und Gedankenspiel, Phantasie und Schwermut.
Die von Cicero überlieferte Frage des Aristoteles »Warum erweisen sich alle außergewöhnlichen Männer in Philosophie oder Politik oder Dichtung oder in den Künsten als Melancholiker?« blieb bisher durch die Jahrhunderte zwar ohne befriedigende Antwort, aber es häuften sich die Zeugnisse. Vermittelt durch italienische und englische Einflüsse kam es während des 18. Jahrhunderts im deutschen Sprachraum zu einem regelrechten Melancholie-Kult, in dessen Mittelpunkt die folgenreiche Entdeckung der Trauer als Quelle der Poesie und der Poesie als Trösterin stand. Ungezählt reichen die Variationen dieses Themas bis in die zeitgenössische Lyrik.
In solche Tradition gehört auch dieses Sonett, dessen fast programmatische erste Zeile uns den Autor mit großer Intensität bei der Trauerarbeit zeigt. Kunstvoll sind beide Quartette geteilt und verknüpft: die letzten zwei Zeilen des ersten und die ersten beiden Zeilen des zweiten Quartetts entwerfen emphatisch das Bild der eigenen Weltverlorenheit, doppelt gerahmt von der Aufforderung zur

Distanz. In jenem inneren Bezirk stören selbst Freunde nur; hier gelten eigene Regeln.
Der Melancholiker legt ein dunkles Band zwischen sich und die Welt, aber er behält die Fäden in der Hand. Zwar zieht er sein Ich aus dem Reich von »Geschwätz und Lästerungen« zurück, doch bricht er nicht wie der Depressive mit der Umgebung und verstummt – seine besondere Begabung zu sagen, wie er leidet, erlaubt ihm noch im betrübtesten Monolog eine Antwort auf das äußerliche Treiben. An diesem Spiegel bricht sich seine Trauer und kehrt sich ihm wieder zu als sein nun einzig sicherer Besitz. Stets bleibt sie damit Opposition und Resignation in einem. Diesen Doppelcharakter ignoriert eine vulgärsoziologische Interpretationsweise, die Melancholie als eine Spielart des kleinbürgerlichsten Eskapismus diffamiert.
Um der Klage Raum geben zu können, wählt der Melancholiker die Einsamkeit, über die seine Klage wiederum hinausweist. Der Hinweis auf unversöhnliche Antagonismen, auf die peinigende Verlorenheit des Ich in der Welt findet statt vor dem Horizont einer Versöhnung, die allein in der Kunst ihren antizipatorischen Ausdruck finden kann.
Das lesen wir im Schlußterzett. Das Gedicht soll Ausdruck des Leidens sein und öffnet zugleich den einzigen Weg zu dessen Aufhebung. Mehr noch: das herbeigesehnte Gedicht liegt bereits vor unseren Augen, und wir haben in ihm Anteil an jener Hoffnung, die uns, nach Benjamins Worten, nur um der Hoffnungslosen willen gegeben ist. Heilung, also Aussöhnung mit der Welt, bringt es nicht, weil der Melancholiker sie nicht will und nicht brauchen kann. Aber es stärkt gegen die tägliche Versuchung des allzu leichten Trostes.

Anhang

QUELLENHINWEISE

RICHARD BEER-HOFMANN 1866 in Wien geboren, gestorben 1945 in New York.
Schlafland für Mirjam, S. 57. Aus: Richard Beer-Hofmann, Gesammelte Werke. © S. Fischer Verlag GmbH, Frankfurt am Main 1963.

OTTO JULIUS BIERBAUM 1865 in Grünberg/Schlesien geboren, gestorben 1910 in Kötzschenbroda/Dresden.
Er entsagt, S. 53. Aus: Otto Julius Bierbaum. Der neubestellte Irrgarten der Liebe. Um etliche Gesänge und Lauben vermehrt. Verliebte, launenhafte, moralische und andere Lieder, Gedichte und Sprüche aus den Jahren 1885-1905. Insel-Verlag Leipzig 1906.

RUDOLF BORCHARDT 1877 in Königsberg geboren, gestorben 1945 in Trins/Tirol.
Auf die Rückseite eines Handspiegels, S. 391. Das Mädchen liest das Buch und spricht, S. 395. Aus: Rudolf Borchardt, Gesammelte Werke in 14 Einzelbänden. Herausgegeben von Marie L. Borchardt. In Verbindung mit der Rudolf-Borchardt-Gesellschaft. Gedichte. Herausgegeben von Marie L. Borchardt/Herbert Steiner. © Klett-Cotta, Stuttgart 1957.

EDWIN BORMANN 1851 in Leipzig geboren, gestorben 1912.
Kinderscene, S. 13. Aus: Elazar Benyoetz, Clara von Bodmann, Solange wie das eingehaltene Licht. Briefe 1966 bis 1983. Hartung Gorre Verlag, Konstanz 1989.

HANS CAROSSA 1878 in Tölz geboren, gestorben 1956 in Rittsteig bei Passau.
Heimliche Landschaft, S. 413. Aus: Hans Carossa, Jubiläumsausgabe. Fünf Bände. © Insel Verlag Frankfurt am Main 1978.

MAX DAUTHENDEY 1867 in Würzburg geboren, gestorben 1918 in Malang/Java.
Drinnen im Strauß, S. 63. Aus: Max Dauthendey, Ich habe dir soviel zu sagen. Gedichte. Verlag Albert Langen, Georg Müller, München 1959.

FELIX DÖRMANN 1870 in Wien geboren, dort 1928 gestorben.
Was ich liebe, S. 149. Aus: Die Wiener Moderne. Literatur, Kunst und

Musik zwischen 1890 und 1910. Herausgegeben von Gotthart Wunberg unter Mitarbeit von Johannes J. Braakenburg. © Verlag Philipp Reclam jun., Stuttgart 1981.

Stefan George 1868 in Büdesheim geboren, gestorben 1933 in Minusio bei Locarno.

An baches ranft, S. 67. Der Widerchrist, S. 81. Die Gräber in Speier, S. 87. Die tote Stadt, S. 93. Goethe-Tag, S. 103. Aus: Stefan George, Sämtliche Werke in 18 Bänden. Herausgegeben von der Stefan George-Stiftung, Stuttgart. Band 6/7: Der Siebente Rino. Bearbeitet von Ute Oelmann. © Klett-Cotta, Stuttgart 1986.

Das Wort, S. 71. Einem jungen Führer im ersten Weltkrieg, S. 97. Aus: Stefan George, Werke. Ausgabe in zwei Bänden. Herausgegeben von Robert Boehringer. Band 1. © Klett-Cotta, Stuttgart, 4. Auflage 1984.

der herr der insel, S. 77. Aus: Stefan George, Sämtliche Werke in 18 Bänden. Herausgegeben von der Stefan George-Stiftung, Stuttgart. Band 3: Die Bücher der Hirten- und Preisgedichte. Der Sagen und Sänge der Hängenden Gärten. Bearbeitet von Ute Oelmann. © Klett-Cotta, Stuttgart 1991.

Ich bin freund und führer dir, S. 109. Aus: Stefan George, Sämtliche Werke in 18 Bänden. Herausgegeben von der Stefan George-Stiftung, Stuttgart. Band 5: Der Teppich des Lebens und die Lieder von Traum und Tod mit einem Vorspiel. Bearbeitet von Ute Oelmann. © Klett-Cotta, Stuttgart 1984.

Ihr tratet zu dem Herde, S. 113. Komm in den totgesagten park und schau, S. 117. Wir schreiten auf und ab, S. 121. wir stehen an der hecken gradem wall, S. 125. Aus: Stefan George, Sämtliche Werke in 18 Bänden. Herausgegeben von der Stefan George-Stiftung, Stuttgart. Band 4: Das Jahr der Seele. Bearbeitet von Georg P. Landmann. © Klett-Cotta, Stuttgart 1982.

Ferdinand Hardekopf 1876 in Varel/Oldenburg geboren, gestorben 1954 in Burghölzli/Zürich.

Zwiegespräch, S. 387. Aus: Ferdinand Hardekopf, Gesammelte Dichtungen. © 1963 by Arche Verlag AG Raabe + Vitali, Zürich.

Gerhart Hauptmann 1862 in Ober-Salzbrunn/Schlesien geboren, gestorben 1946 in Agnetendorf/Schlesien.

Das Testament, S. 25. Aus: Gerhart Hauptmann, Sämtliche Werke. Centenar-Ausgabe zum hundertsten Geburtstag des Dichters. Herausgegeben von Hans E. Hass, Martin Machatzke, Wolfgang Bungies. Band II. © Propyläen Verlag, Berlin 1973.

Hermann Hesse 1877 in Calw/Württemberg geboren, gestorben 1962 in Montagnola/Schweiz.

Knarren eines geknickten Astes, S. 399. Lampions in der Sommernacht, S. 403. Aus: Hermann Hesse, Die Gedichte 1892-1962. Zwei Bände. Herausgegeben von Volker Michels. Zweiter Band. © Suhrkamp Verlag Frankfurt am Main 1977.

Neid, S. 407. Aus: Hermann Hesse, Krisis. Ein Stück Tagebuch. © Suhrkamp Verlag Frankfurt am Main 1977.

Peter Hille 1854 bei Driburg/Westfalen geboren, gestorben 1904 in Großlichterfelde bei Berlin.

Seegesicht, S. 17. Aus: Peter Hille, Gesammelte Werke. Band 1. Gedichte und Schriften. Herausgegeben von Friedrich Kienecker. Ludgerus Verlag H. Wingen, Paderborn 1984.

Waldstimme, S. 21. Aus: Peter Hille, Neue Welten. Gedichte, Prosa, Aphorismen. Auswahl und Nachwort von Friedrich Kienecker. Verlag Philipp Reclam jun., Stuttgart 1979.

Hugo von Hofmannsthal 1874 in Wien geboren, gestorben 1929 in Rodaun.

Der Jüngling in der Landschaft, S. 205. Die Beiden, S. 211. Manche freilich, S. 225. Aus: Die Gedichte und kleinen Dramen. Textrevision und Nachwort von Fritz Adolf Hünich. Insel Verlag Wiesbaden 1958.

Inschrift, S. 215. Was ist die Welt, S. 241. Aus: Hugo von Hofmannsthal, Gesammelte Werke in Einzelausgaben. Zehn Bände. Herausgegeben von Rudolf Hirsch und Bernd Schoeller. Gedichte – Dramen I (1891-1898). © S. Fischer Verlag GmbH, Frankfurt am Main, 3. Auflage 1989.

Lebenslied, S. 219. Reiselied, S. 229. Terzinen. Über Vergänglichkeit, S. 233. Aus: Hugo von Hofmannsthal, Gedichte und kleine Dramen. Suhrkamp Verlag Frankfurt am Main 1966. Copyright © Insel Verlag Wiesbaden 1949.

Tobt der Pöbel, S. 237. Aus: Hugo von Hofmannsthal, Sämtliche Werke. Kritische Ausgabe. Herausgegeben von Rudolf Hirsch, Clemens Köttelwesch, Heinz Rölleke und Ernst Zinn. Band II: Gedichte 2. Aus dem Nachlaß. Herausgegeben von Andreas Thomasberger und Eigene Weber. © S. Fischer Verlag GmbH, Frankfurt am Main 1989.

Arno Holz 1863 in Rastenburg geboren, gestorben 1929 in Berlin.

Er klagt/daß der Frühling so kortz blüht, S. 29. Aus: Arno Holz, Werke. Band V. © 1962 by Hermann Luchterhand Verlag, Neuwied.

Im Thiergarten, S. 33. Aus: Arno Holz, Phantasus. Verlag Philipp Reclam jun., Stuttgart 1978. Abdruck mit freundlicher Genehmigung von Dr. Mieczyslaw Wnorowski /N.Z. (vertreten durch Dr. Manfred Asseyer, Berlin).

Ricarda Huch 1864 in Braunschweig geboren, gestorben 1947 in Schönberg im Taunus.

Nicht alle Schmerzen, S. 37. Uralter Worte kundig, S. 41. Aus: Ricarda Huch, Gesammelte Werke. Elf Bände. Herausgegeben von Wilhelm Emrich. © Verlag Kiepenheuer & Witsch, Köln 1966-1974.

Wo hast du all die Schönheit hergenommen, S. 45. Aus: Das Buch der Liebe. Gedichte und Lieder. Ausgewählt von Elisabeth Borchers. © Insel Verlag Frankfurt am Main 1974.

Georg Kaiser 1878 in Magdeburg geboren, gestorben 1945 in Ascona.

Der Spiegel, S. 417. Aus: Georg Kaiser, Stücke, Erzählungen, Aufsätze, Gedichte. © 1966 by Verlag Kiepenheuer & Witsch Köln.

Karl Kraus 1874 in Jitschin/Böhmen geboren, gestorben 1936 in Wien.

Man frage nicht, was all die Zeit ich machte, S. 245. Traum vom Fliegen, S. 249. Wiese im Park, S. 253. Aus: Karl Kraus, Schriften. Band 9. Gedichte. Herausgegeben von Christian Wagenknecht. © Suhrkamp Verlag Frankfurt am Main 1989.

Else Lasker-Schüler 1869 in Elberfeld geboren, gestorben 1945 in Jerusalem.

Die Verscheuchte, S. 129. Ein alter Tibetteppich, S. 133. In meinem Schoße, S. 137. Man muß so müde sein, S. 145. Aus: Else Lasker-Schüler, Gesammelte Werke in drei Bänden. Kösel-Verlag, München. Alle Rechte beim Suhrkamp Verlag Frankfurt am Main.

Jakob, S. 141. Aus: Else Lasker-Schüler, Sämtliche Gedichte. Herausgegeben von Friedhelm Kemp. Kösel-Verlag, München, 5. Auflage 1991. Alle Rechte beim Suhrkamp Verlag Frankfurt am Main.

Thomas Mann 1875 in Lübeck geboren, gestorben 1955 in Zürich.

Monolog, S. 267. Aus: Thomas Mann, Die Erzählungen. © 1966 Katia Mann. S. Fischer Verlag GmbH, Frankfurt am Main.

Christian Morgenstern 1871 in München geboren, gestorben 1914 in Meran.

Anto-logie, S. 155. Das ästhetische Wiesel, S. 165. Das große Lalula, S. 169. Das Huhn, S. 173. Fisches Nachtgesang, S. 189. Zäzilie (II), S. 201. Palmström an eine Nachtigall, die ihn nicht schlafen ließ, S. 197. Aus: Christian Morgenstern, Alle Galgenlieder. Mit Vignetten Morgensterns. Insel Verlag Frankfurt am Main 1972.

Aus stillen Fenstern, S. 161. Die Schwestern, S. 181. Ein Lächeln irrt verflogen, S. 185. Aus: Christian Morgenstern, Gesammelte Werke in einem Band. Herausgegeben von Margareta Morgenstern. R. Piper & Co. Verlag, München 1985.

Der Traum der Magd, S. 177. Möwenlied, S. 193. Aus: Christian Morgenstern, Galgenlieder. Palmström. Palma Kunkel. Der Gingganz. Verlag Philipp Reclam jun., Stuttgart 1978.

ERICH MÜHSAM 1878 in Berlin geboren, gestorben 1934 in Oranienburg.

Der Revoluzzer, S. 421. Aus: Erich Mühsam, Trotz allem Mensch sein. Gedichte und Aufsätze. Ausgewählt und mit einem Nachwort versehen von Jürgen Schiewe und Hanne Maußner. © Verlag Philipp Reclam jun., Stuttgart 1984.

BÖRRIES FREIHERR VON MÜNCHHAUSEN 1874 in Hildesheim geboren, gestorben 1945 in Windischleuba bei Altenburg.

Die Hesped-Klage, S. 257. Aus: Das Balladenbuch. © 1924, 1950 Deutsche Verlags-Anstalt GmbH, Stuttgart.

RAINER MARIA RILKE 1875 in Prag geboren, gestorben 1926 in Val Mont.

Abschied, S. 271. An der sonngewohnten Straße, S. 275. Archaischer Torso Apollos, S. 279. Auferstehung, S. 283. Blaue Hortensie, S. 287. Das Füllhorn, S. 291. Der Abenteuerer I, S. 295. Der Knabe, S. 299. Der Panther, S. 303. Der Pavillon, S. 307. Der Schwan, S. 311. Der Wahnsinn, S. 315. Die Brandstätte, S. 319. Die Flamingos, S. 323. Die Kurtisane, S. 327. Du aber, Göttlicher, S. 331. Früher Apollo, S. 335. Frühling ist wiedergekommen, S. 339. Gebet für die Irren und Sträflinge, S. 343. Herbsttag, S. 347. Ich fürchte mich so, S. 351. Komm du, du letzter, S. 355. Liebes-Lied, S. 359. Magie, S. 363. Noch fast gleichgültig …, S. 367. Rose, oh reiner Widerspruch, S. 371. Tränenkrüglein, S. 375. Wandelt sich rasch auch die Welt, S. 379. Wilder Rosenbusch, S. 383. Aus: Rainer Maria Rilke, Die Gedichte. © Insel Verlag Frankfurt am Main 1986.

RUDOLF ALEXANDER SCHRÖDER 1878 in Bremen geboren, gestorben 1962 in Bad Wiessee/Oberbayern.

Nur mit meines Fingernagels Rande, S. 425. Vom Glück der Untröstlichkeit, S. 429. Aus: Rudolf Alexander Schröder, Gesammelte Werke in acht Bänden. Band 1: Die Gedichte. © Suhrkamp Verlag Berlin und Frankfurt am Main 1952.

AUGUST STRAMM 1894 in Münster geboren, gestorben 1915 in Rußland. Patrouille, S. 263. Aus: August Stramm, Die Dichtungen. Sämtliche Gedichte, Dramen, Prosa. Herausgegeben und mit einem Nachwort versehen von Jeremy Adler. R. Piper & Co. Verlag, München 1990.

FRANK WEDEKIND 1864 in Hannover geboren, gestorben 1918 in München.

Der Tantenmörder, S. 49. Aus: Frank Wedekind, Ich hab' meine Tante geschlachtet. Lautenlieder und Gedichte. Eingeleitet und herausgegeben von Manfred Hahn. Insel Verlag Frankfurt am Main 1982.

VERZEICHNIS DER INTERPRETEN

Richard Alewyn geboren 1902 in Frankfurt am Main, starb 1979. Er war Professor für Deutsche Literatur an den Universitäten Köln, Berlin und Bonn. Unter anderem veröffentlichte er »Über Hugo von Hofmannsthal« (1959) und »Probleme und Gestalten« (1974).

Cyrus Atabay geboren 1929 bei Teheran, starb 1996 in München. Er veröffentlichte unter anderem: »Puschkiniana« (1990), »Gedichte« (1991) und »Leise Revolten« (1992).

Nikolas Benckiser geboren 1903 in Sinzheim, starb 1987. Er war Redakteur und Mitherausgeber der »Frankfurter Allgemeinen Zeitung« und schrieb die Bücher: »Tage wie Schwestern« (1958), »Der Tanz mit dem Cello« (1966) und »Gute Welt, du gehst so stille« (1971).

Hans Bender geboren 1919 in Mühlhausen/Kraichgau, lebt in Köln. Er war von 1954 bis 1980 Mitherausgeber der Zeitschrift »Akzente« und veröffentlichte unter anderem die Erzählungsbände »Wölfe und Tauben« (1957), »Mit dem Postschiff« (1962) und »Bruderherz« (1987), den Roman »Wunschkost« (1959), den Sammelband »Worte Bilder Menschen« (1959) sowie die Aufzeichnungen »Einer von ihnen« (1979).

Günter Blöcker geboren 1913 in Hamburg, lebt in West-Berlin. Er ist Literaturkritiker und Essayist. Hauptwerke: »Die neuen Wirklichkeiten« (1957), »Heinrich von Kleist oder Das absolute Ich« (1960), »Kritisches Lesebuch« (1962) und »Literatur als Teilhabe« (1966).

Elisabeth Borchers geboren 1926 in Homberg am Niederrhein, ist Verlagslektorin in Frankfurt am Main. Sie veröffentlichte unter anderem: »Gedichte« (1961), »Der Tisch an dem wir sitzen« (1967), »Eine glückliche Familie und andere Prosa« (1970), »Gedichte« (1976), »Wer lebt« (1986) und »Von der Grammatik des heutigen Tages« (1992).

Hanspeter Brode geboren 1940 in Ludwigshafen, lebt als Gymnasiallehrer an einer deutschen Auslandsschule in Brasilien. Er veröffentlichte unter anderem: »Benn-Chronik« (1978), »Günter Grass. Autorenbuch« (1979) und »Deutsche Lyrik – eine Anthologie« (1990).

Hans Christoph Buch geboren 1944 in Wetzlar, lebt in Berlin. Er veröffentlichte Romane, Erzählungen und Essays, unter anderem: »Unerhörte Begebenheiten« (1966), »Kritische Wälder« (1972), »Aus der neuen Welt« (1975), »Die Hochzeit von Port-au-Prince« (1984), »Haïti Chérie« (1990), »Rede des toten Kolumbus am Tag des Jüngsten Gerichts« (1992) und »Tropische Früchte, Afro-Amerikanische Impressionen« (1993).

Hermann Burger geboren 1942 in Burg/Schweiz, starb 1989 in Brunegg/Schweiz. Er veröffentlichte die Romane »Schilten« (1976), »Die künstliche Mutter« (1982) und »Brunsleben« (1989), Gedichte (»Kirchberger Idyllen«, 1980), Erzählungen (»Diabelli«, 1979, »Blankenburg«, 1986) und Essays »Ein Mann aus Wörtern« (1983).

Eva Demski geboren 1944 in Regensburg, lebt in Frankfurt. Sie veröffentlichte die Romane »Goldkind« (1979), »Karneval« (1981), »Scheintod« (1984) und »Hotel Hölle, guten Tag...« (1987), »Unterwegs« (1988), »Käferchen und Apfel« (1989) und »Afra« (1992).

Hans Magnus Enzensberger geboren 1929 in Kaufbeuren/Allgäu, lebt in Berlin. Hauptwerke: die Lyriksammlungen »Verteidigung der Wölfe« (1957), »Landessprache« (1960), »Blindenschrift« (1964) und »Mausoleum« (1975) sowie die Essaybände »Einzelheiten« (1962) und »Politik und Verbrechen« (1964).

Iring Fetscher geboren 1922 in Marbach am Neckar, ist emeritierter Professor für Politikwissenschaft und Sozialphilosophie an der Universität Frankfurt am Main. Er veröffentlichte unter anderem: »Wer hat Dornröschen wachgeküßt, das Märchenverwirrbuch« (1972), »Utopien, Illusionen, Hoffnungen« (1991), »Überlebensbedingungen der Menschheit – ist der Fortschritt noch zu retten?« (1991).

Werner Fuld geboren 1947 in Heidelberg, lebt in Wörthsee/Steinebach. Er veröffentlichte unter anderem die Biographien Walter Benjamins (»Zwischen den Stühlen«, 1979) und Wilhelm Raabes (1993).

Ulrich Fülleborn geboren 1920 in der Provinz Posen, em. Professor für Neuere deutsche Literaturgeschichte in Erlangen. Er veröffentlichte unter anderem: »Das Strukturproblem der späten Lyrik Rilkes« (1973), »Das dramatische Geschehen im Werk Franz Grillparzers« (1966).

Gertrud Fussenegger geboren 1912 in Pilsen, lebt in Leonding/Oberösterreich. Sie schrieb Romane, Erzählungen, Essayistisches und Dramatisches. Hauptwerke: »Die Pulvermühle« (1969), »Maria Theresia« (1980), »Sie waren Zeitgenossen« (1983), »Nur ein Regenbogen« (1987) und »Herrscherinnen« (1991).

Eugen Gomringer geboren 1925 in Bolivien, lebt in Rehau-Wurlitz/

Oberfranken und lehrt an der Kunstakademie Düsseldorf. Er veröffentlichte unter anderem: »Konstellationen« (1953), »33 Konstellationen« (1960), »Die Konstellationen 1953-62« (1962), »Worte sind Schatten« (1969), »81 identitäten« (1981) und »zur sache der konkreten« (1985).

Ulrich Greiner geboren 1945 in Offenbach/Main, lebt in Hamburg. Er ist seit 1986 Feuilletonchef der »Zeit« und veröffentlichte unter anderem die essayistischen Bücher »Der Tod des Hochsommers. Aufsätze, Kritiken, Porträts zur österreichischen Gegenwartsliteratur« (1979) und »Der Stand der Dinge« (1987).

Reinhold Grimm geboren 1931 in Nürnberg, ist Professor für Deutsche und Vergleichende Literaturgeschichte an der Unversity of California (USA). Er veröffentlichte unter anderem: »Nach dem Naturalismus. Essays zur modernen Dramatik« (1978) und »Von der Armut und vom Regen. Rilkes Antwort auf die soziale Frage« (1981), »Texturen. Essays und anderes zu Hans Magnus Enzensberger« (1984), »Ein iberischer Gegenentwurf? Antonio Buero Vallejo, Brecht und das moderne Welttheater« (1991).

Rainer Gruenter geboren 1918 in Düsseldorf, starb 1993 in Kapellen/Erft. Er war Präsident der Deutschen Gesellschaft für die Erforschung des 18. Jahrhunderts in Wolfenbüttel und Leiter der ›Arbeitsstelle 18. Jahrhundert‹ an der Bergischen Universität/Gesamthochschule Wuppertal. Er veröffentlichte Studien über das »Narrenschiff« von Sebastian Brant, über die Satiren Thomas Murners sowie Stephan Georges und Oscar Wildes.

Ulla Hahn geboren 1946 im Sauerland, lebt als Schriftstellerin in Hamburg. Sie veröffentlichte die Gedichtbände »Herz über Kopf« (1981), »Spielende« (1983), »Freudenfeuer« (1985) und »Unerhörte Nähe« (1988) sowie den Roman »Ein Mann im Haus« (1991).

Ludwig Harig geboren 1927 in Sulzbach/Saarland, lebt dort. Er veröffentlichte unter anderem: »Sprechstunden« (1971), »Die saarländische Freude« (1977), »Rousseau« (1978), »Der kleine Brixius« (1980), »Trierer Spaziergänge« (1983), »Ordnung ist das ganze Leben« (1986) und »Weh dem, der aus der Reihe tanzt« (1990), »Die Hortensien der Frau von Roselius« (1992), »Der Uhrwerker von Glarus« (1993).

Peter Härtling geboren 1933 in Chemnitz, lebt in Walldorf bei Frankfurt am Main. Er veröffentlichte Romane, Gedichte und Kinderbücher, unter anderem: »Niembsch oder Der Stillstand« (1964), »Janek« (1966), »Eine Frau« (1974), »Hölderlin« (1976), »Die dreifache Maria« (1982),

»Das Windrad« (1983), »Waiblingers Augen« (1987), »Der Wanderer« (1988), »Die Gedichte 1953-1987« (1989) und »Herzwand« (1990).

HARALD HARTUNG geboren 1932 in Herne, lehrt an der Technischen Universität Berlin deutsche Sprache und Literatur. Er veröffentlichte die Darstellungen »Experimentelle Literatur und konkrete Poesie« (1975) und »Deutsche Lyrik seit 1965« sowie die Lyrikbände »Hase und Hegel« (1970), »Reichsbahngelände« (1974), »Das gewöhnliche Licht« (1976), »Augenzeit« (1978) und »Traum im deutschen Museum« (1986).

WOLFGANG HILDESHEIMER geboren 1916 in Hamburg, starb 1991 in Poschiavo/Schweiz. Er veröffentlichte unter anderem die Romane »Tynset« (1965) und »Masante« (1973), die Erzählungsbände »Lieblose Legenden« (1952) und »Vergebliche Aufzeichnungen« (1963) sowie die Monographie »Mozart« (1977).

WALTER HINCK geboren 1922 in Selsingen/Niedersachsen, ist Professor für Deutsche Literatur an der Universität Köln. Er veröffentlichte unter anderem: »Die Dramaturgie des späten Brecht« (1959), »Das deutsche Lustspiel des 17. und 18. Jahrhunderts und die italienische Komödie« (1965), »Das moderne Drama in Deutschland« (1973), »Goethe – Mann des Theaters« (1982), »Theater der Hoffnung« (1988) und »Die Wunde Deutschland. Heinrich Heines Dichtung« (1990).

GERTRUD HÖHLER geboren 1941 in Wuppertal, lehrte Germanistik und Allgemeine Literaturwissenschaft an der Universität Paderborn. Sie veröffentlichte unter anderem: »Niemandes Sohn. Zur Poetologie Rainer Maria Rilkes« (1978), »Die Anspruchsgesellschaft« (1979) und »Das Glück. Analyse einer Sehnsucht« (1981).

ERNST JANDL geboren 1925 in Wien, lebt dort. Er veröffentlichte unter anderem die Lyrikbände »Laut und Luise« (1966), »der künstliche baum« (1970), »dingfest« (1973), »die bearbeitung der mütze« (1978), »der gelbe hund« (1980), »selbstporträt des schachspielers als trinkende uhr« (1983), »Idyllen« (1989) und »Stanzen« (1992), das Theaterstück »Aus der Fremde« (1980) sowie die Poetikvorlesungen »Das Öffnen und Schließen des Mundes« (1985).

DOMINIK JOST geboren 1922 in Luzern, starb 1994 in St. Gallen. Er veröffentlichte unter anderem: »Ludwig Derleth. Gestalt und Leistung« (1905), »Die Wirklichkeit des Dichters« (1977), »Deutsche Klassik. Goethes ›Römische Elegien‹« (1978) und »Literarischer Jugendstil« (1980).

JOACHIM KAISER geboren 1928 in Milken/Ostpreußen, ist Redakteur bei der Süddeutschen Zeitung und seit 1977 ordentlicher Professor an der Staatlichen Hochschule für Musik und Darstellende Kunst in Stuttgart. Hauptwerke: »Große Pianisten unserer Zeit« (1965), »Beethovens 32 Klaviersonaten und ihre Interpreten« (1975), »Wie ich sie sah ... und wie sie waren. Zwölf kleine Porträts« (1985), »Erlebte Literatur« (1988), »Leben mit Wagner« (1990) und »Vieles ist auf Erden zu thun« (1991).

Hellmuth Karasek geboren 1934 in Brünn, lebt in Hamburg. Er leitet das Ressort Kultur beim »Spiegel«. Er veröffentlichte unter anderem die literarkritischen Bücher »Carl Sternheim« (1966), »Max Frisch« (1967), »Brecht – der jüngste Fall eines Klassikers« (1970), die Komödien »Die Wachtel« (1985) und »Hitchcock« (1987).

Ulrich Karthaus geboren 1935 in Düsseldorf, ist Professor für Neuere Deutsche Literatur an der Universität Gießen. Er veröffentlichte die Bücher: »Der Andere Zustand. Zeitstrukturen im Werke Robert Musils« (1965), »Sturm und Drang und Empfindsamkeit« (1988) und »Novelle« (1991).

Rainer Kirsch geboren 1934 in Döbeln/Sachsen, lebt in Berlin. Er veröffentlichte unter anderem: »Kopien nach Originalen« (1974), »Auszog das Fürchten zu lernen« (1978), »Ordnung im Spiegel« (1985), »Sauna oder Die fernherwirkende Trübung« (1985), »Kunst in Mark Brandenburg« (1988), »Anna Katarina oder Die Nacht am Moorbusch« (1991).

Eckart Klessmann geboren 1933 in Lemgo/Lippe, lebt in Schleswig-Holstein. Er veröffentlichte Bücher über den Prinzen Louis Ferdinand von Preußen (1972), Caroline Schlegel-Schelling (1975) und E.T.A. Hoffmann (1988) sowie »Die Mendelssohns. Bilder aus einer deutschen Familie« (1990) und »Christiane – Goethes Geliebte und Gefährtin« (1992).

Kurt Klinger geboren 1928 in Linz, lebt in Wien. Er ist Herausgeber der Monatszeitschrift »Literatur und Kritik«, unter anderem veröffentlichte er die Gedichtbände »Auf dem Limes« (1980) und »Zeitsprung« (1987), die Erzählungen »Die vierte Wand« (1966) und »Erinnerung an Gärten« (1989) sowie den Essayband »Theater und Tabus« (1984).

Ruth Klüger geboren 1931 in Wien, ist Literaturwissenschaftlerin an der University of California, Irvine (USA). Sie veröffentlichte u.a. »weiter leben. Eine Jugend« (1992) und »Katastrophen. Über deutsche Literatur« (1994).

Jan Knopf geboren 1944 in Arnstadt, ist Professor für Literaturwissenschaft an der Universität Karlsruhe. Er veröffentlichte unter anderem: »Friedrich Dürrenmatt« (1976), das zweibändige »Brecht-Handbuch« (1980) und ist Mitherausgeber der »Großen kommentierten Berliner und Frankfurter Ausgabe« der Werke Brechts (1988 ff.).

Wolfgang Koeppen geboren 1906 in Greifswald, lebt in München. Er veröffentlichte die Romane »Eine unglückliche Liebe« (1934), »Tauben im Gras« (1951), »Das Treibhaus« (1953) und »Der Tod in Rom« (1954), die Erzählung »Jugend« (1976), den Aufsatzband »Die elenden Skribenten« (1981) sowie Reisebücher, unter anderem »Nach Rußland und anderswohin« (1958).

Karl Korn geboren 1908 in Wiesbaden, starb 1991 in Bad Homburg. Er war bis 1973 Mitherausgeber der »Frankfurter Allgemeinen Zeitung«. Er veröffentlichte unter anderem: »Sprache in der verwalteten Welt« (1958), »Lange Lehrzeit« (1975), »Über Land und Meer« (1977) und »Zola in seiner Zeit« (1980).

Hans Christian Kosler geboren 1950 in Dresden, lebt in München. Er veröffentlichte unter anderem: »Peter Altenberg. Leben und Werk in Texten und Bildern« (1981), »Gert Hofmann. Auskunft für Leser« (1987) und »Warum in die Ferne? Das Lesebuch zum Daheimbleiben« (1991).

Michael Krüger geboren 1943 in Wittgendorf, lebt in München, wo er als Verlagslektor tätig ist und als Herausgeber der Zeitschrift »Akzente«. Er veröffentlichte Lyrik und Essays, unter anderem: »Diderots Katze« (1978), »Nekrologe« (1979), »Aus der Ebene« (1982) und »Die Dronte« (1985).

Günter Kunert geboren 1929 in Berlin, lebt in Kaisborstel/Schleswig-Holstein. Hauptwerke: Die Gedichtsammlungen »Erinnerungen an einen Planeten« (1963), »Verkündigung des Wetters« (1966), »Unterwegs nach Utopia« (1977), »Abtötungsverfahren« (1980), »Stilleben« (1983), »Berlin bei Zeiten« (1987) sowie die Prosabände »Die Beerdigung findet in aller Stille statt« (1968), »Verspätete Monologe« (1981) und »Die letzten Indianer Europas« (1991).

Ulrich Lauterbach geboren 1911 in Berlin, starb 1988 in Frankfurt am Main. Er leitete von 1951 bis 1976 die Hörspielabteilung des Hessischen Rundfunks. Er veröffentlichte unter anderem: »Hermann Bang. Studien zum dänischen Impressionismus« (1937) und gab »Das erzählerische Werk« von Gerhart Hauptmann (1981-1983) heraus.

Wolfgang Leppmann geboren 1922 in Berlin, ist seit 1960 Professor für

Deutsche Literatur an der University of Oregon (USA). Hauptwerke: »Goethe und die Deutschen« (1962), »Pompeji, eine Stadt in Literatur und Leben« (1966), »J. J. Winckelmann« (1971), »Rilke – Leben und Werk« (1981), »Gerhart Hauptmann« (1986) und »Die Roaring Twenties« (1992).

PETER MAIWALD geboren 1946 in Grötzingen/Kreis Esslingen, lebt in Düsseldorf. Er veröffentlichte unter anderem die Gedichtbände »Balladen von Samstag auf Sonntag« (1984) »Guter Dinge« (1987), »Der Baum, das Haus, der Himmel« (1989), »Das Gutenbergsche Völkchen« (1990) und »Springinsfeld« (1992).

GOLO MANN geboren 1909 in München, starb 1994 in Kilchberg bei Zürich. Er schrieb unter anderem: »Friedrich von Gentz – Geschichte eines europäischen Staatsmannes« (1946), »Deutsche Geschichte des 19. und 20. Jahrhunderts« (1958), »Geschichte und Geschichten« (1962), »Wallenstein« (1971) und »Erinnerungen und Gedanken. Eine Jugend in Deutschland« (1986) »Wir alle sind was wir gelesen« (1989).

HANS MAYER 1907 in Köln geboren, lehrte deutsche Literatur von 1948 bis 1963 an der Universität Leipzig und dann bis 1971 an der Technischen Universität Hannover. Er lebt jetzt in Tübingen und veröffentlichte unter anderem: »Ansichten« (1962), »Zur deutschen Literatur der Zeit« (1967), »Goethe« (1973), »Außenseiter« (1975) und »Ein Deutscher auf Widerruf« (1982).

CHRISTA MELCHINGER geboren 1943 in Frankfurt am Main, lebt in Freiburg. Sie veröffentlichte unter anderem: »Illusion und Wirklichkeit im dramatischen Werk Arthur Schnitzlers« (1968) und die Monographie »Albert Camus« (1969). Literaturkritik für Presse und Funk.

WALTER MÜLLER-SEIDEL geboren 1918 in Schöna, war Professor für Neuere Deutsche Literatur in München. Er veröffentlichte unter anderem: »Versehen und Erkennen. Eine Studie über Heinrich von Kleist« (1961), »Probleme der literarischen Wertung« (1965), »Theodor Fontane« (1975) und »Die Geschichtlichkeit der deutschen Klassik. Literatur und Denkformen um 1800« (1983).

CHRISTOPH PERELS geboren 1938, ist seit 1983 Direktor des Freien Deutschen Hochstifts in Frankfurt am Main. Er veröffentlichte unter anderem: »Studien zur Aufnahme und Kritik der Rokokolyrik zwischen 1740 und 1760« (1974), »Lyrik verlegen in dunkler Zeit. Heinrich Ellermanns Blätter für die Dichtung 1934-1944« (1984) und »Sturm und Drang« (1988).

Heinz Politzer geboren 1910 in Wien, starb 1978 in Berkeley. Er lehrte Deutsche Literatur an der University of California in Berkeley (USA). Hauptwerke: »Franz Kafka, der Künstler« (1965), »Das Schweigen der Sirenen« (1968) und »Hatte Ödipus einen Ödipus-Komplex?« (1974).

Wolfgang Preisendanz geboren 1920 in Pforzheim, ist emeritierter Professor der Literaturwissenschaft an der Universität Konstanz. Er veröffentlichte unter anderem: »Die Spruchform in der Lyrik des alten Goethe und ihre Vorgeschichte seit Opitz« (1952), »Humor als dichterische Einbildungskraft« (1963/1985), »Über den Witz« (1970), »Heinrich Heine« (1973/1983) und »Wege des Realismus« (1977).

Wolfdietrich Rasch geboren 1903 in Breslau, gestorben 1986. Er war Professor für Neuere Deutsche Literaturgeschichte in Münster. Er veröffentlichte unter anderem: »Die Erzählweise Jean Pauls« (1961), »Über Robert Musils Roman ›Der Mann ohne Eigenschaften‹« (1967), »Zur deutschen Literatur seit der Jahrhundertwende« (1967) und »Goethes Iphigenie auf Tauris als Drama der Autonomie« (1979) und »Die literarische Décadence um 1900. Grundbegriffe und Variationen« (1985).

Werner Ross geboren 1912 in Krefeld-Uerdingen, lebt in München. Er veröffentlichte unter anderem: »Der ängstliche Adler«. Friedrich Nietzsches Lebensroman (1980), »Die Feder führend« (1987), »Lou Andreas-Salomé« (1992), »Baudelaire und die Moderne« (1993) sowie »Der wilde Nietzsche« (1994).

Ralf Rothmann geboren 1953, lebt in Berlin. Er veröffentlichte Gedichte und Erzählungen und den Roman »Stier«.

Horst Rüdiger geboren 1908 in Geringswald, starb 1984 in Patschins. Er war Professor für Komparatistik an der Universität Bonn und veröffentlichte unter anderem: »Italien ganz privat« (1933) und »Winckelmann und Italien« (1956).

Albert von Schirnding geboren 1935 in Regensburg, lebt in München. Er veröffentlichte unter anderem die Gedichtbände »Bedenkzeit« (1977) und »Mit anderen Augen« (1986), die Erzählung »Herkommen« (1987) sowie die Untersuchungen »Am Anfang war das Staunen« (1978), »Durchs Labyrinth der Zeit« (1979), »Linien des Lesens« (1982) und »Maske und Mythos« (1991).

Rolf Schneider geboren 1932 in Chemnitz, lebt in Schöneiche bei Ost-Berlin. Er veröffentlichte unter anderem: »Brücken und Gitter« (1965), »Die Tage in W.« (1965), »Pilzomelette und andere Nekrologe« (1974), »Die Reise nach Jaroslaw« (1975) und »November« (1979).

KLAUS SCHOLDER geboren 1930 in Erlangen, starb 1985 in Tübingen. Er war Professor für Kirchenordnung und kirchliche Zeitgeschichte an der Universität Tübingen und veröffentlichte unter anderem: »Ursprünge und Probleme der Bibelkritik im 17. Jahrhundert« (1966), »Grenzen der Zukunft. Aporien von Planung und Prognose« (1973), »Die Kirchen und das Dritte Reich« (1977) und »Die Mittwochs-Gesellschaft« (1982).

GERHARD SCHULZ geboren 1928 in Löbau/Sachsen, ist Professor für Deutsche Sprache und Literatur an der University of Melbourne. Er veröffentlichte unter anderem: »Novalis« (1969), »Arno Holz« (1974) und »Die deutsche Literatur zwischen Französischer Revolution und Restauration« (2 Bde., 1983/1989).

EGON SCHWARZ geboren 1922 in Wien, lehrt Deutsche Literatur an der Washington University in St. Louis (USA). Er veröffentlichte unter anderem: »Hofmannsthal und Calderon« (1962), »Joseph von Eichendorff« (1969), »Das verschluckte Schluchzen – Poesie und Politik bei Rainer Maria Rilke« (1972), »Keine Zeit für Eichendorff: Chronik unfreiwilliger Wanderjahre« (1979) und »Dichtung, Kritik, Geschichte: Essays zur Literatur 1900-1930« (1983).

WULF SEGEBRECHT geboren 1935 in Neuruppin, ist Professor für Neue Deutsche Literaturwissenschaft an der Universität Bamberg. Er veröffentlichte unter anderem: »Autobiographie und Dichtung« (1967), »Das Gelegenheitsgedicht« (1977), »Goethes ›Über allen Gipfeln ist Ruh‹ und seine Folgen« (1978) und »Der Bamberger Dichterkreis 1936-1943« (1985).

HILDE SPIEL geboren 1911 in Wien, wo sie 1990 starb. Sie war von 1963 bis 1984 Wiener Kulturkorrespondentin der »Frankfurter Allgemeinen Zeitung«. Hauptwerke: »Fanny von Arnstein oder die Emanzipation« (1962), »Glanz und Untergang. Wien 1866 bis 1938« (1987), »Die hellen und die finsteren Zeiten« (1989), »Welche Welt ist meine Welt« (1990) und »Die Dämonie der Gemütlichkeit« (1991).

JÜRGEN STENZEL geboren 1937 in Leipzig, ist Professor für Deutsche Literatur an der Technischen Universität Braunschweig. Er veröffentlichte unter anderem: »Zeichensetzung. Stiluntersuchungen an deutscher Prosadichtung« (1966), »Epochen der deutschen Lyrik 1700-1770« (1969) und Lessings Werke 1743-50 (1989).

FRIEDRICH TORBERG geboren 1908 in Wien, starb dort 1979. Hauptwerke: die Romane »Der Schüler Gerber« (1930), »Hier bin ich, mein

Vater« (1948), »Die zweite Begegnung« (1950) und »Süßkind von Trimberg« (1972) sowie der Erzählungsband »Golems Wiederkehr« (1968).

Jörg von Uthmann geboren 1936 in Düsseldorf, verließ 1985 den diplomatischen Dienst, dem er mehr als zwanzig Jahre angehört hatte, und wurde Korrespondent der »Frankfurter Allgemeinen Zeitung« in New York. Die letzten seiner Bücher heißen: »Die Diplomatie« (1985), »Die Sehnsucht nach dem Paradies« (1986) und »Volk ohne Eigenschaften – Amerika und seine Widersprüche« (1988).

Werner Weber geboren 1919 in Huttwil, war von 1951 bis 1973 Chef des Feuilletons der »Neuen Zürcher Zeitung« und ist jetzt Professor für Literaturkritik an der Universität Zürich. Er veröffentlichte die Essaybände »Figuren und Fahrten« (1956), »Zeit ohne Zeit« (1959), »Tagebuch eines Lesers« (1965) und »Forderungen« (1970). Er ist Herausgeber von Fontane, »Schriften und Glossen zur europäischen Literatur« (1965/1967) sowie »Belege. Gedichte aus der deutschsprachigen Schweiz seit 1900« (1978).

Ulrich Weinzierl geboren 1954 in Wien, ist seit 1987 Feuilleton-Redakteur der »Frankfurter Allgemeinen Zeitung« für Österreich. Schrieb zwei Biographien, über Alfred Polgar und Carl Seelig, und war Mitherausgeber der sechsbändigen Polgar-Werkausgabe »Kleine Schriften« (1982-1986; gemeinsam mit Marcel Reich-Ranicki).

Sibylle Wirsing geboren 1936 in München, lebt in Berlin. Sie war langjährige Feuilletonredakteurin des »Tagesspiegel« und war von 1974 bis 1991 Berliner Kulturkorrespondentin der »Frankfurter Allgemeinen Zeitung«. Sie ist jetzt ständige publizistische Mitarbeiterin des »Tagesspiegel«.

Ralph-Rainer Wuthenow geboren 1928 in Rendsburg/Holstein, ist Professor für Deutsche Philologie an der Universität Frankfurt am Main. Er veröffentlichte unter anderem: »Der Erzähler Jean Paul« (1965), »Das fremde Kunstwerk« (1969), »Vernunft und Republik. Studien zu Georg Forsters Schriften« (1970), »Das erinnerte Ich« (1974), »Im Buch der Bücher oder Der Held als Leser« (1980) und »Das Bild und der Spiegel. Zur europäischen Literatur des 18. Jahrhunderts« (1984).

Hans Wysling geboren 1926 in Zürich, starb 1995 in Uetikon. Er war Professor an der Universität Zürich und leitete seit 1961 das Thomas Mann-Archiv der Eidgenössischen Technischen Hochschule in Zürich.

Unter seinen Publikationen: »Thomas Mann heute« (1976), »Narzißmus und illusionäre Existenzform. Zu den Bekenntnissen des Hochstaplers Felix Krull« (1982) und »Gottfried Keller« (1990).

VERZEICHNIS DER GEDICHTÜBERSCHRIFTEN UND -ANFÄNGE

VERZEICHNIS DER IN DEN BÄNDEN 1–10 INTERPRETIERTEN GEDICHTE

Hans Magnus Enzensberger, Bd. 9
call it love (Jürgen Becker)
Der Fliegende Robert (Wulf Segebrecht)
Der Kamm (Michael Zeller)
Die Scheiße (Peter Horst Neumann)
Finnischer Tango (Wolfgang Hildesheimer)
fremder garten (Reinhold Grimm)
Kopfkissengedicht (Werner Ross)
Stadtrundfahrt (Eva Zeller)
Utopia (Gertrud Fussenegger)
Jörg Fauser, Bd. 10
Der Zwang zur Prosa (Wolf Wondratschek)
Ludwig Fels, Bd. 10
Annäherungsversuch (nochmal für Rosy) (Günter Blöcker)
Paul Fleming, Bd. 1
An Sich (Walter Hinderer)
Zur Zeit seiner Verstoßung (Marcel Reich-Ranicki)
Theodor Fontane, Bd. 4
Aber es bleibt auf dem alten Fleck (Gottfried Honnefelder)
Es kribbelt und wibbelt weiter (Günter Kunert)
Lebenswege (Helmuth Nürnberger)
Mein Herze, glaubt's, ist nicht erkaltet (Peter Härtling)
Meine Gräber (Charlotte Jolles)
Publikum (Helmuth Nürnberger)
Vom Fehrbelliner Schlachtfeld (Hans Joachim Kreutzer)
Würd' es mir fehlen, würd' ich's vermissen? (Peter Härtling)
Erich Fried, Bd. 9
Angst und Zweifel (Thomas Anz)
Bevor ich sterbe (Beate Pinkerneil)
Mit den Jahren (Werner Fuld)
Neue Naturdichtung (Karl Otto Conrady)
Reden (Karl Krolow)
Walter Helmut Fritz, Bd. 9
Aber dann? (Reinhold Grimm)
Aber eben meine Geschichte (Friedrich Wilhelm Korff)
Atlantis (Gert Ueding)
Don Juan (Gerhard Schulz)

Mailied (Hilde Spiel)
Meeres Stille (Eckhard Heftrich)
Mignon (Gerhard Schulz)
Mignon (Peter von Matt)
Mit einem gemalten Band (Wolfgang Leppmann)
Nachklang (Renate Schostack)
Nachtgedanken (Harald Hartung)
Nachtgesang (Joachim C. Fest)
Nähe des Geliebten (Eckhard Heftrich)
Natur und Kunst (Günter Kunert)
Neugriechische Liebe-Skolie (Christoph Perels)
Nicht mehr auf Seidenblatt (Hilde Domin)
Nun weiß man erst (Katharina Mommsen)
Phänomen (Peter Rühmkorf)
Philine (Peter von Matt)
Pilgers Morgenlied (Klaus-Dieter Metz)
Prooemion (Hermann Kurzke)
Rastlose Liebe (Werner Keller)
Rezensent (Marcel Reich-Ranicki)
Ritter Kurts Brautfahrt (Wulf Segebrecht)
Sag, was könnt uns Mandarinen (Werner Ross)
Saget, Steine mir an (Ulla Hahn)
Schenke (Horst Rüdiger)
Selige Sehnsucht (Gert Ueding)
Suleika (Helmut Koopmann)
Um Mitternacht (Benno von Wiese)
Vermächtnis (Eckhard Heftrich)
Versunken (Helmut Koopmann)
Vollmondnacht (Gert Ueding)
Vor Gericht (Walter Jens)
Wandersegen (Joachim Kaiser)
Wandrers Nachtlied (Karl Krolow)
Wandrers Nachtlied (Walter Jens)
Was Völker sterbend hinterlassen (Rolf Hochhuth)
Wenn du am breiten Flusse wohnst (Friedrich Dieckmann)
Willkommen und Abschied (Ernst Jandl)
Wink (Walter Hinck)
Wonne der Wehmut (Robert Gernhardt)
Zünde mir Licht an (Gerhard Kaiser)